ÉDITION DE J. BRY AINÉ

— 1 FRANC LE VOLUME —

LE
ROMAN COMIQUE
DE SCARRON

SUITES DE ORFRAY ET PRESCHAC

CONCLUSION PAR LOUIS BARRÉ

illustré par Edouard Frère

TOME PREMIER

PARIS

LÉCRIVAIN ET TOUBON, LIBRAIRES

10, RUE GIT-LE-CŒUR, 10

1858

LE
ROMAN COMIQUE

Paris, imp. Bay aîné, boulevart Montparnasse, 81.

LE
ROMAN COMIQUE
DE SCARRON

SUITES DE ORFRAY ET PRESCHAC

CONCLUSION PAR LOUIS BARRÉ

illustré par Edouard Frère

ÉDITION J. BRY

TOME PREMIER

PARIS
J. BRY AINÉ, LIBRAIRE-ÉDITEUR
17, RUE GUÉNÉGAUD, 17
1858

PORTRAIT DE SCARRON

FAIT PAR LUI-MÊME.

Au lecteur qui ne m'a jamais vu.

Lecteur, qui ne m'as jamais vu, et qui peut-être ne t'en soucies guère, à cause qu'il n'y a pas beaucoup à profiter de la vue d'une personne faite comme moi, sache que je ne me soucierais

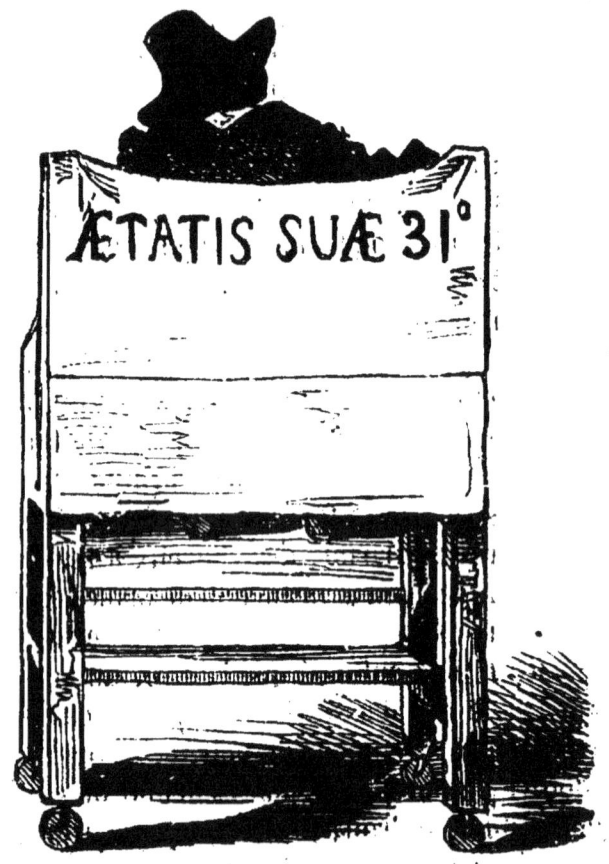

Scarron, d'après un portrait de 1646.

pas aussi que tu me visses, si je n'avais appris que quelques beaux esprits facétieux se réjouissent aux dépens du misérable, et me dépeignent d'une autre façon que je ne suis fait. Les uns disent que je suis cul-de-jatte, les autres que je n'ai pas de cuisses, et que l'on me met sur une table dans un étui, où je cause comme une pie borgne; et les autres que mon chapeau tient à une corde qui passe dans une poulie, et que je le hausse et baisse pour saluer ceux qui me visitent. Je pense être obligé en conscience de les empêcher de mentir plus longtemps, et c'est pour cela que j'ai fait faire la planche que tu vois. Tu murmureras sans doute, car tout lecteur murmure, et je murmure comme les autres quand je suis lecteur; tu murmureras, dis-je, et trouveras à redire de ce que je ne me montre que par le dos. Certes ce n'est pas pour tourner le derrière à la compagnie, mais seulement à cause que le convexe de mon dos est plus propre à recevoir une inscription que le concave de mon estomac, qui est tout couvert de ma tête penchante, et que, par ce côté-là, aussi bien que par l'autre, on peut voir la situation, ou plutôt le plan irrégulier de ma personne. Sans prétendre faire un présent au public (car, pour mesdames les neuf muses, je n'ai jamais espéré que ma tête devînt l'original d'une médaille), je me serais bien fait peindre, si quelque peintre avait osé l'entreprendre. Au défaut de la peinture, je m'en vais te dire à peu près comme je suis fait.

J'ai trente ans passés, comme tu vois au dos de ma chaise. Si je vais jusqu'à quarante, j'ajouterai bien des maux à ceux que j'ai déjà soufferts depuis huit ou neuf ans. J'ai eu la taille bien faite, quoique petite : ma maladie l'a raccourcie d'un bon pied. Ma tête est un peu grosse pour ma taille. J'ai le visage assez plein, pour avoir le corps très décharné; des cheveux assez pour ne point porter une perruque; j'en ai beaucoup de blancs en dépit du proverbe. J'ai la vue assez bonne, quoique les yeux gros; je les ai bleus; j'en ai un plus enfoncé que l'autre, du côté que je penche la tête. J'ai le nez d'assez bonne prise. Mes dents autrefois perles carrées, sont de couleur de bois, et seront bientôt de couleur d'ardoise : j'en ai perdu une et demie du côté gauche, et deux et demie du côté droit, et deux un peu égrignées. Mes jambes et mes cuisses ont fait premièrement un angle obtus, et puis un angle égal, et enfin un aigu. Mes cuisses et mon corps en font un autre, et, ma tête se penchant sur mon estomac, je ne ressemble pas mal à un Z. J'ai les bras raccourcis aussi bien que les jambes et les doigts aussi bien que les bras. Enfin, je suis un raccourci de la misère humaine. Voilà à peu près comme je suis fait. Puisque je suis en si beau chemin, je vais t'apprendre quelque chose de mon humeur.

J'ai toujours été un peu colère, un peu gourmand et un peu paresseux. J'appelle souvent mon valet *sot*, et un peu après *monsieur*. Je ne hais personne. Dieu veuille qu'on me traite de même ! Je suis bien aise quand j'ai de l'argent, et serais encore plus aise si j'avais la santé. Je me réjouis assez en compagnie : je suis assez content quand je suis seul. Je supporte mes maux assez patiemment. Mais il me semble qu'il est temps que je finisse.

TESTAMENT DE SCARRON

EN VERS BURLESQUES,

Il n'est plus temps de rimailler ;
On m'a dit qu'il faut détaler.
Moi, qui suis dans un cul-de-jatte,
Qui ne remue ni pied ni patte,
Et qui n'ai jamais fait un pas,
Il faut aller jusqu'au trépas.
Je ferai pourtant ce voyage,
Ce me semble, d'un bon courage ;
Car la rigueur de mon tourment
Adoucit fort mon monument :
Je ne crains les eaux du Cocyte ;

Pourvu que la goutte me quitte,
Et que je trouve du repos.
Mais quand je vois cette Atropos,
Et que mon mal est sans remède,
Je la trouve encor bien plus laide
Et bien plus affreuse que moi.
Dieux! que c'est une dure loi!
Je n'y trouve rien de burlesque,
Rien de plaisant, rien de grotesque.
Si ce n'était qu'assurément
Je passerais pour un Normand,
Je me dédirais bien encore
A voir la mort, qui tout dévore :
Je resterais dans mon grabat,
Sans manchettes, ni sans rabat,
A composer quelques sornettes :
Tant cette vie a d'amourettes!
Mais un médecin très méchant
M'a dit en son funeste chant,
Comme oiseau de mauvais augure,
Qu'il fallait payer à nature
Le tribut vendredi prochain;
Ainsi j'ai signé de ma main
Mon testament en ce langage,
Que je vous ai laissé pour gage.

TESTAMENT.

Au nom d'Apollon, mon seigneur,
Moi, Scarron, malheureux rimeur,
Sain d'esprit, de corps bien malade,
Près de la mortelle estrapade,

Ne voulant mourir intestat,
Tout ainsi comme un apostat,
J'ai déclaré devant les muses,
Sans dol, ni sans fard, ni sans ruses,
Mon ordonnance en équité
De ma dernière volonté :
C'est à savoir (mot de notaire,
Ici pourtant fort nécessaire),
Que je dispose de mes biens,
Non en faveur des enfants miens :
Car ce m'est bien de la disgrâce
De ne laisser point de ma race;
Mais en faveur de mes amis.
De ce peu que le ciel a mis
Légalement sous ma puissance,
J'en fais ici reconnaissance,
C'est-à-dire différents dons,
Selon que je les ai crus bons.
Premièrement je donne et lègue
A ma femme qui n'est pas bègue,
Pouvoir de se remarier,
Sans aucun dessein pallier,
De crainte d'un plus grand désordre :
Mais pour moi je crois que cet ordre
De ma dernière volonté
Sera le mieux exécuté;
Car il est vrai, malgré moi-même,
Je lui ai fait faire un carême
Qui doit la mettre en appétit :
Qu'elle en use donc un petit;
Et que sa sage politique
N'use pas du paralytique;
Mais qu'elle jouisse des biens

Que permettent les sacrés liens.
Mais si quelqu'autre époux l'approche,
Qu'elle ne fasse point reproche
Des vertus du premier mari,
Pour rendre le second marri.
Du reste, selon la coutume,
Si Dieu m'envoyait un posthume
Quelque temps après mon trépas,
Ce que pourtant je ne crois pas,
Soit à neveux, soit à nièces,
Lors je révoque mes largesses.
Item, à mon ami Loret
Je donne un muid du vin clairet
Qui m'a cent fois sauvé la vie,
Pour boire à sa première envie,
Se souvenir du bon Scarron,
En faisant rôtir le marron ;
Ma pie qui des mieux caquette,
Aussi pour joindre à sa gazette.
Item, par libéralité,
Cinq cents livres de gravité
A l'un et à l'autre Corneille,
Pendant qu'ils chanteront merveille,
Et mon jardin sur l'Hélicon,
Qui rapporte un fruit bel et bon,
Semé des plus belles pensées
Que Phébus ait jamais tracées.
Item, au sieur de Boisrobert,
Que l'on ne prend jamais sans vert,
Cent livres de galanteries,
Et quatre cents de menteries,
Et des secrets prodigieux
Que notre art produit en fous lieux ;

Comme par les eaux de Jouvence,
Remettre les vieux en enfance,
Donner une vive beauté
A l'affreuse difformité,
Faire un Louvre d'une cabane,
D'une coureuse une Suzanne,
D'un folâtre en faire un Caton,
Et d'un gros âne un Cicéron ;
Quelque chose de plus encore,
Peser le vent, blanchir un Maure,
D'une farce en faire un sermon,
Et canoniser un démon ;
Prédire les choses futures,
Grossir ou moindrir les figures,
Faire un nouveau calendrier,
Et d'une buse un épervier.
Faire un libéral d'un avare,
Comme d'un sot un homme rare,
Un Alexandre d'un poltron,
Et d'un petit nain un Typhon.
Item, au sieur de Benserade
Quatre cents livres de pommade,
Avecque quatorze quintaux
De sonnets et de madrigaux,
Et la plus belle mélodie
Qu'ait jamais inventée Thalie ;
Épigrammes, odes, ballets,
Épithalames, triolets.
A Molière, le cocuage ;
Au gros Saint-Amant, du fromage
A prendre sur le Milanais,
Le Parmésan ou Modénais ;
Et pour sa Rome ridicule

Une très favorable bulle.
Item, je lègue au sieur Quinault,
Sur le trésorier Guénégault,
Six cents livres d'enthousiasme,
Avec la doctrine d'Erasme,
La fierté des vers ampoulés,
Dans des actes bien enrôlés.
Et comme un esprit charitable
Doit assister un misérable,
Je donne au poëte crotté
Deux cents livres de vanité ;
Pour contenter sa passion,
Une feinte approbation
De ses plus ridicules œuvres ;
Car il avale des couleuvres
Autant qu'on lui reprend de vers,
Tant il a l'esprit à l'envers.
Mais je ne fais qu'un don funeste
A cette épouvantable peste,
Au satirique hors de propos,
Et perturbateur du repos,
Empoisonneur d'eau d'Hippocrène.
Je donne et lègue la gangrène,
La fièvre quarte, le haut mal,
Le farcin même du cheval,
Et, comme à moi, gouttes bien rudes,
Qui tourmentent les fous, les prudes,
Ma chaise et mon infect bassin,
Au fort ignorant médecin,
Avecque tous les maux encore
De cette boîte de Pandore ;
D'un jaloux le fâcheux tourment,
Qui le ronge éternellement.

CODICILE.

Mais pour n'user point d'apostille
Pour beaucoup que j'avais omis,
Je fais ici mon codicile
Pour mes plus confidents amis.

Ce sont ceux de l'Académie,
Où brillent les esprits du temps,
Dont ma muse était tant amie ;
Je veux tous les rendre contents.

Autant poètes qu'orateurs,
Je donne quantité d'éloges
A ces illustres correcteurs,
Sans qui nous serions Allobroges.

Je donne un fort bel équipage
A Cottin, Testin, Balesdins,
Pour bien corriger le langage
De nos ancêtres ignoreins.

La netteté, la politesse,
Pour retrancher le superflu,
Éviter la molle bassesse
Dedans un style résolu.

Pour corriger la comédie,
Et toute manière d'écrits,
Je donne l'Encyclopédie
A ces admirables esprits.

Pour Pélisson n'est guère en peine
D'être en mon testament écrit ;
Il a fait comme Magdelaine :
Optimam partem elegit,
Ainsi je ne fais nul outrage ;
Je donne à tous selon la loi.
Mais pour achever mon ouvrage,
Et sous le bon plaisir du roi,
Je mets librement mon paraphe,
Pour recevoir mes pensions,
De qui joindra mon épitaphe
A mes dernières actions.

ÉPITAPHE DE MONSIEUR SCARRON.

Celui qu'ici maintenant dort
Fit plus de pitié que d'envie,
Et souffrit mille fois la mort,
Avant que de perdre la vie.
Passant, ne fais ici de bruit,
Garde bien que tu ne l'éveille :
Car voici la première nuit
Que le pauvre Scarron sommeille.

SUR LE PORTRAIT DUDIT SIEUR SCARRON.

Toi qui vois en cette peinture
Un plus bel esprit que Caton,
Sous le portrait d'un avorton,
Sache, lecteur, que la nature
Mit son pouvoir et son crédit
Pour rendre parfait cet esprit :
Si bien que dans ce grand génie
Ayant épuisé ses trésors,
Sa puissance se vit finie,
Sans pouvoir achever le corps.

SUR LE MÊME PORTRAIT.

Alors que nature entreprit,
Par l'ordre du lance-tonnerre,
De faire le plus bel esprit
Qui fut jamais dessus la terre,
Elle en vint enfin à l'effet ;
Mais, voulant donner davantage,
Pour rendre son œuvre parfait,
Au bel esprit un beau visage,
Le même Jupiter, jaloux
D'un esprit tout rempli de flammes,
Lui fit cesser, tout en courroux,
La façon de si belles âmes ;

Et de peur qu'il ne pénétrât
Dans les secrets de l'Empyrée,
Il lui cria : *Non plus ultra;*
Il a l'âme assez éclairée.

Soudain, la nature, à ces mots,
Quitta cette imparfaite trogne,
Et de sa chair fit un chaos,
N'osant achever sa besogne.

Scarron, d'après un portrait du temps.

LE ROMAN COMIQUE

DE SCARRON

CHAPITRE PREMIER.

Une troupe de comédiens arrive dans la ville du Mans.

Le soleil avait achevé plus de la moitié de sa course, et son char ayant attrapé le penchant du monde, roulait plus vite qu'il ne voulait. Si ses chevaux eussent voulu profiter de la pente du chemin, ils eussent achevé ce qui restait du jour en moins d'un demi-quart d'heure ; mais au lieu de tirer de toute leur force, ils ne s'amusaient qu'à faire des courbettes, respirant un air marin qui les faisait hennir, et les avertissait que la mer était proche, où l'on dit que leur maître se couche toutes les nuits. Pour parler plus humainement et plus intelligiblement, il était entre cinq et six quand une charrette entra dans les halles du Mans. Cette charrette était attelée de quatre bœufs fort maigres, conduits par une jument poulinière, dont le poulain allait et venait à l'entour de la charrette comme un petit fou qu'il était. La charrette était pleine de coffres, de malles et de gros paquets de toiles peintes, qui faisaient comme une pyramide, au haut de laquelle paraissait une demoiselle habillée moitié ville, moitié campagne. Un jeune homme, aussi pauvre d'habits que riche de mine, marchait à côté de la charrette. Il avait un grand emplâtre sur le visage, qui lui couvrait un œil et la moitié de la joue, et portait un grand fusil sur son épaule, dont il avait assassiné plusieurs pies, geais et corneilles, qui faisaient comme une bandoulière, au bas de laquelle pendaient par les pieds une poule et un oison qui avaient bien la mine d'avoir été pris à la petite guerre. Au lieu de chapeau, il n'avait qu'un bonnet de nuit, entortillé de jarretières de différentes couleurs, et cet habillement de tête était une manière de turban qui n'était encore qu'ébauché et auquel on n'avait pas encore donné la dernière main. Son pourpoint était une casaque de grisette, ceinte avec une courroie, laquelle lui servait aussi à soutenir une épée qui était si longue qu'on ne s'en pouvait aider adroitement sans fourchette. Il portait des chausses troussées à bas d'attaches, comme celles des comédiens quand ils représentent un héros de l'antiquité, et il avait, au lieu de souliers, des brodequins à l'antique que les boues avaient gâtés jusqu'à la cheville du pied. Un vieillard vêtu plus régulièrement, quoique très mal, marchait à côté de lui. Il portait sur ses épaules une basse de viole, et, parce qu'il se courbait un peu en marchant, on l'eût pris de loin pour une grosse tortue qui marchait sur ses jambes de derrière. Quelque critique murmurera de la comparaison, à cause du peu de proportion qu'il y a d'une tortue à un homme ; mais j'entends parler des grandes tortues qui se trouvent dans les Indes, et de plus, je m'en sers de ma seule autorité. Retournons à notre caravane. Elle passa devant le tripot de la Biche, à la porte duquel étaient assemblés quantité des plus gros bourgeois de la ville. La nouveauté de l'attirail, et le bruit de la canaille qui s'était assemblée autour de la charrette, furent cause que tous ces honorables bourguemestres jetèrent les yeux sur nos inconnus. Un lieutenant de prévôt, entre autres, nommé la Rappinière, les vint accoster et leur demanda avec une autorité de magistrat quelles gens ils étaient ? Le jeune homme dont je viens de vous parler prit la parole, et, sans mettre la main au turban, parce que de l'une il tenait son fusil, et de l'autre la garde de son épée, de peur qu'elle ne lui battît les jambes, lui dit qu'ils étaient Français de naissance, comédiens de profession ; que son nom de théâtre était Destin ; celui de son vieux camarade, la Rancune ; celui de la demoiselle qui était juchée comme une poule au haut de leur bagage, la Caverne. Ce nom bizarre fit rire quelques-uns de la compagnie ; sur quoi le jeune comédien ajouta que le nom de Caverne ne devait pas sembler plus étrange à des hommes d'esprit que ceux de la Montagne, la Vallée, la Rose ou l'Epine. La conversation finit par quelques coups de poing et juremens de Dieu que l'on entendait au devant de la charrette. C'était le valet du tripot qui avait battu le charretier sans dire gare, parce que ses bœufs et sa jument usaient trop librement d'un amas de foin qui était devant la porte. On apaisa la noise, et la maîtresse du tripot, qui aimait la comédie plus que sermon ni vêpres, par une générosité inouïe en une maîtresse de tripot, permit au charretier de faire manger ses bêtes tout leur soûl. Il accepta l'offre qu'elle lui fit, et, pendant que les bêtes mangèrent, l'auteur se reposa quelque temps, et se mit à songer à ce qu'il dirait dans le second chapitre.

CHAPITRE II.

Quel homme était le sieur de la Rappinière.

Le sieur de la Rappinière était alors le rieur de la ville du ans. Il n'y a point de petite ville qui n'ait son rieur. La ville e Paris n'en a pas pour un, elle en a dans chaque quartier, et moi-même qui vous parle, je l'aurais été du mien si j'avais voulu ; mais il y a longtemps, comme tout le monde sait, que j'ai renoncé à toutes les vanités du monde. Pour revenir au sieur de la Rappinière, il renoua bientôt la conversation que les coups de poing avaient interrompue, et demanda au jeune comédien si leur troupe n'était composée que de mademoiselle de la Caverne, de M. de la Rancune et de lui. Notre troupe est aussi complète que celle du prince d'Orange ou de son altesse d'Epernon, lui répondit-il ; mais par une disgrâce qui nous est arrivée à Tours, où notre étourdi de portier a tué un des fusiliers de l'intendant de la province, nous avons été contraints de nous sauver un pied chaussé et l'autre nu, en l'équipage que vous nous voyez. Ces fusiliers de M. l'intendant en ont fait autant à La Flèche, dit la Rappinière. Que le feu saint Antoine les arde ! dit la tripotière, ils sont cause que nous n'aurons pas la comédie. Il ne tiendrait pas à nous, répondit le vieux comédien, si nous avions les clefs de nos coffres pour avoir nos habits ; et nous divertirions quatre ou cinq jours MM. de la ville, avant que de gagner Alençon, où le reste de la troupe a le rendez-vous. La réponse du comédien fit ouvrir les oreilles à tout le monde. La Rappinière offrit une vieille robe de sa femme à la Caverne, et la tripotière deux ou trois paires d'habits qu'elle avait en gage, à Destin et à la Rancune. Mais, ajouta quelqu'un de la compagnie, vous n'êtes que trois. J'ai joué une pièce moi seul, dit la Rancune, et j'ai fait en même temps le roi, la reine et l'ambassadeur. Je parlais en fausset quand je faisais la reine; je parlais du nez pour l'ambassadeur, et me tournais vers ma couronne que je posais sur une chaise; et pour le roi, je reprenais mon siége, ma couronne et ma gravité, et grossissais un peu ma voix. Et qu'ainsi ne soit, si vous voulez contenter notre charretier et payer notre dépense en l'hôtellerie, fournissez vos habits, et nous jouerons avant que la nuit vienne, ou bien nous irons boire, avec votre permission, et nous reposer, car nous avons fait une grande journée. Le parti plut à la compagnie, et le diable de la Rappinière, qui s'avisait toujours de quelque malice, dit qu'il ne fallait point d'autres habits que ceux de deux jeunes hommes de la ville qui jouaient une partie dans le tripot, et que mademoiselle de la Caverne, en son habit d'ordinaire, pourrait passer pour tout ce que l'on voudrait dans une comédie. Aussitôt dit, aussitôt fait, en moins d'un demi-quart d'heure, les comédiens eurent bu chacun deux ou trois coups, furent travestis, et l'assemblée qui s'était grossie, ayant pris place en une chambre haute, on vit derrière un drap sale qu'on leva, le comédien Destin couché sur un matelas, un corbillon sur la tête, qui lui servait de couronne, se frottant un peu les yeux comme un homme qui s'éveille, et récitant du ton de Mondori le rôle d'Hérode, qui commence par

Fantôme injurieux qui trouble mon repos.

L'emplâtre qui lui couvrait la moitié du visage ne l'empêcha pas de faire voir qu'il était excellent comédien. Mademoiselle de la Caverne fit des merveilles dans les rôles de Marianne et de Salomé; la Rancune satisfit tout le monde dans les autres rôles de la pièce, et elle s'en allait être conduite à bonne fin, quand le diable, qui ne dort jamais, s'en mêla et fit finir la tragédie, non pas par la mort de Marianne et par les désespoirs d'Hérode, mais par mille coups de poing, autant de soufflets, un nombre effroya-

ble de coups de pied, des juremeuts qui ne se peuvent compter, et ensuite une belle information que fit faire le sieur de la Rappinière, le plus expert de tous les hommes en pareille matière.

CHAPITRE III.

Le déplorable succès qu'eut la comédie.

Dans toutes les villes subalternes du royaume, il y a d'ordinaire un tripot où s'assemblent tous les jours les fainéants de la ville, les uns pour jouer, les autres pour regarder ceux qui jouent; c'est là que l'on rime richement en Dieu, que l'on épargne fort peu le prochain, et que les absents sont assassinés à coups de langue. On n'y fait quartier à personne, tout le monde y vit de Turc à More, et chacun y est reçu pour railler selon le talent qu'il en a eu du Seigneur. C'est en un de ces tripots-là, si je m'en souviens, que j'ai laissé trois personnes comiques, récitant la Marianne devant une honorable compagnie, à laquelle présidait le sieur de la Rappinière. Au même temps qu'Hérode et Marianne s'entredisaient leurs vérités, les deux jeunes hommes de qui l'on avait pris si librement les habits, entrèrent dans la chambre en caleçon, et chacun sa raquette à la main. Ils avaient négligé de se faire frotter pour venir entendre la comédie. Leurs habits, que portaient Hérode et Pherore, leur ayant d'abord frappé la vue, le plus colère des deux s'adressant au valet du tripot : Fils de chienne, lui dit-il, pourquoi as-tu donné mon habit à ce bateleur? Ce valet, qui le connaissait pour un grand brutal, lui dit en toute humilité que ce n'était pas lui. Et qui donc, barbe de cocu? ajouta-t-il. Le pauvre valet n'osait en accuser la Rappinière en sa présence, mais lui qui était le plus insolent de tous les hommes, lui dit en se levant de sa chaise : C'est moi, qu'en voulez-vous dire? Que vous êtes un sot, repartit l'autre en lui déchargeant un démesuré coup de sa raquette sur les oreilles. La Rappinière fut si surpris d'être prévenu d'un coup, lui qui avait accoutumé d'en user ainsi, qu'il demeura comme immobile, ou d'admiration, ou parce qu'il n'était pas encore assez en colère, et qu'il lui en fallait beaucoup pour se résoudre à se battre, ne fût-ce qu'à coups de poing : et peut-être que la chose en fût demeurée là, si son valet qui avait plus de colère que lui, ne se fût jeté sur l'agresseur, en lui donnant dans le beau milieu du visage un coup de poing avec toutes ses circonstances, et ensuite une grande quantité d'autres où ils purent aller. La Rappinière le prit en queue, et se mit à travailler sur lui à coups de poing, comme un homme qui a été offensé le premier : un parent de son adversaire prit la Rappinière de la même façon. Ce parent fut investi par un ami de la Rappinière pour faire diversion ; celui-ci le fut d'un autre et celui-là d'un autre ; enfin tout le monde prit parti dans la chambre. L'un jurait, l'autre injuriait, tous s'entrebattaient. La tripotière, qui voyait rompre ses meubles, emplissait l'air de cris pitoyables. Vraisemblablement ils devaient tous périr par coups d'escabeaux, de pieds et de poings, si quelques-uns des magistrats de la ville, qui se promenaient sous les halles avec le sénéchal du Maine, ne fussent accourus à la rumeur. Quelques-uns furent d'avis de jeter deux ou trois seaux d'eau sur les combattants, et le remède eût peut-être réussi ; mais ils se séparèrent de lassitude, outre que deux pères capucins, qui se jetèrent par charité dans le champ de bataille, mirent entre les combattants, non pas une paix bien affermie, mais firent au moins accorder quelques trèves, pendant lesquelles on put négocier, sans préjudice des informations qui se firent de part et d'autre.

Le comédien Destin fit des prouesses à coups de poing, dont on parle encore dans la ville du Mans, suivant ce qu'en ont raconté les deux jouvenceaux, auteurs de la querelle, avec lesquels il eut particulièrement affaire, et qu'il pensa rouer de coups, outre quantité d'autres du parti contraire qu'il mit hors de combat du premier coup. Il perdit son emplâtre durant la mêlée, et l'on remarqua qu'il avait le visage aussi beau que la taille riche. Les museaux sanglants furent lavés d'eau fraîche, les collets déchirés furent changés, on appliqua quelques cataplasmes, et même l'on fit quelques points d'aiguille, et les meubles furent aussi remis en place, non pas du tout si entiers que lorsqu'on les désarrangea. Enfin, un moment après, il ne resta plus rien du combat, que beaucoup d'animosité qui paraissait sur les visages des uns et des autres. Les pauvres comédiens sortirent avec la Rappinière, qui verbalisa le dernier. Comme ils passaient du tripot sous les halles, ils furent investis par sept ou huit braves, l'épée à la main. La Rappinière, selon sa coutume, eut grand'peur et pensa bien avoir quelque chose de pis, si Destin ne se fût généreusement jeté au devant d'un coup d'épée qui lui allait passer au travers du corps; il ne put pourtant pas si bien le parer, qu'il ne reçût une légère blessure dans le bras. Il mit l'épée à la main en même temps, et en moins de rien fit voler à terre deux épées, ouvrit deux ou trois têtes, donna force coups sur les oreilles, et déconfit si bien messieurs de l'embuscade, que tous les assistants avouèrent qu'ils n'avaient jamais vu un si vaillant homme. Cette partie ainsi avortée, avait été dressée à la Rappinière par deux petits nobles, dont l'un avait épousé la sœur de celui qui commença le combat par un grand coup de raquette; et vraisemblablement la Rappinière était gâté, sans le vaillant défenseur que Dieu lui suscita en notre vaillant comédien. Le bienfait trouva place en son cœur de roche; et, sans vouloir permettre que ces pauvres restes d'une troupe délabrée allassent loger en une hôtellerie, il les emmena chez lui, où le charretier déchargea le bagage comique, et s'en retourna en son village.

CHAPITRE IV.

Dans lequel on continue de parler du sieur de la Rapinière, et de ce qui arriva la nuit en sa maison.

Mademoiselle de la Rappinière reçut la compagnie avec force compliments, car elle était la femme du monde qui se plaisait le plus à en faire. Elle n'était pas laide, quoique si maigre et si sèche, qu'elle n'avait jamais mouché de chandelle avec ses doigts que le feu n'y prît; j'en pourrais dire cent choses rares, que je laisse de peur d'être trop long. En moins de rien les deux dames furent si grandes camarades, qu'elle s'entr'appelèrent ma chère et ma fidèle. La Rappinière, qui avait de la mauvaise gloire autant que barbier de la ville, dit en entrant, qu'on allât à la cuisine et à l'office faire hâter le souper. C'était une pure rodomontade : outre son vieux valet qui pansait même les chevaux, il n'y avait dans le logis qu'une jeune servante et une autre vieille boiteuse, et qui avait du mal comme un chien. Sa vanité fut punie par une grande confusion. Il mangeait d'ordinaire au cabaret aux dépens des sots, et sa femme et son train si réglés étaient réduits au potage aux choux, selon la coutume du pays. Voulant paraître devant ses hôtes et les régaler, il pensa couler par derrière son dos quelques monnaies à son valet, pour aller quérir de quoi souper : par la faute du valet ou du maître, l'argent tomba sur la chaise où il était assis, et de la chaise en bas. La Rappinière en devint tout violet, sa femme en rougit, le valet en jura, la Caverne en sourit, la Rancune n'y prit peut-être pas garde, et pour Destin, je n'ai pas bien su l'effet que cela fit sur son esprit. L'argent fut ramassé, et, en attendant le souper, on fit conversation. La Rappinière demanda à Destin pourquoi il se déguisait le visage d'un emplâtre? Il lui dit qu'il en avait sujet, et que, se voyant travesti par accident, il avait voulu ôter aussi la connaissance de son visage à quelques ennemis qu'il avait. Enfin, le souper vint, bon ou mauvais : La Rappinière but tant qu'il s'enivra, et la Rancune s'en donna aussi jusqu'aux gardes. Destin soupa fort sobrement, en honnête homme, la Caverne en comédienne affamée, et mademoiselle de la Rappinière en femme qui veut profiter de l'occasion, c'est-à-dire tant qu'elle en fut dévoyée. Tandis que les valets mangèrent et que l'on dressa les lits, la Rappinière les accabla de cent contes pleins de vanité. Destin coucha seul en une petite chambre, la Caverne avec la fille de chambre dans un cabinet, et la Rancune avec le valet, je ne sais où. Ils avaient tous envie de dormir, les uns de lassitude, les autres d'avoir trop soupé, et cependant ils ne dormirent guère, tant il est vrai qu'il n'y a rien de certain en ce monde. Après le premier somme, mademoiselle de la Rappinière eut envie d'aller où les rois ne peuvent aller qu'en personne : son mari se réveilla bientôt après, et quoiqu'il fût bien soûl, il sentit bien qu'il était seul. Il appela sa femme, et on ne lui répondit point. Avoir quelque soupçon, se mettre en colère, se lever de furie, ce ne fut qu'une même chose. A la sortie de la chambre, il entendit marcher devant lui, il suivit quelque temps le bruit qu'il entendait, et, au milieu d'une petite galerie qui conduisait à la chambre de Destin, il se trouva si près de ce qu'il suivait, qu'il crut lui marcher sur les talons. Il pensa se jeter sur sa femme, et la saisit en criant : — Ah! putain! Ses mains ne trouvèrent rien, et, ses pieds rencontrant quelque chose, il donna du nez en terre et se sentit enfoncer dans l'estomac quelque chose de pointu. Il cria effroyablement au meurtre, et on m'a poignardé, sans quitter sa femme qu'il pensait tenir par les cheveux, et qui se débattait sous lui. A ses cris, ses injures et ses juremenls, toute la maison fut en rumeur, et tout le monde vint à son aide : en même temps la servante avec une chandelle, la Rancune et le valet en chemises sales, la Caverne en jupe fort méchante, Destin, l'épée à la main ; mademoiselle de la Rappinière vint la dernière, et fut bien étonnée, aussi bien que les autres, de trouver son mari tout furieux, luttant contre une chèvre qui allaitait, dans la maison, les petits d'une chienne morte en couche. Jamais homme ne fut plus confus que la Rappinière. Sa femme, qui se douta bien de la pensée qu'il avait eue, lui demanda s'il était fou. Il répondit, sans savoir presque ce qu'il disait, qu'il avait pris la chèvre pour un voleur. Destin devina ce qui en était; chacun regagna son lit et crut ce qu'il voulut de l'aventure, et la chèvre fut renfermée avec ses petits chiens.

CHAPITRE V.

Qui ne contient pas grand'chose.

Le comédien la Rancune, un des principaux héros de notre roman; car il n'y en aura pas pour un dans ce livre-ci; et puisqu'il n'y a rien de plus parfait qu'un héros de livre, demi-douzaine de héros ou soi-disant tels feront plus d'honneur au mien, qu'un seul qui serait peut-être celui dont on parlerait le moins, comme il n'y a qu'heur et malheur en ce monde. La Rancune donc était un de ces misanthropes qui haïssent tout le monde, et qui ne s'aiment pas eux-mêmes; j'ai su de beaucoup de personnes qu'on ne l'avait jamais vu rire. Il avait assez d'esprit, et faisait assez bien de méchants vers; d'ailleurs, nullement homme d'honneur, malicieux comme un vieux singe, et envieux comme un chien. Il trouvait à redire en tous ceux de la profession. Bellerose était trop affecté, Mondori rude, Floridor trop froid, et ainsi des autres; et je crois qu'il eût aisément laissé conclure qu'il avait été le seul comédien sans défaut; et cependant il n'était plus souffert dans la troupe, qu'à cause qu'il avait vieilli dans le métier. Du temps qu'on était réduit aux pièces de Hardi, il jouait en fausset, et sous les masques, les rôles de nourrice.

Le sieur de la Rappinière et la chèvre.

Depuis qu'on commence à mieux faire la comédie, il était le surveillant du portier, jouait les rôles de confidents, ambassadeurs et recors, quand il fallait accompagner un roi, prendre ou assassiner quelqu'un, ou donner bataille : il chantait une méchante taille aux trios, du temps qu'on en chantait, et se farinait à la farce. Sur ces beaux talents-là il avait fondé une vanité insupportable, laquelle était jointe à une raillerie continuelle, une médisance qui ne s'épuisait point, et une humeur querelleuse qui était pourtant soutenue par quelque valeur. Tout cela le faisait craindre de ses compagnons; avec Destin seul il était doux comme un agneau, et se montrait devant lui raisonnable autant que son naturel le pouvait permettre. On a voulu dire qu'il en avait été battu; mais ce bruit-là n'a pas duré longtemps, non plus que celui de l'amour qu'il avait pour le bien d'autrui, jusqu'à s'en saisir furtivement; avec tout cela le meilleur homme du monde. Je vous ai dit, ce me semble, qu'il coucha avec le valet de la Rappinière, qui s'appelait Doguin. Soit que le lit où il coucha ne fût pas bon, ou que Doguin ne fût pas bon coucheur, il ne put dormir de toute la nuit. Il se leva dès le point du jour, aussi bien que Doguin qui fut appelé par son maître; et, passant devant la chambre de la Rappinière, il lui alla donner le bonjour. La Rappinière reçut son compliment avec un faste de prévôt provincial, et ne lui rendit pas la dixième partie des civilités qu'il en reçut; mais comme les comédiens jouent toutes sortes de personnages, il ne s'en émut guère. La Rappinière lui fit cent questions sur la comédie, et de fil en aiguille (il me semble que ce proverbe est ici bien appliqué) lui demanda depuis quand ils avaient Destin dans leur troupe, et ajouta qu'il était excellent comédien. Ce qui reluit n'est pas or, repartit la Rancune : du temps que je jouais les premiers rôles, il n'eût joué que les pages; comment saurait-il un métier qu'il n'a jamais appris? Il y a fort peu de temps qu'il est dans la comédie : on ne devient pas comédien comme un champignon; parce qu'il est jeune, il plaît : si vous le connaissiez comme moi, vous en rabattriez plus de la moitié. Au reste, il fait l'entendu, comme s'il était sorti de la côte de saint Louis, et cependant il ne découvre point qui il est, ni d'où il est, non plus que d'une belle Cloris qui l'accompagne, qu'il appelle sa sœur, et Dieu veuille qu'elle le soit. Tel que je suis, je lui ai sauvé la vie dans Paris aux dépens de deux bons coups d'épée; et il en a été si méconnaissant, qu'au lieu de me suivre quand on me porta à quatre chez un chirurgien, il passa la nuit à chercher dans les boues je ne sais quel bijou de diamants qui n'était peut-être que d'Alençon, et qu'il disait que ceux qui nous attaquèrent lui avaient pris. La Rappinière demanda à la Rancune comment ce malheur-là lui était arrivé. Ce fut le jour des Rois, sur le Pont-Neuf, répondit la Rancune. Ces dernières paroles troublèrent extrêmement la Rappinière et son valet Doguin; ils pâlirent et rougirent l'un et l'autre; et la Rappinière changea de discours si vite et avec un si grand désordre d'esprit, que la Rancune s'en étonna. Le bourreau de la ville et quelques archers qui entrèrent dans la chambre, rompirent la conversation et firent grand plaisir à la Rancune qui, sentant bien ce qu'il avait dit, avait frappé la Rappinière en quelque endroit bien tendre, sans pouvoir deviner la part qu'il y pouvait prendre. Cependant le pauvre Destin, qui avait été si bien sur le tapis, était bien en peine; la Rancune le trouva avec mademoiselle la Caverne, bien empêché à faire avouer à un vieux tailleur, qu'il avait mal ouï, et encore plus mal travaillé. Le sujet de leur différend était qu'en déchargeant le bagage comique, Destin avait trouvé deux pourpoints et un haut-de-chausses fort usés; qu'il les avait donnés à ce vieux tailleur, pour en tirer une manière d'habit plus à la mode que les chausses de pages qu'il portait, et que le tailleur, au lieu d'employer un des pourpoints pour raccommoder l'autre et le haut-de-chausses aussi, par une faute de jugement, indigne d'un homme qui avait raccommodé de vieilles hardes toute sa vie, avait rhabillé les deux pourpoints des meilleurs morceaux du haut-de-chausses, tellement que le pauvre Destin, avec tant de pourpoints et si peu de haut-de-chausses, se trouvait réduit à garder la chambre, ou à faire courir les enfants après lui, comme il avait déjà fait avec son habit comique. La libéralité de la Rappinière répara la faute du tailleur, qui profita des deux pourpoints rhabillés, et Destin fut régalé de l'habit d'un voleur qu'il avait fait rouer depuis peu. Le bourreau, qui s'y trouva présent, et qui avait laissé cet habit à la servante de la Rappinière, dit fort insolemment que l'habit était à lui; mais la Rappinière le menaça de lui faire perdre sa charge. L'habit se trouva assez juste pour Destin, qui sortit avec la Rappinière et la Rancune. Ils dînèrent en un cabaret aux dépens d'un bourgeois qui avait affaire de la Rappinière. Mademoiselle de la Caverne s'amusa à savonner son collet sale, et tint compagnie à son hôtesse. Le même jour

Doguin fut rencontré par un des jeunes hommes qu'il avait battus le jour avant dans le tripot, et revint au logis avec deux bons coups d'épée et force coups de bâton; et, à cause qu'il était bien blessé, la Rancune, après avoir soupé, alla coucher dans une hôtellerie voisine, fort lassé d'avoir couru toute la ville, accompagnant, avec son camarade Destin, le sieur de la Rappinière, qui voulait avoir raison de son valet assassiné.

CHAPITRE VI.

L'aventure du pot de chambre. La mauvaise nuit que la Rancune donna à l'hôtellerie. L'arrivée d'une partie de la troupe. Mort de Doguin, et autres choses semblables.

La Rancune entra dans l'hôtellerie, un peu plus que demi-ivre. La servante de la Rappinière qui le conduisait, dit à l'hôtesse qu'on lui dressât un lit. Voici le reste de notre écu, dit l'hôtesse : si nous n'avions point d'autre pratique que celle-là, notre louage serait mal payé. Taisez-vous, sotte, dit son mari, M. de la Rapinière nous fait trop d'honneur; que l'on dresse un lit à ce gentilhomme. Voire qui en aurait, dit l'hôtesse : il ne m'en restait qu'un, que je viens de donner à un marchand du Bas-Maine. Le marchand entra là-dessus, et, ayant appris le sujet de la contestation, offrit la moitié de son lit à la Rancune, soit qu'il eût affaire à la Rappinière, ou qu'il fût obligeant son naturel. La Rancune l'en remercia autant que la sécheresse de sa civilité le put permettre. Le marchand soupa, l'hôte lui tint compagnie, et la Rancune ne se fit pas prier deux fois pour faire le troisième, et se mit à boire sur nouveaux frais. Ils parlèrent des impôts, pestèrent contre les maltôtiers, réglèrent l'état et se réglèrent si peu eux-mêmes, et l'hôte tout le premier, qu'il tira sa bourse de sa pochette, et demanda à compter, ne se souvenant plus qu'il était chez lui. Sa femme et sa servante l'entraînèrent par les épaules dans sa chambre, et le mirent sur un lit tout habillé. La Rancune dit au marchand qu'il était affligé d'une difficulté d'urine, et qu'il était bien fâché d'être contraint de l'incommoder; à quoi le marchand lui répondit qu'une nuit était bientôt passée. Le lit n'avait point de ruelle, et joignait la muraille; la Rancune s'y jeta le premier, et le marchand s'y étant mis après, en la bonne place, la Rancune lui demanda le pot de chambre. Et qu'en voulez-vous faire? dit le marchand. Le mettre auprès de moi, de peur de vous incommoder, dit la Rancune. Le marchand lui répondit qu'il le lui donnerait quand il en aurait affaire; et la Rancune n'y consentit qu'à peine, lui protestant qu'il était au désespoir de l'incommoder. Le marchand s'endormit sans lui répondre; et à peine commença-t-il à dormir de toute sa force, que le malicieux comédien, qui était un homme à s'éborgner pour faire perdre un œil à un autre, tira le pauvre marchand par le bras, en lui criant : Monsieur, oh! monsieur! Le marchand tout endormi lui demanda, en bâillant : Que vous plaît-il? Donnez-moi un peu le pot de chambre, dit la Rancune. Le pauvre marchand se pencha hors du lit, et prenant le pot de chambre le mit entre les mains de la Rancune, qui se mit en devoir de pisser, et après avoir fait cent efforts, ou fait semblant de les faire, juré cent fois entre ses dents, et s'être bien plaint de son mal, il rendit le pot de chambre au marchand sans avoir pissé une seule goutte. Le marchand le remit à terre, et dit, en ouvrant la bouche aussi grande qu'un four à force de bâiller : Vraiment, monsieur, je vous plains bien, et se rendormit tout aussitôt. La Rancune le laissa embarquer bien avant dans le sommeil; et, quand il l'ouït ronfler comme s'il n'eût fait autre chose toute sa vie, le perfide l'éveilla encore, et lui demanda le pot de chambre aussi méchamment que la première fois. Le marchand le lui remit entre les mains aussi bonnement qu'il avait déjà fait; et la Rancune le porta à l'endroit par où l'on pisse, avec aussi peu d'envie de pisser, que de laisser dormir le marchand. Il cria encore plus fort qu'il n'avait fait, et fut deux fois plus longtemps à ne point pisser conjurant le marchand de ne prendre plus la peine de lui donner le pot de chambre, et ajoutant que ce n'était pas la raison, et qu'il le prendrait bien. Le pauvre marchand, qui eût alors donné tout son bien pour dormir tout son soûl, lui répondit toujours en bâillant, qu'il en usât comme il lui plairait, et remit le pot de chambre à sa place. Ils se donnèrent le bonsoir fort civilement; et le pauvre marchand eût parié tout son bien qu'il allait faire le plus beau somme qu'il eût fait de sa vie. La Rancune, qui savait bien ce qu'il en devait arriver, le laissa dormir de plus belle; et, sans faire conscience d'éveiller un homme qui dormait si bien, il lui alla mettre le coude dans le creux de l'estomac, l'accablant de tout son corps, avançant l'autre bras hors du lit, comme on fait lorsqu'on veut ramasser quelque chose qui est à

Mademoiselle de la Rappinière.

terre. Le malheureux marchand se sentant étouffer et écraser la poitrine, s'éveilla en sursaut, criant horriblement : Eh! morbleu, monsieur, vous me tuez. La Rancune, d'une voix aussi douce et posée que celle du marchand avait été véhémente, lui répondit : Je vous demande pardon, je voulais prendre le pot de chambre. Ah! vertubleu, s'écria l'autre, j'aime mieux vous le donner, et ne dormir de toute la nuit; vous m'avez fait un mal dont je me sentirai toute ma vie. La Rancune ne lui répondit rien, et se mit à pisser si largement et si raide, que le bruit seul du pot de chambre eût pu réveiller le marchand. Il emplit le pot de chambre, bénissant le Seigneur avec une hypocrisie de scélérat. Le pauvre marchand le félicitait, le mieux qu'il pouvait, de sa copieuse éjaculation d'urine qui lui faisait espérer un sommeil qui ne serait plus interrompu, quand le maudit la Rancune, faisant semblant de vouloir remettre le pot de chambre à terre, lui laissa tomber, et le pot de chambre, et tout ce qui était dedans, sur le visage, sur la barbe et sur l'estomac, en criant en hypocrite : Eh! monsieur, je vous demande pardon! Le marchand ne répondit rien à sa civilité; car, aussitôt qu'il se sentit noyer de pissat, il se leva, hurlant comme un homme furieux, et demandant de la chandelle. La Rancune, avec une froideur capable de faire renier un théatin, lui disait : Voilà un grand malheur! Le marchand continua ses cris; l'hôte, l'hôtesse, les servantes et les valets vinrent à lui. Le marchand leur dit qu'on l'avait fait coucher avec un diable, et pria qu'on lui fît du feu autre part. On lui demanda ce qu'il avait : il ne répondit rien, tant il était en colère, prit ses habits et ses hardes, et fut se sécher dans la cuisine, où il passa le reste de la nuit sur un banc, le long du feu. L'hôte demanda à la Rancune ce qu'il lui avait fait. Il lui dit, feignant une grande ingénuité : Je ne sais de quoi il peut se plaindre : il s'est éveillé et m'a réveillé, criant au meurtre; il faut qu'il ait fait quelque mauvais songe, ou qu'il soit fou; et il a pissé au lit. L'hôtesse y porta la main, et dit qu'il était vrai que son matelas était tout percé, et jura son grand dieu qu'il le paierait. Ils donnèrent le bonsoir à la Rancune, qui dormit toute la nuit aussi paisiblement qu'aurait fait un homme de bien, et se récompensa de celle qu'il avait mal passée chez la Rappinière. Il se leva pourtant plus matin qu'il ne pensait, parce que la servante de la Rappinière le vint quérir à la hâte pour venir voir Doguin qui se mourait, et qui demandait à le voir avant de mourir. Il courut, bien en peine de savoir ce que lui voulait un homme qui se mourait, et qui ne le connaissait que du jour précédent. Mais la servante s'était trompée : ayant ouï demander le comédien au pauvre moribond, elle avait pris la Rancune pour Destin, qui venait d'entrer dans la chambre de Doguin quand la Rancune arriva, et qui s'y était enfermé, ayant appris du prêtre qui l'avait confessé, que le blessé avait quelque chose à lui dire qu'il lui importait de savoir. Il n'y fut pas plus d'un demi-quart d'heure que la Rappinière revint de la ville, où il était allé dès la pointe du jour, pour quelques affaires.

Il apprit en arrivant que son valet se mourait, qu'on ne pouvait lui arrêter le sang, parce qu'il avait un gros vaisseau coupé, et qu'il avait demandé à voir le comédien Destin avant mourir. Et l'a-t-il vu? demanda tout ému la Rappinière. On lui répondit qu'ils étaient enfermés ensemble. Il fut frappé de ces paroles comme d'un coup de massue, et s'encourut, tout transporté, frapper à la porte de la chambre où Doguin se mourait, au même temps que Destin l'ouvrait pour avertir que l'on vînt secourir le malade qui tombait en faiblesse. La Rappinière lui demanda tout troublé ce que lui voulait son fou de valet. Je crois qu'il rêve, répondit froidement Destin, car il m'a demandé cent fois pardon, et je ne pense pas qu'il m'ait jamais offensé; mais qu'on prenne garde à lui, car il se meurt. On s'approcha du lit de Doguin sur le point de rendre le dernier soupir, dont la Rappinière parut plus gai que triste. Ceux qui le connaissaient crurent que c'était à cause qu'il devait les gages à son valet. Destin seul savait bien ce qu'il en devait croire. Là-dessus deux hommes entrèrent dans le logis, qui furent reconnus par notre comédien pour être de ses camarades, desquels nous parlerons plus amplement dans le chapitre suivant.

CHAPITRE VII.

L'aventure des brancards.

Le plus jeune des comédiens qui entrèrent chez la Rappinière, était valet de Destin. Il apprit de lui que le reste de la troupe était arrivé, à la réserve de mademoiselle de l'Etoile, qui s'était démis un pied à trois lieues du Mans. Qui vous a fait venir ici, et qui vous a dit que nous y étions? lui demanda Destin. La peste qui était à Alençon nous a empêché d'y aller, et nous a arrêtés à Bonnestable, répondit l'autre comédien qui s'appelait l'Olive; quelques habitants de cette ville que nous avons trouvés, nous ont dit que vous aviez joué ici, que vous vous étiez battus, et que vous aviez été blessé ; mademoiselle de l'Etoile en est fort en peine, et vous prie de lui envoyer un brancard. Le maître de l'hôtellerie voisine, qui était venu là au bruit de la mort de Doguin, dit qu'il avait un brancard chez lui, et, pourvu qu'on le payât bien, qu'il serait en état de partir sur le midi, porté par deux bons chevaux. Les comédiens arrêtèrent le brancard à un écu, et des chambres dans l'hôtellerie pour la troupe comique. La Rappinière se chargea d'obtenir, du lieutenant-général, permission de jouer ; et, sur le midi, Destin et ses camarades prirent le chemin de Bonnestable. Il faisait grand chaud ; la Rancune dormait dans le brancard, l'Olive était monté sur le cheval de derrière, et un valet de l'hôte conduisait celui de devant. Destin allait de son pied, un fusil sur l'épaule, et son valet lui contait ce qui leur était arrivé depuis le Château-du-Loire jusqu'au village auprès de Bonnestable, où mademoiselle de l'Etoile s'était démis un pied en descendant de cheval, quand deux hommes bien montés, et qui se cachèrent le nez de leur manteau en passant près de Destin, s'approchèrent du brancard, du côté qu'il était découvert ; et, n'y trouvant qu'un vieil homme qui dormait, le mieux monté de ces deux inconnus dit à l'autre : Je crois que tous les diables sont aujourd'hui déchaînés contre moi, et sont déguisés en brancards pour me faire enrager. Cela dit, il poussa son cheval à travers les champs, et son camarade le suivit. L'Olive appela Destin qui était un peu éloigné, et lui conta l'aventure, à laquelle il ne put rien comprendre, et dont il ne se mit pas beaucoup en peine. A un quart de lieue de là, le conducteur du brancard, que l'ardeur du soleil avait assoupi, alla planter le brancard dans un bourbier, où la Rancune pensa se trouver : les chevaux brisèrent leur harnais, et il fallut les en tirer par le cou et par la queue, après qu'on les eut détélés. Ils ramassèrent les débris du naufrage, et gagnèrent le prochain village du mieux qu'ils purent. L'équipage du brancard avait grand besoin de réparation : tandis qu'on y travailla, la Rancune, l'Olive et le valet de Destin burent un coup à la porte d'une hôtellerie qui se trouva dans le village. Là-dessus il arriva un autre brancard conduit par deux hommes de pied, qui s'arrêta aussi devant l'hôtellerie. A peine fut-il arrivé, qu'il en parut un autre qui venait cent pas après du même côté. Je crois que tous les brancards de la province se sont ici donné rendez-vous pour une affaire d'importance, ou pour un chapitre général, dit la Rancune, et je suis d'avis qu'ils commencent leur conférence, car il n'y a pas d'apparence qu'il y en arrive davantage. En voici pourtant un qui n'en quittera pas sa part, dit l'hôtesse; et en effet, ils en virent un quatrième qui venait du côté du Mans. Cela les fit rire d'un bon courage, excepté la Rancune qui ne riait jamais, comme je vous l'ai déjà dit. Le dernier brancard s'arrêta avec les autres. Jamais on ne vit tant de brancards ensemble. Si les chercheurs de brancards que nous avons trouvés étaient ici, ils auraient contentement, dit le conducteur du premier venu. J'en ai trouvé aussi, dit le second. Celui des comédiens dit la même chose, et le dernier venu ajouta qu'il en avait pensé être battu. Et pourquoi? lui demanda Destin. A cause, lui répondit-il, qu'ils en voulaient à une demoiselle qui s'était démis un pied, et que nous avons menée au Mans. Je n'ai jamais vu de gens si colères; ils se prenaient à moi de ce qu'ils n'avaient pas trouvé ce qu'ils cherchaient. Cela fit ouvrir les oreilles aux comédiens; et, en deux ou trois interrogatoires qu'ils firent aux brancardiers, ils surent que la femme du seigneur du village où mademoiselle de l'Étoile s'était blessée, lui avait rendu visite, et l'avait fait conduire au Mans avec grand soin. La conversation dura encore quelque temps avec les brancardiers, et ils surent les uns des autres qu'ils avaient été reconnus en chemin par les mêmes hommes que les comédiens avaient vus. Le premier brancard portait le curé de Domfront, qui venait des eaux de Bellême, et passait au Mans pour faire une consulte de médecins sur sa maladie. Le second portait un gentilhomme blessé, qui revenait de l'armée. Les brancards se séparèrent; celui des comédiens et celui du curé de Domfront retournèrent au Mans de compagnie, et les autres où ils avaient à aller. Le curé malade descendit en la même hôtellerie des comédiens, qui était la sienne. Nous le laisserons reposer dans sa chambre, et verrons dans le chapitre suivant ce qui se passait en celle des comédiens.

CHAPITRE VIII.

Dans lequel on verra plusieurs choses nécessaires à savoir pour l'intelligence du présent livre.

La troupe comique était composée de Destin, de l'Olive et de la Rancune, qui avaient chacun un valet prétendant à devenir un jour comédien en chef. Parmi ces valets il y en avait quelques-uns qui récitaient déjà sans rougir et sans se décontenancer ; celui de Destin entre autres faisait assez bien, entendait assez ce qu'il disait, et avait de l'esprit. Mademoiselle de l'Etoile et la fille de mademoiselle de la Caverne récitaient les premiers rôles. La Caverne représentait les reines et les mères, et jouait à la farce. Ils avaient de plus un poète ou plutôt un auteur, car toutes les boutiques d'épiciers du royaume étaient pleines de ses œuvres, tant en vers qu'en prose. Ce bel esprit s'était donné à la troupe presque malgré elle ; et parce qu'il ne partageait point et mangeait quelque argent avec les comédiens, on lui donnait les derniers rôles, dont il s'acquittait mal. On voyait bien qu'il était amoureux de l'une des deux comédiennes ; mais il était si discret, quoiqu'un peu fou, qu'on n'avait pu encore découvrir laquelle des deux il devait suborner, sous espérance de l'immortalité. Il menaçait les comédiens de quantité de pièces ; mais il leur avait fait grâce jusqu'alors. On savait seulement par conjecture, qu'il en faisait une, intitulée *Martin Luther*, dont on avait trouvé un cahier, qu'il avait pourtant désavoué quoiqu'il fût de son écriture. Quand nos comédiens arrivèrent, la chambre des comédiennes était déjà pleine des plus échauffés godelureaux de la ville, dont quelques-uns étaient déjà refroidis du maigre accueil qu'on leur avait fait. Ils parlaient tous ensemble de la comédie, des bons vers, des auteurs et des romans. Jamais on n'ouït plus de bruit dans une chambre, à moins que de s'y quereller : le poète sur tous les autres, environné de deux ou trois qui devaient être les beaux esprits de la ville, se tuait de leur dire qu'il avait fait la débauche avec Saint-Amant et Beys, et qu'il avait perdu un bon ami en feu Rotrou. Mademoiselle de la Caverne et mademoiselle Angélique sa fille arrangeaient leurs hardes avec une aussi grande tranquillité que s'il n'y eût eu personne dans la chambre. Les mains d'Angélique étaient quelquefois serrées ou baisées, car les provinciaux se démènent fort et sont grands patineurs; mais un coup de pied dans l'os des jambes, un soufflet ou un coup de dent, selon qu'il était à propos, la délivraient bientôt de ces galants à toute outrance. Ce n'est pas qu'elle fût dévergondée; mais son humeur enjouée et libre l'empêchait d'observer beaucoup de cérémonie; d'ailleurs elle avait de l'esprit et était très honnête fille. Mademoiselle de l'Etoile était d'une humeur toute contraire : il n'y avait pas au monde de fille plus modeste et d'une humeur plus douce, et elle fut alors si complaisante, qu'elle n'eut pas la force de chasser tous ces cajoleurs hors de sa chambre, quoiqu'elle souffrît beaucoup au pied qu'elle s'était démis, et qu'elle eût grand besoin d'être en repos. Elle était tout habillée sur un lit, environnée de quatre ou cinq des plus doucereux, étourdie de quantité d'équivoques qu'on appelle pointes dans les provinces, et souriant bien souvent à des choses qui ne lui plaisaient guère. Mais c'est une des grandes incommodités du métier, laquelle, jointe à celle d'être obligé de pleurer et de rire lorsque l'on a envie de faire tout autre chose, diminue beaucoup le plaisir qu'ont les comédiens d'être quelquefois empereurs et impératrices, et d'être appelés beaux comme le jour, quand il s'en faut plus de la moitié, et jeune beauté, bien qu'ils aient vieilli sur le théâtre, et que leurs cheveux et leurs dents fassent une partie de leurs hardes. Il y a bien d'autres choses à dire sur ce sujet; mais il faut les ménager, et les placer en divers endroits de mon livre pour diversifier. Revenons à la pauvre mademoiselle de l'Etoile, obsédée de provinciaux les plus incommodes du monde, tous grands parleurs, quelques-uns très impertinents, et entre lesquels il s'en trouvait de nouvellement sortis du collége. Il y avait entre autres un petit homme veuf, avocat de profession, qui avait une petite charge dans une petite juridiction voisine. Depuis la mort de sa petite femme, il avait menacé toutes les femmes de la ville de se remarier, et le clergé de la province de se faire prêtre, et même de se faire prélat à beaux sermons comptant. C'était le plus grand petit fou qui ait couru les champs depuis Roland. Il avait étudié toute sa vie; et, quoique l'étude aille à la connaissance de la vérité, il était menteur comme un valet, présomptueux et opiniâtre comme un pédant, et assez mauvais poëte pour être étouffé s'il y avait de la police dans le royaume. Quand Destin et ses compagnons entrèrent dans la chambre, il s'offrit de leur lire, sans leur donner le temps de se reconnaître, une pièce de sa façon, intitulée *Les Faits et Gestes de Charlemagne, en vingt-quatre journées*. Cela fit dresser les cheveux à la tête de tous les assistants; et Destin, qui conserva un peu de jugement dans l'épouvante générale où la proposition avait mis la compagnie, lui dit, en souriant, qu'il n'y avait pas apparence de lui donner audience avant le souper. Eh bien! dit-il, je vais vous conter une histoire tirée d'un livre espagnol qu'on m'a envoyé de Paris, dont je veux faire une pièce dans les règles. On changea de discours deux ou trois fois, pour se garantir d'une histoire que l'on croyait devoir être une imitation de la *Peau-d'âne;* mais le petit homme ne se rebuta point, et, à force de recommencer son histoire autant de fois qu'on l'interrompait, il se fit donner audience, dont on ne se repentit point, parce que l'histoire se trouva assez bonne, et démentit la mauvaise opinion que l'on avait de tout ce qui venait de Ragotin; c'était le nom du godenot. Vous allez voir cette histoire dans le chapitre suivant, non telle que la conta Ragotin, mais comme je la pourrai conter d'après un des auditeurs qui me l'a apprise. Ce n'est donc pas Ragotin qui parle, c'est moi.

CHAPITRE IX.

Histoire de l'amante invisible.

Dom Carlos d'Aragon était un jeune gentilhomme de la maison dont il portait le nom. Il fit des merveilles de sa personne dans les spectacles publics que le vice-roi de Naples donna au peuple, aux noces de Philippe second, troisième ou quatrième, car je ne sais pas lequel. Le lendemain d'une course de bague dont il avait remporté l'honneur, le vice-roi permit aux dames déguisées d'aller par la ville et de porter des masques à la française, pour la commodité des étrangers que ces réjouissances avaient attirés dans la ville. Ce jour-là dom Carlos s'habilla le mieux qu'il put, et se trouva avec quantité d'autres tyrans des cœurs dans l'église de la galanterie. On profane les églises en ces pays-là aussi bien qu'au nôtre, et

le temple de Dieu sert de rendez-vous aux godelureaux et aux
coquettes, à la honte de ceux qui ont la maudite ambition d'achalander leurs églises et de s'ôter la pratique les uns aux autres : on
y devrait donner ordre, et établir des chasse-godelureaux et des
chasse-coquettes dans les églises, comme des chasse-chiens et des
chasse-chiennes. On dira ici de quoi je me mêle; vraiment on en
verra bien d'autres. Sache le sot qui s'en scandalise, que tout
homme est sot en ce bas monde, aussi bien que menteur, les uns
plus, les autres moins; et moi qui vous parle, peut-être plus sot
que les autres, quoique j'ai plus de franchise à l'avouer, et que,
mon livre n'étant qu'un ramas de sottises, j'espère que chaque sot
y trouvera un petit caractère de ce qu'il est, s'il n'est trop aveuglé
de l'amour-propre. Dom Carlos donc, pour reprendre mon conte,
était dans une église avec quantité d'autres gentilshommes italiens
et espagnols, qui se miraient dans leurs belles plumes comme des
paons, lorsque trois dames masquées l'accostèrent au milieu de
tous ces Cupidons déchaînés; l'une desquelles lui dit ceci, ou quelque chose d'approchant : Seigneur dom Carlos, il y a une dame en
cette ville à qui vous êtes bien obligé; dans tous les combats de
barrière et toutes les courses de bague, elle vous a souhaité d'en
remporter l'honneur, comme vous avez fait. Ce que je trouve de
plus avantageux en ce que vous me dites, répondit dom Carlos,
c'est que je l'apprends de vous qui paraissez une dame de mérite;
et je vous avoue que si j'eusse espéré que quelque dame se fût déclarée pour moi, j'aurais apporté plus de soin que je n'ai fait à
mériter son approbation. La dame inconnue lui dit qu'il n'avait
rien oublié de tout ce qui pouvait le faire paraître un des plus
adroits hommes du monde, mais qu'il avait fait voir par ses livrées
de noir et de blanc qu'il n'était point amoureux. Je n'ai jamais
bien su ce que signifiaient les couleurs, répondit dom Carlos;
mais je sais bien que c'est moins par insensibilité que je n'aime
point, que par la connaissance que j'ai que je ne mérite pas d'être
aimé. Ils se dirent encore cent belles choses, que je ne vous dirai
point, parce que je ne les sais pas, et que je n'ai garde de vous en
composer d'autres, de peur de faire tort à dom Carlos et à la dame
inconnue, qui avait bien plus d'esprit que je n'en ai, comme je l'ai
su depuis peu d'un honnête Napolitain qui les a connus l'un et
l'autre. Tant y a que la dame masquée déclara à dom Carlos que

c'était elle qui avaient eu de l'inclination pour lui. Il demanda à la voir ; elle lui dit qu'il n'en était pas encore là, qu'elle en chercherait les occasions, et que pour lui témoigner qu'elle ne craignait point de se trouver avec lui seul à seul, elle lui donnait un gage. En disant cela, elle découvrit à l'Espagnol la plus belle main du monde, et lui présenta une bague qu'il reçut, si surpris de l'aventure, qu'il oublia presque à lui faire la révérence lorsqu'elle le quitta. Les autres gentilshommes qui s'étaient éloignés de lui par discrétion, s'en approchèrent. Il leur conta ce qui lui était arrivé, et leur montra la bague, qui était d'un prix assez considérable. Chacun dit là-dessus ce qu'il en croyait, et dom Carlos demeura aussi piqué de la dame inconnue, que s'il l'eût vue au visage, tant l'esprit a de pouvoir sur ceux qui en ont. Il fut bien huit jours sans avoir des nouvelles de la dame, et je n'ai jamais su s'il s'en inquiéta fort. Cependant il allait tous les jours se divertir chez un capitaine d'infanterie, où plusieurs hommes de condition s'assemblaient souvent pour jouer. Un soir, qu'il n'avait point joué et qu'il se retirait de meilleure heure qu'il n'avait accoutumé, il fut appelé par son nom d'une chambre basse d'une grande maison. Il s'approcha de la fenêtre, qui était grillée, et reconnut à la voix que c'était son amante invisible, qui lui dit d'abord : Approchez-vous, dom Carlos, je vous attends ici pour vider le différend que nous avons ensemble. Vous n'êtes qu'une fanfaronne, lui dit dom Carlos ; vous défiez avec insolence, et vous vous cachez huit jours pour ne paraître qu'à une fenêtre grillée. Nous nous verrons de plus près quand il en sera temps, lui dit-elle, ce n'est point faute de cœur que j'ai différé de me trouver avec vous ; j'ai voulu vous connaître avant de me laisser voir. Vous savez que dans les combats assignés il se faut battre avec des armes pareilles : si votre cœur n'était pas aussi libre que le mien, vous vous battriez avec avantage ; et c'est pour cela que j'ai voulu m'informer de vous. Et qu'avez-vous appris de moi ? lui dit dom Carlos. Que nous sommes assez l'un pour l'autre, répondit la dame invisible. Dom Carlos lui dit que la chose n'était pas égale ; car, ajouta-t-il, vous me voyez, et savez qui je suis : moi, je ne vous vois point, et ne sais qui vous êtes. Quel jugement pensez-vous que je puisse faire du soin que vous apportez à vous cacher ? On ne se cache guère quand on n'a que de bons desseins, et on peut aisément tromper une personne qui ne se tient pas sur ses gardes; mais on ne la trompe pas deux fois. Si vous vous servez de moi pour donner de la jalousie à un autre, je vous avertis que je n'y suis pas propre, et que vous ne devez pas vous servir de moi à autre chose qu'à vous aimer. Avez-vous assez fait de jugements téméraires? lui dit l'invisible. Ils ne sont pas sans apparence, répondit dom Carlos. Sachez, lui dit-elle, que je suis très véritable, que vous me reconnaîtrez telle dans tous les procédés que nous aurons ensemble, et que je veux que vous le soyez aussi. Cela est juste, lui dit dom Carlos, mais il est juste aussi que je vous voie, et que je sache qui vous êtes. Vous le saurez bientôt, lui dit l'invisible, et cependant espérez sans impatience; c'est par là que vous pouvez mériter ce que vous prétendez de moi, qui vous assure (afin que votre galanterie ne soit pas sans fondement et sans espoir de récompense) que je vous égale en condition, et que j'ai assez de bien pour vous faire vivre avec autant d'éclat que le plus grand prince du royaume; que je suis jeune, que je suis plus belle que laide; et pour de l'esprit, vous en avez trop pour n'avoir pas découvert si j'en ai ou non. Elle se retira en achevant ces paroles, laissant dom Carlos la bouche ouverte et prêt à répondre, si surpris de sa brusque déclaration, si amoureux d'une personne qu'il ne voyait point, et si embarrassé de ce procédé étrange qui pouvait aller à quelque tromperie, que sans sortir d'une place il fut un grand quart d'heure à faire divers jugements sur une aventure si extraordinaire. Il savait bien qu'il y avait plusieurs princesses et dames de condition dans Naples, mais il savait aussi qu'il y avait force courtisanes affamées, fort âpres après les étrangers, grandes friponnes, et d'autant plus dangereuses, qu'elles étaient belles. Je ne vous dirai point exactement s'il avait soupé, et s'il se coucha sans manger, comme font quelques faiseurs de romans qui règlent toutes les heures du jour de leurs héros, les font lever de bon matin, conter leur histoire jusqu'à l'heure du dîner, dîner fort légèrement, et après dîner reprendre leur histoire ou s'enfoncer dans un bois pour y parler tout seuls, si ce n'est quand ils ont quelque chose à dire aux arbres et aux rochers; à l'heure du souper, se trouver à point nommé dans le lieu où l'on mange, où ils soupirent et rêvent au lieu de manger, et puis s'en vont faire des châteaux en Espagne sur quelque terrasse qui regarde la mer, tandis qu'un écuyer révèle que son maître est un tel, fils d'un roi tel, et qu'il n'y a pas un meilleur prince au monde; que, quoiqu'il soit alors le plus beau des mortels, il était encore tout autre chose avant que l'amour l'eût défiguré. Pour revenir à mon histoire, dom Carlos se trouva le lendemain à son poste. L'invisible était déjà au sien. Elle lui demanda s'il n'avait pas été bien embarrassé de la conversation passée, et s'il n'était pas vrai qu'il avait douté de tout ce qu'elle avait dit. Dom Carlos, sans répondre à sa demande, la pria de lui dire quel danger il y avait pour elle à ne se montrer point, puisque les choses étaient égales de part et d'autre, et que leur galanterie ne se proposait qu'une fin qui serait approuvée de tout le monde. Le danger est tout entier, comme vous le saurez avec le temps, lui dit l'invisible, contentez-vous, encore un coup, que je sois véritable, et que dans la relation que je vous ai faite de moi-même, j'ai été très modeste.

Dom Carlos ne la pressa pas davantage. Leur conversation dura encore quelque temps; ils s'entredonnèrent de l'amour encore plus qu'ils n'avaient fait, et se séparèrent avec promesse de part et d'autre de se trouver tous les jours à l'assignation. Le jour d'après il y eut grand bal chez le vice-roi. Dom Carlos espéra d'y reconnaître son invisible. Il tâcha cependant d'apprendre à qui était la maison où on lui donnait de si favorables audiences. Il apprit des voisins, que la maison était à une vieille dame fort retirée, veuve d'un capitaine espagnol, et qu'elle n'avait ni filles ni nièces. Il demanda à la voir : elle lui fit dire que, depuis la mort de son mari, elle ne voyait personne; ce qui l'embarrassa encore davantage. Dom Carlos se trouva le soir chez le vice-roi, où vous pouvez penser que l'assemblée fut fort belle. Il observa exactement toutes les dames de l'assemblée, cherchant qui pouvait être son inconnue. Il lia conversation avec celles qu'il put joindre, et n'y trouva pas ce qu'il cherchait. Enfin, il se tint à la fille d'un marquis de je ne sais quel marquisat; car c'est la chose du monde dont je voudrais le moins jurer, dans un temps où tout le monde se marquise de soi-même, je veux dire de son chef. Elle était jeune et belle, et avait bien quelque chose du ton de voix de celle qu'il cherchait; mais à la longue il trouva si peu de rapport entre son esprit et celui de son invisible, qu'il se repentit d'avoir en si peu de temps assez avancé ses affaires auprès de cette belle personne, pour pouvoir croire, sans se flatter, qu'il n'était pas mal avec elle. Ils dansèrent souvent ensemble; et, le bal étant fini avec peu de satisfaction de la part de dom Carlos, il se sépara de sa captive, qu'il laissa toute glorieuse d'avoir occupé seule, et dans une si belle assemblée, un cavalier qui était envié de tous les hommes et estimé de toutes les femmes. A la sortie du bal il s'en fut à la hâte en son logis prendre des armes, et de son logis à sa fatale grille, qui n'en était pas fort éloignée. Sa dame, qui y était déjà, lui demanda des nouvelles du bal, quoiqu'elle y eût été. Il lui dit ingénument qu'il avait dansé plusieurs fois avec une fort belle personne, et qu'il l'avait entretenue tant que le bal avait duré. Elle lui fit là-dessus plusieurs questions qui découvrirent assez qu'elle était jalouse. Dom Carlos, de son côté, lui fit connaître qu'il avait scrupule de ce qu'elle ne s'était point trouvée au bal, et que cela le faisait douter de sa condition. Elle s'en aperçut; et, pour lui remettre l'esprit en repos, jamais elle ne fut si charmante, et elle le favorisa autant qu'on le peut dans une conversation qui se fait au travers d'une grille, jusqu'à lui promettre qu'elle lui serait bientôt visible. Ils se séparèrent là-dessus, lui fort en doute s'il la devait croire, et elle un peu jalouse de la belle personne qu'il avait entretenue tant que le bal avait duré. Le lendemain dom Carlos, étant allé à la messe en je ne sais quelle église, présenta de l'eau bénite à deux dames masquées qui en voulaient prendre en même temps que lui. La mieux vêtue de ces deux dames lui dit qu'elle ne recevait point de civilité d'une personne à qui elle voulait donner un éclaircissement. Si vous n'êtes point trop pressée, lui dit dom Carlos, vous pouvez vous satisfaire tout à l'heure. Suivez-moi donc dans la prochaine chapelle, lui répondit la dame inconnue. Elle s'y en alla la première, et dom Carlos la suivit, fort en doute si c'était sa dame, quoiqu'il la vît de même taille, parce qu'il trouvait quelque différence en leurs voix, celle-ci parlant un peu gras. Voici ce qu'elle lui dit, après s'être enfermée avec lui dans la chapelle : Toute la ville de Naples, seigneur dom Carlos, est pleine de la haute réputation que vous y avez acquise depuis le peu de temps que vous y êtes, et vous y passez pour un des plus honnêtes hommes du monde : on trouve seulement étrange que vous ne vous soyez point aperçu qu'il y a en cette ville des dames de condition et de mérite qui ont pour vous une estime particulière. Elles vous l'ont témoignée autant que la bienséance le peut permettre; et, bien qu'elles souhaitent ardemment de vous le faire croire, elles aiment pourtant mieux que vous ne l'ayez pas reconnu par insensibilité, que si vous le dissimuliez par indifférence. Il y en a une entre autres de ma connaissance, qui vous estime assez pour vous avertir, au péril de tout ce qu'on en pourra dire, que vos aventures de nuit sont découvertes, que vous vous engagez imprudemment à aimer ce que vous ne connaissez point; et puisque votre maîtresse se cache, qu'il faut qu'elle ait honte de vous aimer, ou peur de n'être pas assez aimable. Je ne doute point que votre amour de contemplation n'ait pour objet une dame de grande qualité et de beaucoup d'esprit, et qu'il ne se soit figuré une maîtresse tout adorable; mais, seigneur dom Carlos, ne croyez pas votre imagination aux dépens de votre jugement; défiez-vous d'une personne qui se cache, et ne vous engagez pas plus avant dans ces conversations nocturnes. Mais pourquoi me déguiser davantage? C'est moi qui suis jalouse de votre fantôme, qui trouve mauvais que vous lui parliez; et, puisque je me suis déclarée, je vais si bien lui rompre tous ses desseins, que j'emporterai sur elle une victoire que j'ai droit de lui disputer, puisque je ne lui suis inférieure ni en beauté, ni en richesses, ni en qualité, ni en tout ce qui rend une personne aimable : profitez de l'avis si vous êtes sage. Elle s'en alla en disant ces dernières paroles, sans donner le temps à dom Carlos de lui répondre. Il voulut la suivre; mais il trouva à la porte de l'église un homme de condition qui l'engagea dans une conversation qui dura assez longtemps, et dont il ne se put défendre. Il rêva le reste du jour à cette aventure, et soupçonna d'abord la demoiselle du bal d'être la dernière dame masquée qui lui était apparue : mais, se ressouvenant qu'elle lui avait fait voir beaucoup d'esprit, ce qu'il n'avait pas trouvé dans l'autre, il ne sut plus ce qu'il devait croire, et souhaita presque de n'être point engagé avec son obscure maîtresse, pour se donner tout entier à celle qui venait de le quitter; mais enfin, venant à considérer qu'elle ne lui était pas plus connue que son invisible, de qui l'esprit l'avait charmé dans les conversations qu'il avait eues avec elle, il ne balança point dans le parti qu'il devait prendre, et ne se mit pas beaucoup en peine des menaces qu'on lui avait faites, n'étant pas homme à être poussé par-là. Ce jour même il ne manqua pas de se trouver à sa grille à l'heure accoutumée, et il ne manqua pas non plus, au fort de la conversation qu'il eut avec son invisible, d'être saisi par quatre hommes masqués, assez forts pour le désarmer, et le porter presque à force de bras dans un carrosse qui les attendait au bout de la rue. Je laisse à penser au lecteur les injures qu'il leur dit, et les reproches qu'il leur fit de l'avoir pris à leur avantage. Il essaya même de les gagner par promesses ; mais au lieu de les persuader, il ne les obligea qu'à prendre un peu plus garde à lui, et à lui ôter tout-à-fait l'espérance de pouvoir s'aider de son courage et de sa force. Cependant le carrosse allait toujours au grand trot de quatre chevaux ; il sortit de la ville, et, au bout d'une heure, il entra dans une superbe maison, dont on tenait la porte ouverte pour le recevoir. Les quatre mascarades descendirent du carrosse avec dom Carlos, le tenant par dessous les bras, comme un ambassadeur introduit à saluer le grand-seigneur. On le monta jusqu'au premier étage avec la même cérémonie, et là deux demoiselles masquées vinrent le recevoir à la porte d'une grande salle, chacune un flambeau à la main. Les hommes masqués le laissèrent en liberté, et se retirèrent après lui avoir fait une profonde révérence. Il y a apparence qu'ils ne lui laissèrent ni pistolet ni épée, et qu'il ne les remercia pas de la peine qu'ils avaient prise à le bien garder. Ce n'est pas qu'il ne fût fort civil ; mais on peut bien pardonner un manquement de civilité à un homme surpris. Je ne vous dirai point si les flambeaux que tenaient les demoiselles étaient d'argent ; c'est pour le moins : ils étaient plutôt de vermeil doré ciselé, et la salle était la plus magnifique du monde, et, si vous voulez, aussi bien meublée que quelques appartements de nos romans, comme le vaisseau de Zelmandre dans le *Polexandre*, le palais d'Ibrahim dans l'*Illustre Bassa*, ou la chambre où le roi d'Assyrie reçut Mandane, dans le *Cyrus*, qui est sans doute, aussi bien que les autres que j'ai nommés, le livre du monde le mieux meublé. Représentez-vous donc si notre Espagnol ne fut pas bien étonné de se voir dans ce superbe appartement, avec deux demoiselles masquées qui ne parlaient point, et qui le conduisirent dans une chambre voisine, encore mieux meublée que la salle, où elles le laissèrent tout seul. S'il eût été de l'humeur de dom Quichotte, il eût trouvé là de quoi s'en donner jusqu'aux gardes, et il se fût cru pour le moins Esplandir ou Amadis; mais notre Espagnol ne s'en émut non plus que s'il eût été en son hôtellerie ou auberge : il est vrai qu'il regretta beaucoup son invisible, et que, songeant continuellement à elle, il trouva cette belle chambre plus triste qu'une prison, que l'on ne trouve jamais belle que par dehors. Il crut facilement qu'on ne lui voulait point de mal où on l'avait si bien logé; et ne douta point que la dame qui lui avait parlé le jour auparavant dans l'église, ne fût la magicienne de tous ces enchantements. Il admira en lui-même l'humeur des femmes, et avec quelle promptitude elles exécutent leurs résolutions. Il se résolut aussi de son côté à attendre patiemment la fin de l'aventure, et de garder fidélité à sa maîtresse de la grille, quelques promesses et quelques menaces qu'on lui pût faire. A quelque temps de là des officiers masqués et fort bien vêtus vinrent mettre le couvert, et l'on servit ensuite le souper. Tout en fut magnifique; la musique et les cassolettes n'y furent pas oubliées; et notre dom Carlos, outre les sens de l'odorat et de l'ouïe, contenta aussi celui du goût, plus que je ne l'aurais pensé dans l'état où il était, je veux dire qu'il soupa fort bien; mais que ne peut un grand courage? J'oubliais de vous dire que je crois qu'il se lava la bouche, car j'ai su qu'il avait grand soin de ses dents. La musique dura encore quelque temps après le souper; et, tout le monde s'étant retiré, dom Carlos se promena longtemps, rêvant à tous ces enchantements ou à autre chose. Deux demoiselles masquées et un nain masqué, après avoir dressé une superbe toilette, le vinrent déshabiller, sans savoir de lui s'il avait envie de se coucher. Il se soumit à tout ce qu'on voulut : les demoiselles firent la couverture et se retirèrent; le nain le déchaussa ou débotta, et puis le déshabilla. Dom Carlos se mit au lit, et tout cela sans que l'on proférât la moindre parole de part et d'autre. Il dormit assez bien pour un amoureux : les oiseaux d'une volière le réveillèrent au point du jour;

le nain masqué se présenta pour le servir, et lui fit prendre le plus beau linge du monde, le mieux blanchi et le plus parfumé. Ne disons point, si vous voulez, ce qu'il fit jusqu'au dîner, qui valut bien le souper, et allons jusqu'à la rupture du silence que l'on avait gardé jusqu'alors. Ce fut une demoiselle masquée qui le rompit, en lui demandant s'il aurait pour agréable de voir la maîtresse du palais enchanté. Il dit qu'elle serait la bienvenue. Elle entra bientôt après, suivie de quatre demoiselles fort richement vêtues.

> Telle n'est point la Cythérée,
> Quand, d'un nouveau feu s'allumant,
> Elle sort pompeuse et parée
> Pour la conquête d'un amant.

Jamais notre Espagnol n'avait vu une personne de meilleure mine que cette Urgande la déconnue. Il en fut si ravi et si étonné en même temps, que toutes les révérences et les pas qu'il fit en lui donnant la main jusqu'à une chambre prochaine où elle le fit entrer, furent autant de bronchades. Tout ce qu'il avait vu de beau dans la salle et dans la chambre dont je vous ai déjà parlé, n'était rien en comparaison de ce qu'il trouva en celle-ci, et tout cela recevait encore du lustre de la dame masquée. Ils passèrent sur la plus riche estrade qu'on ait jamais vue depuis qu'il y a des estrades au monde. L'Espagnol y fut mis dans un fauteuil, en dépit qu'il en eût; et la dame s'étant assise sur je ne sais combien de riches carreaux vis-à-vis de lui, elle lui fit entendre une voix aussi douce qu'un clavecin, en lui disant à peu près ce que je vais vous dire : Je ne doute point, seigneur dom Carlos, que vous ne soyez fort surpris de tout ce qui vous est arrivé depuis hier en ma maison; et si cela n'a pas fait grand effet sur vous, au moins aurez-vous vu par là que je sais tenir ma parole; et par ce que j'ai déjà fait, vous aurez pu juger de tout ce que je suis capable de faire. Peut-être que ma rivale, par ses artifices et par le bonheur de vous avoir attaquée la première, s'est déjà rendue maîtresse absolue de la place que je lui dispute en votre cœur; mais une femme ne se rebute pas du premier coup : et si ma fortune, qui n'est pas à mépriser, et tout ce que l'on peut posséder avec moi, ne peuvent vous persuader de m'aimer, j'aurai la satisfaction de ne m'être point cachée par honté ou par finesse, et d'avoir mieux aimé me faire mépriser par mes défauts, que me faire aimer par mes artifices. En disant ces dernières paroles, elle se démasqua, et fit voir à dom Carlos les cieux ouverts, ou, si vous voulez, le ciel en petit, la plus belle tête du monde, soutenue par un corps de la plus riche taille qu'il eût jamais admirée; enfin, tout cela joint ensemble, une personne toute divine. A la fraîcheur de son visage on ne lui eût pas donné plus de seize ans; mais par je ne sais quel air galant et majestueux tout ensemble, que les jeunes personnes n'ont pas encore, on connaissait qu'elle pouvait être en sa vingtième année. Dom Carlos fut quelque temps sans lui répondre, se fâchant quasi contre sa dame invisible, qui l'empêchait de se donner tout entier à la plus belle personne qu'il eût jamais vue, et hésitant sur ce qu'il devait dire et faire. Enfin, après un combat intérieur qui dura assez longtemps pour mettre en peine la dame du palais enchanté, il prit une forte résolution de ne lui point cacher ce qu'il avait dans l'âme; et ce fut sans doute une des plus belles actions qu'il eût jamais faites. Voici la réponse qu'il lui fit, que plusieurs personnes ont trouvée bien crue : Je ne puis vous nier, madame, que je ne fusse trop heureux de vous plaire, si je pouvais l'être assez pour pouvoir vous aimer. Je vois bien que je quitte la plus belle personne du monde, pour une autre qui ne l'est peut-être que dans mon imagination. Mais, madame, m'auriez-vous trouvé digne de votre affection, si vous m'aviez cru capable d'être infidèle? Plaignez-moi donc, madame, sans me blâmer, ou plutôt plaignons-nous ensemble, vous de ne pouvoir obtenir ce que vous désirez, et moi de ne point voir ce que j'aime. Il dit cela d'un air si triste, que la dame put aisément remarquer qu'il parlait selon ses véritables sentiments. Elle n'oublia rien de ce qui pouvait le persuader; il fut sourd à ses prières, et ne fut point touché de ses larmes. Elle revint à la charge plusieurs fois : à bien attaqué, bien défendu. Enfin, elle en vint aux injures et aux reproches, et lui dit :

> Tout ce que fait dire la rage
> Quand elle est maîtresse des sens,

et le laissa là, non pas pour reverdir, mais pour maudire cent fois son malheur, qui ne lui venait que de trop de bonnes fortunes. Une demoiselle lui vint dire un peu après, qu'il avait la liberté de s'aller promener dans le jardin. Il traversa tous ces beaux appartements sans trouver personne jusqu'à l'escalier, au bas duquel il vit dix hommes masqués qui gardaient la porte, armés de pertuisanes et de carabines. Comme il traversait la cour pour s'aller promener dans ce jardin, qui était aussi beau que le reste de la maison, un de ces archers de la garde passa à côté de lui sans le regarder, et lui dit, comme ayant peur d'être entendu, qu'un vieux gentilhomme l'avait chargé d'une lettre pour lui et qu'il avait promis de la lui donner en main propre, quoiqu'il y allât de la vie s'il était découvert; mais qu'un présent de vingt pistoles et la promesse d'autant lui avaient fait tout hasarder. Dom Carlos lui promit d'être secret, et entra vite dans le jardin, pour lire cette lettre.

« Depuis que je vous ai perdu, vous avez pu juger de la peine où je suis par celle où vous devez être si vous m'aimez autant que je vous aime. Enfin, je me trouve un peu isolée depuis que j'ai découvert le lieu où vous êtes. C'est la princesse Porcia qui vous a enlevé. Elle ne considère rien quand il s'agit de se contenter, et vous n'êtes pas le premier Renaud de cette dangereuse Armide; mais je romprai tous ses enchantements, et vous tirerai bientôt d'entre ses bras pour vous donner, entre les miens, ce que vous méritez si vous êtes aussi constant que je le souhaite.

« La Dame invisible. »

Dom Carlos fut si ravi d'apprendre des nouvelles de sa dame, dont il était véritablement amoureux, qu'il baisa cent fois la lettre, et revint trouver à la porte du jardin celui qui la lui avait donnée, pour le récompenser d'un diamant qu'il avait au doigt. Il se promena encore quelque temps dans le jardin, ne pouvant assez s'étonner de cette princesse Porcia, dont il avait souvent ouï parler comme d'une jeune dame fort riche, et pour être de l'une des meilleures maisons du royaume, et comme il était fort vertueux, il conçut une telle aversion pour elle, qu'il résolut au péril de sa vie de faire tout ce qu'il pourrait pour se tirer de sa prison. Au sortir du jardin, il trouva une demoiselle démasquée (car on ne se masquait plus dans le palais) qui venait lui demander s'il aurait pour agréable que la maîtresse mangeât ce jour-là avec lui. Je vous laisse à penser s'il dit qu'elle serait la bienvenue. On servit quelque temps après à souper ou à dîner, car je ne me souviens plus lequel c'était. Porcia y parut plus belle, je vous ai tantôt dit que la Cythérée; il n'y a point d'inconvénient de dire ici, pour diversifier, plus belle que le jour ou que l'aurore. Elle fut toute charmante tandis qu'ils furent à table, et fit paraître tant d'esprit à l'Espagnol, qu'il eut un secret déplaisir de voir, dans une dame de si grande condition, tant d'excellentes qualités si mal employées. Il se contraignit le mieux qu'il put pour paraître de belle humeur, quoiqu'il songeât continuellement à son inconnue, et qu'il brulât d'un violent désir de se revoir à sa grille. Aussitôt que l'on eut desservi, on les laissa seuls; et dom Carlos ne parla point, ou par respect, ou pour obliger la dame de parler la première; elle rompit le silence en ces termes : Je ne sais si je dois espérer quelque chose de la gaîté que je pense avoir remarquée sur votre visage, et si le mien, que je vous ai fait voir, ne vous a point semblé assez beau pour vous faire douter si celui que l'on vous cache est plus capable de vous donner de l'amour. Je n'ai point déguisé ce que je vous ai voulu donner, parce que je n'ai point voulu que vous puissiez vous repentir de l'avoir reçu : et, quoiqu'une personne accoutumée à recevoir des prières puisse aisément s'offenser d'un refus, je n'aurai aucun ressentiment de celui que j'ai déjà reçu de vous, pourvu que vous le répariez, en me donnant ce que je crois mieux mériter que votre invisible. Faites-moi donc savoir votre dernière résolution, afin que, si elle n'est pas à mon avantage, je cherche dans la mienne des raisons assez fortes pour combattre celles que je pense avoir eues de vous aimer. Dom Carlos attendit quelque temps qu'elle reprît la parole; et, voyant qu'elle ne parlait plus, et que, les yeux baissés contre terre, elle attendait l'arrêt qu'il allait prononcer, il suivit la résolution qu'il avait déjà prise de lui parler franchement, et de lui ôter toute sorte d'espérance qu'il pût jamais être à elle. Voici comment il s'y prit : Madame, avant de répondre à ce que vous voulez savoir de moi, il faut qu'avec la même franchise que vous voulez que je parle, vous me découvriez sincèrement vos sentiments sur ce que je vais vous dire.. Si vous aviez obligé une personne à vous aimer, ajouta-t-il, et que, par toutes les faveurs que peut accorder une dame sans faire tort à sa vertu, vous l'eussiez obligé à vous jurer une fidélité inviolable, ne le tiendriez-vous pas pour le plus lâche et le plus traître de tous les hommes, s'il manquait à ce qu'il vous aurait promis? Et ne serais-je pas ce lâche et ce traître, si je quittais pour vous une personne qui doit croire que je l'aime? Il allait mettre quantité de beaux arguments en forme pour la convaincre, mais elle ne lui en donna pas le temps; elle se leva brusquement, en lui disant qu'elle voyait bien où il en voulait venir, qu'elle ne pouvait s'empêcher d'admirer sa constance, quoiqu'elle fût si contraire à son repos; qu'elle le remettait en liberté, et que, s'il voulait l'obliger, il attendrait que la nuit fût venue pour s'en retourner comme il était venu. Elle tint son mouchoir devant ses yeux tandis qu'elle parla, comme pour cacher ses larmes, et laissa l'Espagnol un peu interdit, et pourtant si ravi de joie de se voir en liberté, qu'il n'eût pu la cacher, quand même il eût été le plus grand hypocrite du monde; et je crois que, si la dame y eût pris garde, elle n'eût pu s'empêcher de le quereller. Je ne sais si la nuit fut longtemps à venir; car, comme je vous l'ai déjà dit, je ne prends plus la peine de remarquer ni le temps ni les heures; vous saurez seulement qu'elle vint, et qu'il se mit dans un carrosse fermé, qui le mena à son logis après un assez long chemin. Comme il était le meilleur maître du monde, ses valets pensèrent mourir de joie quand ils le virent, et l'étouffer à force de l'embrasser; mais ils n'en jouirent pas longtemps. Il prit des armes, et, accompagné de deux des siens qui n'étaient pas gens à se laisser battre, il alla vite à sa grille, et si vite, que ceux qui l'accompagnaient eurent bien de la peine à le suivre.

Il n'eut pas plus tôt fait le signal accoutumé, que sa déité invisible se communiqua à lui. Ils se dirent mille choses si tendres, que j'en ai les larmes aux yeux toutes les fois que j'y pense. Enfin l'invisible lui dit qu'elle venait de recevoir un déplaisir sensible dans la maison où elle était, qu'elle avait envoyé quérir un carrosse pour en sortir, et, parce qu'il serait longtemps à venir et que le sien pourrait être plus tôt prêt, qu'elle le priait de l'envoyer quérir pour la mener dans un lieu où elle ne lui cacherait plus son visage. L'Espagnol ne se fit pas dire la chose deux fois : il courut comme un fou à ses gens qu'il avait laissés au bout de la rue, et envoya quérir son carrosse. Le carrosse venu, l'invisible tint parole et se mit dedans avec lui. Elle conduisit le carrosse elle-même, enseignant au cocher le chemin qu'il devait prendre, et le fit arrêter auprès d'une grande maison, dans laquelle il entra à la lueur de plusieurs flambeaux qui furent allumés à leur arrivée. Le cavalier monta avec la dame, par un grand escalier, dans une salle haute, où il ne fut pas sans inquiétude, voyant qu'elle ne se démasquait point encore. Enfin, plusieurs demoiselles richement parées étant venues les recevoir, chacune un flambeau à la main, l'invisible ne le fut plus; et, ôtant son masque, fit voir à dom Carlos que la dame de la grille et la princesse Porcia n'étaient qu'une même personne. Je ne vous représenterai point l'agréable surprise de dom Carlos. La belle Napolitaine lui dit qu'elle l'avait enlevé une seconde fois, pour savoir sa dernière résolution; que la dame de la grille lui avait cédé les prétentions qu'elle avait sur lui, et ajouta ensuite cent choses aussi galantes que spirituelles. Dom Carlos se jeta à ses pieds, embrassa ses genoux, et pensa lui manger les mains à force de les baiser, s'exemptant par là de lui dire toutes les impertinences que l'on dit quand on est trop aise. Après que ces premiers transports furent passés, il se servit de tout son esprit et de toute sa cajolerie pour exagérer l'agréable caprice de sa maîtresse, et s'en acquitta en des façons de parler si avantageuses pour elle, qu'elle en fut encore plus assurée de ne s'être point trompée dans son choix.

Elle lui dit qu'elle ne s'était pas voulu fier à une autre personne qu'à elle-même d'une chose sans laquelle elle n'eût jamais pu l'aimer, et qu'elle ne se fût jamais donnée à un homme moins constant que lui. Là-dessus les parents de la princesse Porcia, ayant été avertis de son dessein, arrivèrent. Comme ils étaient des principaux du royaume, on n'avait pas eu grand'peine à avoir dispense de l'archevêque pour leur mariage : ils furent mariés la même nuit par le curé de la paroisse, qui était un bon prêtre et grand prédicateur; et, cela étant, il ne faut pas demander s'il fit une belle exhortation. On dit qu'ils se levèrent bien tard le lendemain; ce que je n'ai pas grand'peine à croire. La nouvelle en fut bientôt divulguée, dont le vice-roi, qui était proche parent de dom Carlos, fut si aise, que les réjouissances publiques recommencèrent dans Naples, où l'on parle encore de dom Carlos d'Aragon et de son amante invisible.

CHAPITRE X.

Comment Ragotin eut un coup de busc sur les doigts.

L'histoire de Ragotin fut suivie de l'applaudissement de tout le monde; il en devint aussi fier que si elle eût été de son invention; et cela ajouté à son orgueil naturel, il commença à traiter les comédiens de haut en bas, et s'approchant des comédiennes, leur prit les mains sans leur consentement, et voulut un peu patiner : galanterie provinciale, qui tient plus du satyre que de l'honnête homme. Mademoiselle de l'Étoile se contenta de retirer ses mains blanches d'entre les siennes crasseuses et velues, et sa compagne, mademoiselle Angélique, lui déchargea un grand coup de busc sur les doigts. Il les quitta sans dire mot, tout rouge de dépit et de honte, et rejoignit la compagnie, où chacun parlait de toute sa force, sans entendre ce que disaient les autres. Ragotin en fit taire la plus grande partie, tant il haussa la voix pour leur demander ce qu'ils disaient de son histoire. Un jeune homme, dont j'ai oublié le nom, lui répondit brusquement qu'elle n'était pas plus à lui qu'à un autre, puisqu'il l'avait prise dans un livre; et, en disant cela, il en tira un qui sortait à demi de la poche de Ragotin, lequel lui égratigna toutes les mains pour le ravoir; mais, malgré Ragotin, il le mit entre celles d'un autre, que Ragotin saisit aussi vainement que le premier. Le livre ayant déjà convolé en troisième main, il passa de la même façon en cinq ou six mains différentes, auxquelles Ragotin ne put atteindre, parce qu'il était le plus petit de la compagnie. Enfin, s'étant allongé cinq ou six fois inutilement, ayant déchiré autant de manchettes et égratigné autant de mains, et le livre se promenant toujours dans la moyenne région de la chambre, le pauvre Ragotin, qui vit que tout le monde éclatait de rire à ses dépens, se jeta tout furieux sur le premier auteur de sa confusion, et lui donna quelques coups de poing dans le ventre et dans les cuisses, ne pouvant pas aller plus haut. Les mains de l'autre, qui avaient l'avantage du lieu, tombèrent à plomb cinq ou six fois sur le haut de sa tête, et si pesamment, qu'elle entra dans son chapeau jusqu'au menton; dont le pauvre petit homme eut le siége de la raison si ébranlé, qu'il ne savait plus où il en était. Pour dernier accable-

Comment Ragotin reçut un coup de busc sur les doigts.

ment, son adversaire, en le quittant, lui donna un coup de pied, au haut de la tête, qui le fit aller choir sur le cul au pied des comédiennes, après une rétrogradation fort précipitée. Représentez-vous, je vous prie, quelle doit être la fureur d'un petit homme plus glorieux lui seul que tous les barbiers du royaume, dans un temps où il se faisait tout blanc de son épée, c'est-à-dire de son histoire, et devant les comédiennes dont il voulait devenir amoureux; car, comme vous verrez tantôt, il ignorait encore laquelle lui touchait le plus au cœur. En vérité, son petit corps tombé sur le cul marqua si bien la fureur de son âme par les divers mouve-

Ragotin chez les comédiens.

ments de ses bras et de ses jambes, qu'encore que l'on ne pût voir son visage, à cause que sa tête était emboîtée dans son chapeau, tous ceux de la compagnie jugèrent à propos de se joindre ensemble, et de faire comme une barrière entre Ragotin et celui qui l'avait offensé, que l'on fit sauver, tandis que les charitables comédiennes relevèrent le petit homme, qui hurlait cependant comme un taureau dans son chapeau, parce qu'il lui bouchait les yeux et la bouche, et lui empêchait la respiration. La difficulté fut de le lui ôter. Il était en forme de pot de beurre, et, l'entrée en étant plus étroite que le ventre, Dieu sait si une tête qui y était entrée de force, et dont le nez était très grand, en pouvait sortir comme elle y était entrée. Ce malheur fut cause d'un grand bien, car vraisemblablement il en était au plus haut point de sa colère, qui eût sans doute produit un effet digne d'elle, si son chapeau, qui le suffoquait, ne l'eût fait songer à sa conservation, plutôt qu'à la destruction d'un autre. Il ne pria point qu'on le secourût, car il ne pouvait parler; mais, quand on vit qu'il portait vainement ses mains tremblantes à sa tête pour se la mettre en liberté, et qu'il frappait ses pieds contre le plancher, de rage qu'il avait de se rompre inutilement les ongles, on ne songea plus qu'à le secourir. Les premiers efforts que l'on fit pour le décoiffer furent si violents, qu'il crut qu'on lui voulait arracher la tête. Enfin, n'en pouvant plus, il fit signe avec les doigts que l'on coupât son habillement de tête avec des ciseaux. Mademoiselle de la Caverne détacha ceux de sa ceinture; et la Rancune, qui fut l'opérateur de cette belle cure, après avoir fait semblant de faire l'incision vis-à-vis du visage (ce qui ne lui fit pas une petite peur), fendit le feutre par derrière la tête depuis le bas jusqu'en haut. Aussitôt que l'on eut donné de l'air à son visage, toute la compagnie éclata de rire de le voir aussi bouffi que s'il eût été prêt à crever, pour la quantité d'esprits qui lui étaient montés au visage; et de plus, de ce qu'il avait le nez écorché. La chose en fût pourtant demeurée là, si un méchant railleur ne lui eût dit qu'il fallait faire rentrer son chapeau. Cet avis hors de raison ralluma si bien sa colère, qui n'était pas tout-à-fait éteinte, qu'il saisit un des chenets de la cheminée, et, faisant semblant de le jeter au travers de toute la troupe, causa une telle frayeur aux plus hardis, que chacun tâcha de gagner la porte pour éviter le coup de chenet, tellement qu'ils se pressèrent si fort, qu'il n'y en eut qu'un qui put sortir, encore fut-ce en tombant, ses jambes éperonnées s'étant embarrassées dans celles des autres. Ragotin se mit à rire à son tour, ce qui rassura tout le monde; on lui rendit son livre, et les comédiens lui prêtèrent un vieux chapeau. Il s'emporta furieusement contre celui qui l'avait si maltraité; mais, comme il était plus vain que vindicatif, il dit aux comédiens, comme s'il leur eût promis quelque chose de rare, qu'il voulait faire une comédie de son histoire, et que de la façon dont il la traiterait, il serait assuré d'aller d'un seul saut où les autres poètes n'étaient parvenus que par degrés. Destin lui dit que l'histoire qu'il avait contée était fort agréable, mais qu'elle n'était pas bonne pour le théâtre. Je crois que vous me l'apprendrez, dit Ragotin, ma mère était filleule du poète Garnier; et moi, qui vous parle, j'ai encore chez moi son écritoire. Destin lui dit que le poète Garnier lui-même n'en serait pas sorti à son honneur. Et qu'y trouvez-vous de si difficile? lui demanda Ragotin. Que l'on n'en peut faire une comédie dans les règles, sans beaucoup de fautes contre la bienséance et le jugement, répondit Destin. Un homme comme moi peut faire des règles quand il voudra, dit Ragotin. Considérez, je vous prie, ajouta-t-il, si ce ne serait pas une chose nouvelle et magnifique tout ensemble, de voir un grand portail d'église au milieu d'un théâtre, devant lequel une vingtaine de cavaliers, plus ou moins, avec autant de demoiselles, feraient mille galanteries : cela ravirait tout le monde. Je suis de votre avis, continua-t-il, qu'il ne faut rien faire contre la bienséance ou les bonnes mœurs, et c'est pour cela que je ne voudrais pas faire parler mes acteurs dans l'église. Destin l'interrompit pour lui demander où il pourrait trouver tant de cavaliers et tant de dames. Et comment fait-on dans les colléges où on livre des batailles? dit Ragotin. J'ai joué à La Flèche la déroute du Pont-de-Cé, ajouta-t-il; plus de cent soldats du parti de la reine-mère parurent sur le théâtre, sans ceux de l'armée du roi, qui étaient encore en plus grand nombre; et il me souvient qu'à cause d'une grande pluie qui troubla la fête, on disait que tous les plumets de la noblesse du pays, que l'on avait empruntés, n'en relèveraient jamais. Destin, qui prenait plaisir à lui faire dire des choses si judicieuses, lui repartit que les colléges avaient assez d'écoliers pour cela, et pour eux qu'ils n'étaient que sept ou huit, quand leur troupe était bien forte. La Rancune, qui ne valait rien, comme vous savez, se mit du côté de Ragotin, pour aider à le jouer, et dit à son camarade qu'il n'était pas de son avis, qu'il était plus vieux comédien que lui; qu'un portail d'église serait la plus belle décoration de théâtre que l'on eût jamais vue; et pour la quantité nécessaire de cavaliers et de dames, qu'on en louerait une partie, et que l'autre serait faite de carton. Ce bel expédient de carton de la Rancune fit rire toute la compagnie; Ragotin en rit aussi, et jura qu'il le savait bien, mais qu'il ne l'avait pas voulu dire. Et le carrosse, ajouta-t-il, quelle nouveauté serait-ce dans une comédie? J'ai fait autrefois le chien de Tobie, et je le fis si bien que toute l'assistance en fut ravie. Pour moi, continua-t-il, si l'on doit juger des choses par l'effet qu'elles font dans l'esprit, toutes les fois que j'ai vu jouer *Pyrame et Thisbé*, je n'ai pas été si touché de la mort de Pyrame qu'effrayé du lion. La Rancune appuya les raisons de Ragotin par d'autres raisons aussi ridicules, et se mit par là si bien dans son esprit, que Ragotin l'emmena souper avec lui. Tous les autres importuns laissèrent aussi les comédiens en liberté, qui avaient plus envie de souper que d'entretenir les fainéants de la ville.

CHAPITRE XI.

Qui contient ce que vous verrez, si vous prenez la peine de le lire.

Ragotin mena la Rancune dans un cabaret, où il se fit donner tout ce qu'il y avait de meilleur. On a cru qu'il ne le mena pas chez lui, à cause que son ordinaire n'était pas trop bon; mais je n'en dirai rien, de peur de faire des jugements téméraires, et je n'ai point voulu approfondir l'affaire, parce qu'elle n'en vaut pas la peine, et que j'ai des choses à écrire qui sont bien d'une autre conséquence. La Rancune, qui était homme de grand discernement et qui connaissait d'abord son monde, ne vit pas plus tôt servir deux perdrix et un chapon pour deux personnes, qu'il se douta que Ragotin avait quelque dessein, et ne le traitait pas si bien pour son seul mérite, ou pour le payer de la complaisance qu'il avait eue pour lui, en soutenant que son histoire était un beau sujet de théâtre. Il se prépara donc à quelque nouvelle extravagance de Ragotin, qui ne découvrit pas d'abord ce qu'il avait dans l'âme, et continua à parler de son histoire. Il récita force vers satiriques qu'il avait faits contre la plupart de ses voisins, contre des cocus, qu'il ne nommait point, et contre des femmes. Il chanta des chansons à boire, et lui montra quantité d'anagrammes; car d'ordinaire les rimailleurs, par de semblables productions de leur esprit mal fait, commencent à incommoder les honnêtes gens. La Rancune acheva de le gâter : il exagéra tout ce qu'il entendit, en levant les yeux au ciel; il jura, comme un homme qui perd, qu'il n'avait jamais rien ouï de plus beau, et fit même semblant de s'en arracher les cheveux, tant il était transporté. Il lui disait de temps en temps : Vous êtes bien malheureux et nous aussi, de ne vous donner tout entier au théâtre; dans deux ans on ne parlerait non plus de Corneille que l'on fait à cette heure de Hardi. Je ne sais ce que c'est que de flatter, ajouta-t-il; mais, pour vous donner courage, j'avoue qu'en vous voyant j'ai bien connu que vous étiez un grand poète, et vous pouvez savoir de mes camarades ce que je leur en ai dit. Je ne m'y trompe guère, je sens un poète de demi-lieue loin : aussi, d'abord que je vous ai vu, vous ai-je connu comme si je vous avais nourri. Ragotin avalait cela doux comme miel, conjointement avec plusieurs verres de vin qui l'enivraient encore plus que les louanges de la Rancune, qui, de son côté, mangeait et buvait d'une grande force, s'écriant de temps en temps : Au nom de Dieu, monsieur Ragotin, faites donc profiter le talent; encore un coup, vous êtes un méchant homme de ne pas vous enrichir et nous aussi. Je brouille un peu de papier aussi bien que les autres; mais, si je faisais des vers aussi bons la moitié que ceux que vous venez de me lire, je ne serais pas réduit à tirer le diable par la queue, et je vivrais de mes rentes aussi bien que Mondori. Travaillez donc, monsieur Ragotin, travaillez; et, si, dès cet hiver, nous ne jetons de la poudre aux yeux de messieurs de l'hôtel de Bourgogne et du Marais, je veux ne monter jamais sur le théâtre que je ne me casse un bras ou une jambe; après cela je n'ai plus rien à dire, et buvons. Il tint parole; et, ayant donné double charge à un verre, il porta la santé de monsieur Ragotin à monsieur Ragotin même, qui lui fit raison, et but tête nue et avec un si grand transport à la santé des comédiennes, qu'en remettant son verre sur la table, il en rompit la patte sans s'en apercevoir; tellement qu'il tâcha deux ou trois fois de le redresser, pensant l'avoir mis lui-même sur le côté. Enfin il le jeta par dessus sa tête, et tira la Rancune par le bras, afin qu'il y prît garde, pour ne pas perdre la réputation d'avoir cassé un verre. Il fut un peu attristé de ce que la Rancune n'en rit point; mais, comme je vous l'ai déjà dit, il était plutôt animal envieux qu'animal risible. La Rancune lui demanda ce qu'il disait de leurs comédiennes; le petit homme rougit sans lui répondre; et, la Rancune lui demandant encore la même chose, enfin, bégayant, rougissant et s'exprimant très mal, il fit entendre à la Rancune qu'une des comédiennes lui plaisait infiniment. Et laquelle? lui dit la Rancune. Le petit homme était si troublé d'en avoir tant dit, qu'il répondit : Je ne sais. Ni moi aussi, dit la Rancune. Cela le troubla encore davantage, et lui fit ajouter tout interdit : C'est..... c'est... Il répéta quatre ou cinq fois le même mot, dont le comédien s'impatientant, lui dit : Vous avez raison; c'est une fort belle fille. Cela acheva de le déconcerter. Il ne put jamais dire celle à qui il en voulait, et peut-être qu'il n'en savait rien encore et qu'il avait moins d'amour que de vice. Enfin, la Rancune lui nommant mademoiselle de l'Etoile, il dit que c'était elle dont il était amoureux; et, pour moi, je crois que, s'il lui eût nommé Angélique ou sa mère la Caverne, il eût oublié le coup de busc de l'une et l'âge de l'autre, et se serait donné corps et âme à celle que la Rancune lui aurait nommée, tant le bouquin avait la conscience troublée. Le comédien lui fit boire un grand verre de vin qui lui fit passer une partie de sa confusion, et en but un autre de son côté, après lequel il lui dit, parlant bas par mystère et regardant par toute la chambre, quoiqu'il n'y eût personne : Vous n'êtes pas blessé à mort, et vous vous êtes adressé à un homme qui peut vous guérir, pourvu que vous le vouliez croire et que vous soyez secret. Ce n'est pas que vous n'entrepreniez une chose bien difficile; mademoiselle de l'Etoile est une tigresse, et son frère Destin un lion; mais elle ne voit pas toujours des hommes qui vous ressemblent, et je sais bien ce que je sais faire : achevons notre vin, et demain il fera jour. Un verre de vin bu de part et d'autre interrompit quelque temps la conversation. Ragotin reprit la parole le premier, conta toutes ses perfections et ses richesses, et dit à la Rancune qu'il avait un neveu commis d'un financier; que ce neveu avait contracté une grande amitié avec le partisan la Raillière, durant le temps qu'il avait été au Mans pour établir une maltôte, et voulut faire espérer à la Rancune de lui faire donner une pension pareille à celle des comédiens du roi, par le crédit de ce neveu. Il lui dit encore que, s'il avait des parents qui eussent des enfants, il leur ferait donner des bénéfices, parce que sa nièce avait épousé le frère d'une femme qui était entretenue par le maître-d'hôtel d'un abbé de la province, qui avait de bons bénéfices à sa collation. Tandis que Ragotin contait ses prouesses, la Rancune, qui s'était altéré à force de boire, ne faisait autre chose que de remplir les deux verres, qui étaient vidés en même temps, Ragotin n'osant rien refuser de la main d'un homme qui lui devait faire tant de bien. Enfin, à force d'avaler, ils se soûlèrent. La Rancune n'en fut que plus sérieux, selon sa coutume, et Ragotin en fut si hébété et si pesant qu'il se pencha sur la table et s'y endormit. La Rancune appela une servante pour se faire dresser un lit, parce qu'on était couché à son hôtellerie. La servante lui dit qu'il n'y aurait point de danger d'en dresser deux, et que dans l'état où était M. Ragotin, il n'avait pas besoin d'être éveillé. Il ne veillait pas cependant, et jamais on n'a mieux dormi ni ronflé. On mit des draps à deux lits, de trois qui étaient dans la chambre, sans qu'il s'éveillât. Il dit cent injures à la servante, et menaça de la battre quand elle l'avertit que son lit était prêt. Enfin, la Rancune l'ayant tourné dans sa chaise vers le feu qu'on avait allumé pour chauffer les draps, il ouvrit les yeux, et se laissa déshabiller sans rien dire. On le monta sur son lit le mieux qu'on put, et la Rancune se mit dans le sien, après avoir fermé la porte. A une heure de là, Ragotin se leva, et sortit de son lit, je n'ai pas bien su pourquoi : il s'égara si bien dans la chambre qu'après en avoir renversé tous les meubles et s'être renversé lui-même plusieurs fois sans pouvoir trouver son lit, enfin il trouva celui de la Rancune, et l'éveilla en le découvrant. La Rancune lui demanda ce qu'il cherchait. Je cherche mon lit, dit Ragotin. Il est à main gauche du mien, dit la Rancune. Le petit ivrogne prit à la droite, et s'alla fourrer entre la couverture et la paillasse du troisième, qui n'avait ni matelas ni lit de plume, où il acheva de dormir fort paisiblement. La Rancune s'habilla avant que Ragotin fût éveillé. Il demanda au petit ivrogne si c'était par mortification qu'il avait quitté son lit pour dormir sur une paillasse. Ragotin soutint qu'il ne s'était point levé, et qu'assurément il revenait des esprits dans la chambre. Il eut querelle avec le cabaretier, qui prit le parti de sa maison et le menaça de le mettre en justice pour l'avoir dé criée. Mais il n'y a que trop longtemps que je vous ennuie de la débauche de Ragotin; retournons à l'hôtellerie des comédiens.

CHAPITRE XII.

Combat de nuit.

Je suis trop homme d'honneur pour n'avertir pas le lecteur bénévole que, s'il est scandalisé de toutes les badineries qu'il a vues jusqu'ici dans ce livre, il fera fort bien de n'en pas lire davantage; car en conscience il n'y verra pas d'autres choses, quand le livre serait aussi gros que le *Cyrus;* et si, par ce qu'il a déjà vu, il a de la peine à se douter de ce qu'il verra, peut-être que j'en suis logé là aussi bien que lui, qu'un chapitre attire l'autre, et que je fais dans mon livre comme ceux qui mettent la bride sur le cou de leurs chevaux, et les laissent aller sur leur bonne foi. Peut-être aussi que j'ai un dessein arrêté, et que, sans remplir mon livre d'exemples à imiter, par des peintures d'actions et de choses, tantôt ridicules, tantôt blamâbles, j'instruirai en divertissant, de la même façon qu'un ivrogne donne de l'aversion pour son vice, et peut quelquefois donner du plaisir par les impertinences que lui fait faire son ivresse.

Finissons la moralité, et reprenons nos comédiens que nous avons laissés dans l'hôtellerie. Aussitôt que leur chambre fut débarrassée et que Ragotin eut emmené la Rancune, le portier qu'ils avaient laissé à Tours entra dans l'hôtellerie, conduisant un cheval chargé de bagages. Il se mit à table avec eux, et par sa relation, et par ce qu'ils apprirent les uns des autres, on sut de quelle façon l'intendant de la province ne leur avait point pu faire de mal, ayant lui-même eu bien de la peine à se tirer des mains du peuple, lui et ses fusiliers. Destin conta à ses camarades de quelle façon il s'était sauvé avec son habit à la turque, avec lequel il pensait représenter le Soliman de Mairet, et qu'ayant appris que la peste était à Alençon, il était venu au Mans avec la Caverne et la Rancune, dans l'équipage que l'on a pu voir au commencement de ces très véritables et très peu héroïques aventures. Mademoiselle de l'Étoile leur apprit aussi les assistances qu'elle avait reçues d'une dame de Tours, dont le nom n'est pas venu à ma connaissance, et comme par son moyen elle avait été conduite jusqu'à un village proche de Bonnestable, où elle s'était démis un pied en tombant de cheval. Elle ajouta qu'ayant appris que la troupe était au Mans, elle s'y était fait

La Rancune.

porter dans la litière de la dame du village, qui la lui avait libéralement prêtée. Après le souper, Destin demeura seul dans la chambre des dames. La Caverne l'aimait comme son propre fils; mademoiselle de l'Étoile ne lui était pas moins chère; et Angélique, sa fille et son unique héritière, aimait Destin et l'Étoile comme son frère et sa sœur. Elle ne savait pas encore au vrai ce qu'ils étaient et pourquoi ils faisaient la comédie : mais elle avait bien reconnu, quoiqu'ils s'appelassent frère et sœur, qu'ils étaient plus grands amis que proches parents; que Destin vivait avec la l'Étoile dans le plus grand respect du monde; qu'elle était fort sage, et que si Destin avait bien de l'esprit et faisait voir qu'il avait été bien élevé, mademoiselle de l'Étoile paraissait plutôt fille de condition qu'une comédienne de campagne. Si Destin et la l'Étoile étaient aimés de la Caverne et de sa fille, ils s'en rendaient dignes par une amitié réciproque qu'ils avaient pour elles; et ils n'y avaient pas beaucoup de peine, puisqu'elles méritaient d'être aimées autant que comédiennes de France, quoique par malheur, plutôt que faute de mérite, elles n'eussent jamais eu l'honneur de monter sur le théâtre de l'hôtel de Bourgogne ou du Marais, qui sont l'un et l'autre le *non plus ultra* des comédiens. Ceux qui n'entendront pas ces trois petits mots (auxquels je n'ai pu refuser place ici, tant ils se sont présentés à propos) se les feront expliquer s'il leur plaît. Pour finir la digression, Destin et la l'Étoile ne se cachèrent point des deux comédiennes, pour se caresser après une longue absence. Ils s'exprimèrent le mieux qu'ils purent les inquiétudes qu'ils avaient eues l'un pour l'autre. Destin apprit à mademoiselle de l'Étoile qu'il croyait avoir vu, la dernière fois qu'ils avaient représenté à Tours, leur ancien persécuteur; qu'il l'avait discerné dans la foule de leurs auditeurs, quoiqu'il se cachât le visage de son manteau, et que, pour cette raison-là il s'était mis un emplâtre sur le visage à la sortie de Tours, pour se rendre méconnaissable à son ennemi, ne se trouvant pas alors en état de s'en défendre s'il en était attaqué la force à la main. Il lui apprit ensuite le grand nombre de brancards qu'ils avaient trouvés en allant au devant d'elle, et qu'il se trompait fort si leur même ennemi n'était un homme inconnu qui avait exactement visité les brancards, comme l'on a pu voir dans le septième chapitre. Tandis que Destin parlait, la pauvre l'Étoile ne put s'empêcher de répandre quelques larmes. Destin en fut extrêmement touché, et, après l'avoir consolée le mieux qu'il put, il ajouta que si elle voulait lui permettre d'apporter autant de soin à chercher leur ennemi commun qu'il en avait eu jusqu'alors à l'éviter, elle se verrait bientôt délivrée de ses persécutions, ou qu'il y perdrait la vie. Ces dernières paroles l'affligèrent encore davantage; Destin n'eut pas l'esprit assez fort pour ne s'affliger pas aussi; et la Caverne et sa fille, très compatissantes de leur naturel, s'affligèrent par complaisance ou par contagion; je crois même qu'elles en pleurèrent. Je ne sais si Destin pleura, mais je sais bien que les comédiennes et lui furent assez longtemps à ne se rien dire, et cependant pleura qui voulut. Enfin, la Caverne finit la pause que les larmes avaient fait faire, et reprocha à Destin et à la l'Étoile que, depuis le temps qu'ils étaient ensemble, ils avaient pu reconnaître jusqu'à quel point elle était de leurs amies, et cependant qu'ils avaient eu si peu de confiance en elle et sa fille, qu'elles ignoraient encore leur véritable condition. Et elle ajouta qu'elle avait été assez persécutée en sa vie pour conseiller des malheureux, tels qu'ils paraissaient l'être. A quoi Destin répondit que ce n'était point par défiance qu'ils ne s'étaient pas encore découverts à elle; mais qu'il avait cru que le récit de leurs malheurs ne pouvait être que fort ennuyeux. Il lui offrit après cela de l'en entretenir quand elle voudrait et quand elle aurait quelque temps à perdre. La Caverne ne différa pas davantage à satisfaire sa curiosité; et sa fille, qui souhaitait ardemment la même chose, s'étant assise auprès d'elle, sur le lit de la l'Étoile, Destin allait commencer son histoire, quand ils entendirent une grande rumeur dans la chambre voisine. Destin prêta l'oreille quelque temps, mais le bruit et la noise, au lieu de cesser, augmentèrent, et même on cria : Au meurtre! à l'aide! on m'assassine! Destin en trois sauts fut hors de la chambre, aux dépens de son pourpoint, que lui déchirèrent la Caverne et sa fille en voulant le retenir. Il entra dans la chambre d'où venait la rumeur, où il ne vit goutte, et où les coups de poing, les soufflets et plusieurs voix confuses d'hommes et de femmes qui s'entre-battaient, mêlés au bruit sourd de plusieurs pieds nus qui trépignaient dans la chambre, faisaient une rumeur épouvantable. Il se mêla imprudemment parmi les combattants, et reçut d'abord un coup de poing d'un côté et un soufflet de l'autre. Cela lui changea la bonne intention qu'il avait de séparer ces lutins en un violent désir de se venger; il se mit à jouer des mains, et fit un moulinet de ses deux bras, qui maltraita plus d'une mâchoire, comme il parut depuis à ses mains sanglantes. La mêlée dura encore assez longtemps pour lui faire recevoir une vingtaine de coups et en donner deux fois autant. Au plus fort du combat, il se sentit mordre au gras de la jambe; il y porta les mains, et, ren-

contrant quelque chose de pelu, il crut être mordu d'un chien :
mais la Caverne et sa fille, qui parurent à la porte de la chambre
avec de la lumière, comme le feu Saint-Elme après une tempête,
virent Destin et lui firent voir qu'il était au milieu de sept personnes en chemises, qui se maltraitaient l'une l'autre très cruellement, et qui se décrampònnèrent d'elles-mêmes aussitôt que
la lumière parut. Le calme ne fut pas de longue durée : l'hôte,
qui était un des sept pénitents blancs, se reprit avec le poète;
l'Olive, qui en était aussi, fut attaqué par le valet de l'hôte,
autre pénitent. Destin les voulut séparer : mais l'hôtesse, qui
était la bête qui l'avait mordu et qu'il avait prise pour un chien,
à cause qu'elle avait la tête nue et les cheveux courts, lui sauta
aux yeux, assistée de deux servantes aussi nues et aussi décoiffées qu'elle; les cris recommencèrent; les soufflets et les coups
de poing sonnèrent de plus belle, et la mêlée s'échauffa encore
plus qu'elle n'avait fait. Enfin plusieurs personnes, qui s'étaient
éveillées à ce bruit, entrèrent dans le champ de bataille, séparèrent les combattants, et furent cause de la seconde suspension
d'armes. Il fut question de savoir le sujet de la querelle, et quel
était le différend qui avait assemblé sept personnes nues dans
une même chambre. L'Olive, qui paraissait le moins ému, dit
que le poète était sorti de la chambre, et qu'il l'avait vu revenir
plus vite que le pas, suivi de l'hôte qui le voulait battre; que la
femme de l'hôte avait suivi son mari, et s'était jetée sur le poète;
qu'ayant voulu les séparer, un valet et deux servantes s'étaient
jetés sur lui, et que la lumière qui s'était éteinte là-dessus était
cause que l'on s'était battu plus longtemps qu'on n'eût fait. Ce
fut au poète à plaider sa cause; il dit qu'il avait fait les deux plus
belles stances que l'on eût jamais vues depuis que l'on en fait,
et que, de peur de les perdre, il avait été demander de la chandelle aux servantes de l'hôtellerie, qui s'étaient moquées de lui;
que l'hôte l'avait appelé danseur de corde, et que, pour ne pas
demeurer sans répartie, il l'avait appelé cocu. Il n'eut pas plus
tôt lâché le mot, que l'hôte, qui était en mesure, lui appliqua un
soufflet. On eût dit qu'ils s'étaient concertés ensemble; car, tout
aussitôt que le soufflet fut donné, la femme de l'hôte, son valet
et ses servantes se jetèrent sur les comédiens, qui les reçurent à
beaux coups de poing. Cette dernière rencontre fut plus rude et

dura plus longtemps que les autres. Destin, s'étant acharné sur une grosse servante qu'il avait troussée, lui donna plus de cent claques sur les fesses. L'Olive, qui vit que cela faisait rire la compagnie, en fit autant à une autre. L'hôte était occupé par le poète; et l'hôtesse, qui était la plus furieuse, avait été saisie par quelques-uns des spectateurs, dont elle se mit en si grande colère qu'elle cria : Aux voleurs! Ses cris éveillèrent la Rappinière, qui logeait vis-à-vis de l'hôtellerie. Il en fit ouvrir les portes; et, croyant sur le bruit qu'il avait entendu, qu'il y avait pour le moins sept ou huit personnes sur le carreau, il fit cesser les coups au nom du roi, et, ayant appris la cause de tout ce désordre, il exhorta le poète à ne plus faire de vers la nuit, et pensa battre l'hôte et l'hôtesse, parce qu'ils dirent cent injures aux comédiens, les appelant bateleurs et baladins, et jurant de les faire déloger le lendemain. Mais la Rappinière, à qui l'hôte devait de l'argent, le menaça de le faire exécuter, et par cette menace lui ferma la bouche. La Rappinière s'en retourna chez lui, les autres s'en furent dans leur chambre, et Destin dans celle des comédiennes, où la Caverne le pria de ne pas différer davantage de lui apprendre ses aventures et celles de sa sœur. Il leur dit qu'il ne demandait pas mieux, et commença son histoire de la façon que vous l'allez voir dans le chapitre suivant.

CHAPITRE XIII.

Plus long que le précédent. Histoire de Destin et de mademoiselle de l'Etoile.

Je suis né dans un village auprès de Paris. Je vous ferais bien croire, si je voulais, que je suis d'une maison très illustre, comme il est fort aisé à ceux que l'on ne connaît point; mais j'ai trop de sincérité pour nier la bassesse de ma naissance. Mon père était des premiers et des plus accommodés de son village. Je lui ai ouï dire qu'il était né pauvre gentilhomme, et qu'il avait été à la guerre en sa jeunesse, où, n'ayant gagné que des coups, il s'était fait écuyer ou meneur d'une dame de Paris assez riche, et qu'ayant amassé quelque chose avec elle, parce qu'il était aussi maître-d'hôtel et faisait la dépense, c'est-à-dire ferrait peut-être un peu la mule, il s'était marié avec une vieille demoiselle de la maison, qui était morte quelque temps après, et l'avait fait son héritier. Il se lassa bientôt d'être veuf; et n'étant guère moins las de servir, il épousa en secondes noces une femme des champs, qui fournissait de pain la maison de sa maîtresse, et c'est de ce mariage que je suis sorti. Mon père s'appelait Garigues : je n'ai jamais su de quel pays il était ; et pour le nom de ma mère, il ne fait rien à mon histoire. Il suffit de vous dire qu'elle était plus avare que mon père, et mon père plus avare qu'elle, et que l'un et l'autre avaient la conscience assez large. Mon père a l'honneur d'avoir le premier retenu son haleine en se faisant prendre la mesure d'un habit, afin qu'il y entrât moins d'étoffe. Je pourrais vous apprendre cent autres traits de lésine qui lui ont acquis à bon titre la réputation d'être homme d'esprit et d'invention ; mais, de peur de vous ennuyer, je me contenterai de vous en conter deux très difficiles à croire et néanmoins très véritables. Il avait amassé quantité de blé pour le vendre bien cher durant une mauvaise année. L'abondance ayant été universelle et le blé étant amendé, il fut si possédé de désespoir et si abandonné de Dieu, qu'il voulut se pendre. Une de ses voisines, qui se trouva dans sa chambre quand il y entra pour ce dessein, et qui s'était cachée de peur d'être vue, je ne sais pas bien pourquoi, fut fort étonnée quand elle le vit pendu à un chevron de sa chambre. Elle courut à lui, criant au secours, coupa la corde, et, à l'aide de ma mère qui arriva là-dessus, la lui ôta du cou. Elle se repentirent peut-être d'avoir fait une si bonne action, car il les battit l'une et l'autre comme plâtre, et fit payer à cette pauvre femme la corde qu'elle avait coupée, en lui retenant quelque argent qu'il lui devait. L'autre prouesse n'est pas moins étrange. Cette même année la cherté fut si grande, que les vieilles gens du village ne se souvenaient pas d'en avoir vu une si grande : il avait regret à tout ce qu'il mangeait ; et, sa femme étant accouchée d'un garçon, il se mit en tête qu'elle avait assez de lait pour nourrir son fils et pour le nourrir aussi lui-même, et espéra que, tétant sa femme, il épargnerait du pain et se nourrirait d'un aliment facile à digérer. Ma mère avait moins d'esprit que lui, et n'était pas moins avare, tellement qu'elle n'inventait pas les choses comme mon père ; mais, les ayant une fois conçues, elle les exécutait encore plus exactement que lui. Elle tâcha donc de nourrir de son lait son fils et son mari en même temps, et hasarda aussi de s'en nourrir elle-même avec tant d'opiniâtreté, que le petit innocent mourut de pure faim; et mon père et ma mère furent si affaiblis et ensuite si affamés, qu'ils mangèrent trop, et eurent chacun une longue maladie. Ma mère devint grosse de moi quelque temps après, et, ayant accouché heureusement d'une très malheureuse créature, mon père alla à Paris pour prier sa maîtresse de tenir son fils avec un honnête ecclésiastique qui demeurait dans son village, où il avait un bénéfice. Comme il s'en retournait la nuit pour éviter la chaleur du jour, et qu'il passait par une grande rue du faubourg, dont la plupart des maisons se bâtissaient encore, il aperçut de loin, aux rayons de la lune, quelque chose de brillant qui traversait la rue. Il ne se mit pas beaucoup en peine de ce que c'était; mais ayant entendu quelques gémissements comme d'une personne qui souffre, au même lieu où ce qu'il avait vu de loin s'était dérobé à sa vue, il entra hardiment dans un grand bâtiment qui n'était pas encore achevé, où il trouva une femme assise à terre. Le lieu où elle était recevait assez de clarté de la lune pour faire discerner à mon père qu'elle était fort jeune et fort bien vêtue; et c'était ce qui avait brillé de loin à ses yeux, son habit étant de toile d'argent.

Vous ne devez point douter que mon père, qui était assez hardi de son naturel, ne fut moins surpris que cette jeune demoiselle; mais elle était dans un état où il ne lui pouvait rien arriver de pis. C'est ce qui la rendit assez hardie pour parler la première et pour dire à mon père que, s'il était chrétien, il eût pitié d'elle; qu'elle était prête d'accoucher; que, se sentant pressée de son mal et ne voyant point revenir une servante qui lui était allée quérir une sage-femme affidée, elle s'était sauvée heureusement de sa maison sans avoir éveillé personne, sa servante ayant laissé la porte ouverte pour pouvoir rentrer sans faire de bruit. A peine achevait-elle sa courte relation, qu'elle accoucha heureusement d'un enfant que mon père reçut dans son manteau. Il fit la sage-femme le mieux qu'il put, et cette jeune fille le conjura d'emporter vivement cette petite créature, d'en avoir soin et de ne pas manquer à deux jours de là d'aller voir un vieil homme d'église qu'elle lui nomma, qui lui donnerait de l'argent et tous les ordres nécessaires pour la nourriture de son enfant. A ce mot d'argent, mon père, qui avait l'âme avare, voulut déployer son éloquence d'écuyer; mais elle ne lui en donna pas le temps. Elle lui mit entre les mains une bague pour servir de signal au prêtre qu'il devait aller trouver de sa part, lui fit envelopper son enfant dans son mouchoir de cou, et le fit partir avec grande précipitation, quelque résistance qu'il fît pour ne pas l'abandonner dans l'état où elle était. Je veux croire qu'elle eut bien de la peine à gagner son logis. Pour mon père, il s'en retourna à son village, mit l'enfant entre les mains de sa femme, et ne manqua pas deux jours après d'aller trouver le vieux prêtre et de lui montrer sa bague. Il apprit de lui que la mère de l'enfant était une fille de fort bonne maison et fort riche; qu'elle l'avait eu d'un seigneur écossais qui était allé en Écosse lever des troupes pour le service du roi, et que ce seigneur étranger lui avait promis mariage. Ce prêtre lui dit de plus qu'à cause de son accouchement précipité, elle s'était trouvée malade jusqu'à faire douter de sa vie, et qu'en cette extrémité elle avait tout déclaré à son père et à sa mère, qui l'avaient consolée au lieu de s'emporter contre elle, parce qu'elle était leur fille unique; que la chose était ignorée dans le logis; et ensuite il assura mon père que, pourvu qu'il eût soin de l'enfant et qu'il fût secret, sa fortune était faite. Là-dessus il lui donna cinquante écus et un petit paquet de toutes les hardes nécessaires à un enfant. Mon père s'en retourna dans son village après avoir bien dîné. Je fus mis en nourrice, et l'étranger fut mis à la place du fils de la maison. A un mois de là le seigneur écosssais revint; et, ayant trouvé sa maîtresse en si mauvais état qu'elle n'avait plus guère à vivre, il l'épousa un jour avant qu'elle mourût, et ainsi fut aussitôt veuf que marié. Il vint deux ou trois jours après en notre village, avec le père et la mère de sa femme. Les pleurs recommencèrent, et on pensa étouffer l'enfant à force de le baiser. Mon père eut sujet de se louer de la libéralité du seigneur écossais, et les parents de l'enfant ne l'oublièrent pas. Ils s'en retournèrent à Paris, fort satisfaits du soin que mon père et ma mère avaient de leur fils, qu'ils ne voulurent point faire venir encore à Paris, parce que le mariage était tenu secret pour des raisons que je n'ai pas sues. Aussitôt que je pus marcher, mon père me retira en sa maison, pour tenir compagnie au petit comte de Glaris (c'est ainsi qu'on l'appela, du nom de son père). L'antipathie que l'on dit avoir été entre Jacob et Esaü dès le ventre de leur mère ne peut avoir été plus grande que celle qui se trouva entre le jeune comte et moi. Mon père et ma mère l'aimaient tendrement et avaient de l'aversion pour moi, quoique je donnasse autant d'espérance d'être un jour honnête homme que Glaris en donnait peu. Il n'y avait rien que de très commun en lui. Pour moi je paraissais être ce que je n'étais point, et bien moins le fils de Garigues que celui d'un comte. Et si je ne me trouve enfin qu'un malheureux comédien, c'est sans doute que la fortune s'est voulu venger de la nature, qui avait voulu faire quelque chose de moi sans son consentement, ou, si vous voulez, que la nature prend quelquefois plaisir à favoriser ceux que la fortune a pris en aversion. Je passerai toute l'enfance des deux petits paysans, car Glaris l'était d'inclination plus que moi, et aussi bien nos plus belles aventures ne furent que force coups de poing. Dans toutes nos querelles que nous avions ensemble, j'avais de l'avantage, si ce n'est lorsque mon père et ma mère se mirent de la partie; ce qu'ils faisaient si souvent et avec tant de passion, que mon parrain, qui s'appelait M. de Saint-Sauveur, s'en scandalisa et me demanda à mon père. Il me donna à lui avec grande joie, et ma mère eut encore moins de regret que lui de me perdre de vue. Me voilà donc chez mon parrain, bien nourri, fort caressé et point battu. Il n'épargna rien pour me faire apprendre à lire et à écrire, et sitôt que je fus assez avancé pour apprendre le latin, il obtint du seigneur du village, qui était un fort honnête gentilhomme et fort riche, que j'étudierais avec deux fils qu'il avait, sous un homme savant qu'il avait fait venir de Paris, et à qui il donnait de bons gages. Ce gentilhomme, qui s'appelait le baron d'Arques, faisait élever ses enfants avec grand soin. L'aîné avait nom Saint-Far, assez bien fait de sa personne, mais brutal sans retour s'il y en eut jamais au monde; et le cadet en récompense, outre qu'il était mieux fait que son frère, avait la vivacité de l'esprit et la grandeur de l'âme égales à la beauté du corps. Enfin, je ne crois pas que l'on puisse voir un garçon donner de plus grandes espérances de devenir un fort honnête homme, qu'en donnait en ce temps-là ce gentilhomme, qui s'appelait Verville. Il m'honora de son amitié, et moi je l'aimai comme un frère, et le respectai toujours comme un maître. Pour Saint-Far, il n'était capable que de passions mauvaises; et je ne puis mieux vous exprimer les sentiments qu'il avait dans l'âme pour son frère et pour moi, qu'en vous disant qu'il n'aimait pas son frère plus que moi qui lui étais fort indifférent, et qu'il ne me haïssait pas plus que son frère qu'il n'aimait guère. Ses divertissements étaient différents des nôtres. Il n'aimait que la chasse, et haïssait fort l'étude. Verville n'allait que rarement à la chasse, et prenait grand plaisir à étudier; en quoi nous avions ensemble une conformité merveilleuse, aussi bien qu'à toute autre chose. Et je puis dire que, pour m'accommoder à son humeur, je n'avais pas besoin de beaucoup de complaisance, et n'avais qu'à suivre mon inclination. Le baron d'Arques avait une bibliothèque de romans fort ample. Notre précepteur, qui n'en avait jamais lu dans le pays latin, qui nous en avait d'abord défendu la lecture, et qui les avait cent fois blâmés devant le baron d'Arques, pour les lui rendre aussi odieux qu'il les trouvait divertissants, en devint lui-même si féru, qu'après avoir dévoré les anciens et les modernes, il avoua que la lecture des bons romans instruisait en divertissant, et qu'il ne les croyait pas moins propres à donner de beaux sentiments aux jeunes gens, que la lecture de Plutarque. Il nous porta donc à les lire autant qu'il nous en avait détournés, et nous proposa d'abord de lire les modernes : mais ils n'étaient pas encore de notre goût, et jusqu'à l'âge de quinze ans nous nous plaisions bien plus à lire les *Amadis de Gaule*, que les *Astrées* et les autres beaux romans que l'on a fait depuis, par lesquels les Français ont fait voir, aussi bien que par mille autres choses, que s'ils n'inventent pas tant que les autres nations, ils perfectionnent davantage. Nous donnions donc à la lecture des romans la plus grande partie du temps que nous avions pour nous divertir. Pour Saint-Far, il nous appelait les liseurs, et allait à la chasse ou battre les paysans, à quoi il réussissait admirablement bien. L'inclination que j'avais à bien faire m'acquit la bienveillance du baron d'Arques, et il m'aima autant que si j'eusse été son proche parent. Il ne voulut point que je quittasse ses enfants quand il les envoya à l'Académie; et ainsi j'y fus mis avec eux, plutôt comme un camarade que comme un valet. Nous y apprîmes nos exercices : on nous en tira au bout de deux ans ; et, à la sortie de l'académie, un homme de condition, parent du baron d'Arques, faisant des troupes pour les Vénitiens, Saint-Far et Verville persuadèrent si bien leur père, qu'il les laissa aller à Venise avec son parent. Le bon gentilhomme voulut que je les accompagnasse encore ; et M. de Saint-Sauveur, mon parrain, qui m'aimait extrêmement, me donna libéralement une lettre de change assez considérable, pour m'en servir si j'en avais besoin, et pour n'être pas à charge à ceux que j'avais l'honneur d'accompagner. Nous prîmes le plus long chemin pour voir Rome et les autres belles villes d'Italie, dans chacune desquelles nous fîmes quelque séjour, hormis dans celles dont les Espagnols sont les maîtres. A Rome je tombai malade, et les deux frères poursuivirent leur voyage, celui qui les menait ne pouvait laisser échapper l'occasion des galères du pape, qui allaient joindre l'armée des Vénitiens au passage des Dardanelles, où elle attendait celle des Turcs. Verville eut tous les regrets du monde de me quitter, et moi je pensai me désespérer d'être séparé de lui dans un temps où j'aurais pu, par mes services, me rendre digne de l'amitié qu'il me portait. Pour Saint-Far, je crois qu'il me quitta comme s'il ne m'eût jamais vu, et je ne songeai à lui qu'à cause qu'il était frère de Verville, qui me laissa, en se séparant de moi, le plus d'argent qu'il put : je ne sais pas si ce fut du consentement de son frère. Me voilà donc m*** le à Rome, sans aucune connaissance que celle de mon hôt* qui était un apothicaire flamand, et de qui je reçus toutes les assistances imaginables durant ma maladie. Il n'était pas ignorant en médecine ; et, autant que je suis capable d'en juger, je l'y trouvais plus entendu que le médecin italien qui venait me voir. Enfin je guéris, et repris assez de forces pour visiter les lieux remarquables de Rome, où les étrangers trouvent amplement de quoi satisfaire leur curiosité. Je me plaisais extrêmement à visiter les vignes (c'est ainsi que l'on appelle plusieurs jardins plus beaux que le Luxembourg ou les Tuileries : les cardinaux et autres personnes de condition les font entretenir avec grand soin, plutôt par vanité que par le plaisir qu'ils y prennent, n'y allant jamais, au moins fort rarement). Un jour que je me promenais dans une des plus belles, je vis au détour d'une allée deux femmes assez bien vêtues, que deux jeunes Français avaient arrêtées et ne voulaient pas laisser passer outre que la plus jeune ne levât un voile qui lui couvrait le visage. Un Français, qui paraissait être le maître de l'autre, fut même assez insolent pour lui découvrir le visage par force, pendant que celle qui n'était point voilée était retenue par son valet. Je ne consultai point ce que j'avais à faire : je dis d'abord à ces incivils, que je ne souffrirais point la violence qu'ils voulaient faire à ces femmes. Ils se trouvèrent fort étonnés l'un et l'autre, me voyant parler avec assez de résolution pour les embarrasser, quand même ils auraient eu leurs épées, comme j'avais la mienne. Les deux femmes se rangèrent auprès de moi, et ce jeune Français, préférant le déplaisir d'un affront à celui de se faire battre, me dit en se séparant : Monsieur le brave, nous nous verrons autre part, où les épées ne seront pas toutes du même côté. Je lui répondis que je ne me cacherais pas : son valet le suivit, et je demeurai avec ces deux femmes. Celle qui n'était pas voilée paraissait avoir quelques trente-cinq ans. Elle me remercia en français qui ne tenait rien de l'italien, et me dit, entre autre choses, que, si tous ceux de ma nation me ressemblaient, les femmes italiennes ne feraient point de difficulté de vivre à la française. Après cela, comme pour me récompenser du service que je lui avais rendu, elle ajouta qu'ayant empêché que l'on ne vît sa fille malgré elle, il était juste que je la visse de son bon gré. Levez donc votre voile, Léonore, afin que monsieur sache que nous ne sommes pas tout-à-fait indignes de l'honneur qu'il nous a fait de nous protéger. Elle n'eut pas plus tôt achevé de parler, que sa fille leva son voile, ou plutôt m'éblouit. Je n'ai jamais rien vu de plus beau. Elle leva deux ou trois fois les yeux sur moi comme à la dérobée, et, rencontrant toujours les miens, il lui monta au visage un rouge qui la fit plus belle qu'un ange. Je vis bien que la mère l'aimait extrêmement; car elle me parut participer au plaisir que je prenais à regarder sa fille. Comme je n'étais pas accoutumé à de pareilles rencontres, et que les jeunes gens se déconcertent aisément en compagnie, je ne leur fis que de fort mauvais compliments quand elles s'en allèrent, et je leur donnai peut-être mauvaise opinion de mon esprit. Je me voulus du mal de ne leur avoir pas demandé leur demeure, et de ne m'être pas offert à les y conduire ; mais il n'y avait plus moyen de courir après. Je voulus m'enquérir du concierge s'il les connaissait. Nous fûmes longtemps sans nous entendre, parce qu'il ne savait pas mieux le français que moi l'italien. Enfin, plutôt par signes qu'autrement, il me fit savoir qu'elles lui étaient inconnues, ou bien il ne voulut pas m'avouer qu'il les connaissait. Je m'en retournai chez mon apothicaire flamand tout autre que j'en étais sorti, c'est-à-dire fort amoureux, et fort en peine de savoir si cette belle Léonore était courtisane ou honnête fille, et si elle avait autant d'esprit que sa mère avait paru en avoir. Je m'abandonnai à la rêverie, et me flattai de mille belles espérances qui me divertirent quelque temps et m'inquiétèrent beaucoup après que j'en eus considéré l'impossibilité. Après avoir formé mille desseins inutiles, je m'arrêtai à celui de les chercher exactement, ne pouvant m'imaginer qu'elles pussent être longtemps invisibles dans une ville si peu peuplée que Rome, et à un homme si amoureux que moi. Dès le jour même, je cherchai partout où je crus pouvoir les trouver, et m'en revins au logis plus las et plus chagrin que je n'en étais parti. Le lendemain, je cherchai encore avec plus de soin, et je ne fis que me lasser et m'inquiéter davantage. De la façon que j'obervais les jalousies et les fenêtres, et de l'impétuosité avec laquelle je courais après toutes les femmes qui avaient quelque rapport avec ma Léonore, on me prit cent fois, dans les rues et dans les églises, pour le plus fou de tous les Français qui ont le plus contribué dans Rome à décréditer leur nation. Je ne sais comment je pus reprendre mes forces dans un temps où j'étais une vraie âme damnée. Je me guéris pourtant le corps parfaitement, tandis que mon esprit demeura malade et si partagé entre l'honneur qui m'appelait et l'amour qui me retenait à Rome, que je doutai quelquefois si j'obéirais aux lettres que je recevais de Verville, qui me conjurait par notre amitié de l'aller trouver, sans se servir du droit qu'il avait de me commander. Enfin, ne pouvant avoir de nouvelles de mes inconnues, quelque diligence que j'y apportasse, je payai mon hôte et préparai mon petit équipage pour partir. La veille de mon départ, le seigneur Stéphano Vambergue (c'était ainsi que s'appelait mon hôte) me dit qu'il voulait me donner à dîner chez une de ses amies et me faire avouer qu'il ne l'avait pas mal choisie pour un Flamand, ajoutant qu'il ne m'y avait voulu mener que la veille de mon départ, parce qu'il en était un peu jaloux. Je lui promis d'y aller par complaisance plutôt qu'autrement, et nous y allâmes à l'heure du dîner. Le logis où nous entrâmes n'avait ni l'air ni les meubles de celui de la maîtresse d'un apothicaire. Nous traversâmes une salle bien meublée, au sortir de laquelle j'entrai le premier dans une chambre fort magnifique où je fus reçu par Léonore et par sa mère. Vous pouvez vous imaginer combien cette surprise me fut agréable. La mère de cette belle fille se présenta à moi pour être saluée à la française, et je vous avoue qu'elle me baisa plutôt que je ne la baisai. J'étais si interdit que je ne voyais goutte et que je n'entendis rien du compliment qu'elle me fit. Enfin, l'esprit et la vue me revinrent, et je vis Léonore plus belle et plus charmante que je ne l'avais encore vue; mais je n'eus pas l'assurance de la saluer.

Je reconnus ma faute aussitôt que je l'eus faite, et, sans songer à la réparer, la honte fit monter autant de rouge à mon visage que la pudeur avait fait monter d'incarnat sur celui de Léonore. Sa mère me dit qu'avant mon départ, elle avait voulu me remercier du soin que j'avais eu de chercher sa demeure, et ce qu'elle me dit augmenta encore davantage ma confusion. Elle me traîna dans une ruelle parée à la française, où sa fille ne nous accompagna point, me trouvant sans doute trop sot pour en valoir la peine. Elle demeura avec le seigneur Stéphano, tandis que je faisais auprès de sa mère mon vrai personnage, c'est-à-dire le paysan. Elle eut la bonté de fournir toute seule à la conversation et s'en acquitta avec beaucoup d'esprit, quoiqu'il n'y ait rien d'aussi difficile que d'en faire paraître avec une personne qui n'en a point. Pour moi, je n'en eus jamais moins qu'en cette rencontre, et si elle ne s'ennuya pas alors, elle ne s'est jamais ennuyée avec personne. Elle me dit, après plusieurs choses auxquelles je répondis à peine oui et non, qu'elle était Française de naissance, et que je saurais du seigneur Stéphano les raisons qui la retenaient à Rome. Il fallut aller dîner et me traîner encore dans la salle comme on avait fait dans la ruelle, car j'étais si troublé que je ne pouvais pas marcher. Je fus toujours stupide, avant et après le dîner, durant lequel je ne fis rien avec assurance que regarder incessamment Léonore. Je crois qu'elle en fut importunée, et que, pour me punir, elle eut toujours les yeux baissés. Si la mère n'eût toujours parlé, le dîner se fût passé à la chartreuse; mais elle discourut avec le seigneur Stéphano des affaires de Rome, au moins je me l'imagine, car je ne donnai pas assez d'attention à ce qu'elle dit pour en pouvoir parler avec certitude. Enfin, on sortit de table pour le soulagement de tout le monde, excepté de moi, qui empirait à vue d'œil. Quand il fallut s'en aller, elles me dirent cent choses obligeantes, à quoi je ne répondis que ce que l'on met à la fin des lettres. Ce que je fis en sortant de plus que je n'avais fait en arrivant, c'est que je baisai Léonore, et que je m'achevai de perdre. Stéphano n'eut pas le crédit de tirer une parole de moi durant tout le temps que nous mîmes à retourner à son logis. Je m'enfermai dans ma chambre, où je me jetai sur mon lit sans quitter mon manteau ni mon épée. Là je fis réflexion sur tout ce qui m'était arrivé. Léonore se présenta à mon imagination plus belle qu'elle n'avait fait à ma vue. Je me ressouvins du peu d'esprit que j'avais témoigné devant la mère, et toutes les fois que cela me venait dans l'esprit, la honte me mettait le visage tout en feu. Je souhaitai d'être riche; je m'affligeai de ma basse naissance; je me forgeai cent belles aventures avantageuses à ma fortune et à mon amour. Enfin ne songeant plus qu'à chercher un honnête prétexte de ne pas m'en aller, et n'en trouvant aucun qui me contentât, je fus assez désespéré pour souhaiter de retomber malade, à quoi je n'étais déjà que trop disposé. Je voulus lui écrire, mais tout ce que je lui écrivis ne me satisfit point, et je remis dans mes poches le commencement d'une lettre que je n'aurais peut-être osé envoyer quand je l'aurais achevée. Après m'être bien tourmenté, ne pouvant plus rien faire que songer à Léonore, je voulus revoir le jardin où elle m'apparut la première fois, pour m'abandonner tout entier à ma passion, et je formai aussi le dessein de repasser encore devant son logis. Ce jardin était dans un des lieux les plus écartés de la ville, au milieu de plusieurs vieux bâtiments inhabitables. Comme je passais en rêvant sous les ruines d'un portique, j'entendis marcher derrière moi, et en même temps je me sentis donner un coup d'épée au-dessous des reins. Je me tournai brusquement, mettant l'épée à la main, et, me trouvant en tête le valet du jeune Français dont je vous ai parlé tantôt, je pensais bien lui rendre pour le moins le coup qu'il m'avait donné en trahison; mais comme je le poussais assez loin sans le pouvoir joindre, parce qu'il lâchait le pied en parant, son maître sortit d'entre les ruines du portique, et, m'attaquant par derrière, me donna un grand coup sur la tête et un autre dans la cuisse qui me fit tomber. Il n'y avait pas apparence que j'échappasse de leurs mains, ayant été surpris de la sorte; mais comme, dans une mauvaise action, on ne conserve pas toujours beaucoup de jugement, le valet blessa le maître à la main droite, et en même temps, deux pères minimes de la Trinité du Mont, qui passaient près de là, et qui virent de loin qu'on m'assassinait, étant accourus à mon secours, mes assassins se sauvèrent et me laissèrent blessé de trois coups d'épée. Ces bons religieux étaient Français, pour mon grand bonheur; car en un lieu si écarté, un Italien qui m'aurait vu en si mauvais état, se serait éloigné de moi plutôt que de me secourir, de peur qu'étant trouvé en me rendant ce bon office, on ne l'eût soupçonné d'être lui-même mon assassin. Tandis que l'un de ces deux charitables religieux me confessa, l'autre courut à mon logis avertir mon hôte de ma disgrâce. Il vint aussitôt à moi et me fit porter demi-mort dans mon lit. Avec tant de blessures et tant d'amour, je ne fus pas longtemps sans avoir une fièvre très violente. On désespéra de ma vie, et je n'en espérai pas mieux que les autres. Cependant, l'amour de Léonore ne me quittait point; au contraire, il augmentait toujours à mesure que mes forces diminuaient.

Ne pouvant donc plus supporter un fardeau si pesant sans m'en décharger, ni me résoudre à mourir sans faire savoir à Léonore que je n'aurais plus voulu vivre que pour elle, je demandai une plume et de l'encre. On crut que je rêvais; mais je le fis avec tant d'instances, et je protestai si bien que l'on me mettrait au désespoir si l'on me refusait ce que je demandais, que le seigneur Stéphano, qui avait bien reconnu ma passion, et qui était assez clairvoyant pour se douter à peu près de mon dessein, me fit donner tout ce qu'il fallait pour écrire; et comme s'il eût su mon intention, il demeura seul dans ma chambre. Je relus les papiers que j'avais écrits un peu auparavant, pour me servir des pensées que j'avais déjà eues sur le même sujet. Enfin, voici ce que j'écrivis à Léonore :

« Aussitôt que je vous vis, je ne pus m'empêcher de vous aimer. Ma raison ne s'y opposa point; elle me dit, aussi bien que mes yeux, que vous étiez la plus aimable personne du monde, au lieu de me représenter que je n'étais pas digne de vous aimer. Mais elle n'eût fait qu'irriter mon mal par des remèdes inutiles; et, après m'avoir fait faire quelque résistance, il aurait toujours fallu céder à la nécessité de vous aimer, que vous imposez à tous ceux qui vous voient. Je vous ai donc aimée, belle Léonore, et d'un amour si respectueux, que vous ne m'en devez pas haïr, quoique j'aie la hardiesse de vous le découvrir. Mais le moyen de mourir pour vous, et de ne pas s'en glorifier! et quelle peine pouvez-vous avoir à me pardonner un crime que vous aurez si peu de temps à me reprocher? Il est vrai que vous avoir pour cause de sa mort est une récompense qui ne se peut mériter que par un grand nombre de services, et vous avez peut-être regret de m'avoir fait ce bien-là sans y penser. Ne me plaignez point, aimable Léonore, puisque vous ne pouvez plus me le faire perdre, et que c'est la seule faveur que j'aie jamais reçue de la fortune, qui ne pourra jamais s'acquitter de ce qu'elle doit à votre mérite, qu'en vous donnant des adorateurs autant au-dessus de moi, que toutes les beautés du monde sont au-dessous de la vôtre. Je ne suis donc pas assez vain pour espérer que le moindre sentiment de pitié... »

Je ne pus achever ma lettre; tout d'un coup les forces me manquèrent et la plume me tomba de la main, mon corps ne pouvant suivre mon esprit qui allait si vite. Sans cela ce long commencement de lettre que je viens de vous tracer, n'aurait été que la moindre partie de la mienne, tant la fièvre et l'amour m'avaient échauffé l'imagination. Je demeurai longtemps évanoui, sans donner aucun signe de vie. Le seigneur Stéphano qui s'en aperçut, ouvrit la porte de la chambre pour envoyer quérir un prêtre. En même temps Léonore et sa mère me vinrent voir. Elles avaient appris que j'avais été assassiné; et, parce qu'elles crurent que cela ne m'était arrivé que pour les avoir voulu servir, et ainsi qu'elles étaient la cause innocente de ma mort, elles n'avaient point fait difficulté de me venir voir en l'état où j'étais.

Mon évanouissement dura si longtemps, qu'elles s'en allèrent avant que je fusse revenu à moi, fort affligées, à ce que l'on peut juger, et dans la croyance que je n'en reviendrais pas. Elles lurent ce que j'avais écrit; et la mère, plus curieuse que la fille, lut aussi les papiers que j'avais laissés sur mon lit, entre lesquels il y avait une lettre de mon père Garigues. Je fus longtemps entre la mort et la vie; mais enfin la jeunesse fut la plus forte. En quinze jours je fus hors de danger, et au bout de cinq ou six semaines je commençai à marcher par la chambre. Mon hôte me disait souvent des nouvelles de Léonore; il m'apprit la charitable visite que sa mère et elle m'avaient rendue, dont j'eus une extrême joie; et si je fus un peu en peine de ce qu'on avait lu la lettre de mon père, je fus d'ailleurs fort satisfait de ce que la mienne avait été lue aussi. Je ne pouvais parler d'autre chose que de Léonore, toutes les fois que je me trouvais seul avec Stéphano. Un jour, me souvenant que la mère de Léonore m'avait dit qu'il pourrait m'apprendre qui elle était et ce qui la retenait à Rome, je le priai de me faire part de ce qu'il en savait. Il me dit qu'elle s'appelait mademoiselle de la Boissière; qu'elle était venue à Rome avec la femme de l'ambassadeur de France; qu'un homme de condition, proche parent de l'ambassadeur, était devenu amoureux d'elle; qu'elle ne l'avait pas haï, et que d'un mariage clandestin il en avait eu cette belle Léonore. Il m'apprit, de plus, que ce seigneur en avait été brouillé avec toute la maison de l'ambassadeur; que cela l'avait obligé de quitter Rome, et d'aller demeurer quelque temps à Venise, avec cette mademoiselle de la Boissière, pour laisser passer le temps de l'ambassade. Que l'ayant ramenée à Rome, il lui avait meublé une maison, et donné tous les ordres nécessaires pour la faire vivre en personne de condition, tandis qu'il serait en France, où son père le faisait revenir, et où il n'avait osé mener sa maîtresse, ou, si vous voulez, sa femme, sachant bien que son mariage ne serait approuvé de personne. Je vous avoue que je ne pus m'empêcher de souhaiter quelquefois que ma Léonore ne fût pas fille légitime d'un homme de condition, afin que le défaut de sa naissance eût plus de rapport avec la bassesse de la mienne. Mais je me repentais bientôt d'une pensée si criminelle, et lui souhaitais une fortune aussi avantageuse qu'elle la méritait, quoique cette dernière pensée me causât un désespoir étrange; car, l'aimant plus que ma vie, je prévoyais bien que je ne pourrais jamais être heureux sans la posséder, ni la posséder sans la rendre malheureuse. Lorsque j'achevais de me guérir, et que d'un si grand mal il ne me restait que beaucoup de pâleur sur le visage, causée par la grande quantité de sang que j'avais perdu, mes jeunes maîtres revinrent de l'armée des Vénitiens, la peste qui infectait tout le Levant ne leur ayant pas permis d'y exercer plus longtemps leur courage. Verville m'aimait encore comme il m'a toujours aimé, et Saint-Far ne me témoignait point encore qu'il me haït, comme il a fait depuis. Je leur fis le récit de tout ce qui m'était arrivé, à la réserve de l'amour que j'avais pour Léonore. Ils témoignèrent une extrême envie de la connaître, et je la leur augmentai en leur exagérant le mérite de la mère et de la fille. Il ne faut jamais louer la personne que l'on aime devant ceux qui peuvent l'aimer aussi, puisque l'amour entre dans l'âme aussi bien par les oreilles que par les yeux. C'est un emportement qui a souvent fait bien du mal à ceux qui s'y sont abandonnés. Vous allez voir si j'en puis parler par expérience. Saint-Far me demandait tous les jours quand je le mènerais chez mademoiselle de la Boissière. Un jour qu'il me pressait plus qu'il n'avait jamais fait, je lui dis que je ne savais pas si elle l'agréerait, parce qu'elle vivait fort retirée. Je vois bien que vous êtes amoureux de sa fille, me repartit-il; et, ajoutant qu'il irait bien la voir sans moi, il me rompit rudement en visière, et je parus si étonné, qu'il ne douta plus de ce que peut-être il ne soupçonnait pas encore. Il me fit ensuite cent mauvaises railleries, et me mit dans un tel désordre que Verville en eut pitié. Il me tira d'auprès de ce brutal, et me mena au cours, où je fus extrêmement triste, quelque peine que prît Verville à me divertir, par une bonté extraordinaire à une personne de son âge et d'une condition si supérieure à la mienne. Cependant son brutal de frère travaillait à sa satisfaction, ou plutôt à ma ruine. Il s'en alla chez mademoiselle de la Boissière, où on le prit d'abord pour moi, parce qu'il avait avec lui le valet de mon hôte qui m'y avait accompagné plusieurs fois; et je crois que sans cela on ne l'y aurait pas reçu. Mademoiselle de la Boissière fut fort surprise de voir un homme inconnu. Elle dit à Saint-Far que, ne le connaissant point, elle ne savait à quoi attribuer l'honneur qu'il lui faisait de la visiter. Saint-Far lui dit sans marchander, qu'il était le maître d'un jeune garçon qui avait été assez heureux pour être blessé en lui rendant un petit service. Ayant débuté par une nouvelle qui ne plut ni à la mère, ni à la fille, comme je l'ai su depuis, et ces deux spirituelles personnes ne se souciant pas beaucoup de hasarder la réputation de leur esprit avec un homme qui leur avait d'abord fait voir qu'il n'en avait guère, le brutal se divertit fort peu avec elles, et elles s'ennuyèrent beaucoup avec lui. Ce qui pensa le faire enrager, c'est qu'il n'eut pas seulement la satisfaction de voir Léonore au visage, quelque instante prière qu'il lui fît de lever le voile qu'elle portait d'ordinaire, comme font à Rome les filles de condition qui ne sont pas encore mariées. Enfin ce galant homme s'ennuya de les ennuyer ; il les délivra de sa fâcheuse visite, et s'en retourna chez le seigneur Stéphano, remportant fort peu d'avantage du mauvais office qu'il m'avait rendu. Depuis ce temps-là, comme les brutaux sont fort portés à vouloir du mal à ceux à qui ils en ont fait, il eut pour moi des mépris si insupportables et me désobligea si souvent, que j'eusse cent fois perdu le respect que je devais à sa condition, si Verville, par des bontés continuelles, ne m'eût aidé à souffrir les brutalités de son frère. Je ne savais point encore le mal qu'il m'avait fait, quoique j'en ressentisse souvent les effets. Je trouvais bien mademoiselle de la Boissière plus froide qu'elle n'était au commencement de notre connaissance ; mais étant également civile, je ne remarquais point que je lui fusse à charge. Pour Léonore, elle me paraissait fort rêveuse devant sa mère ; et, quand elle n'en était pas observée, il me semblait qu'elle en avait le visage moins triste, et que j'en recevais des regards plus favorables. Destin contait ainsi son histoire, et les comédiennes l'écoutaient attentivement sans témoigner qu'elles eussent envie de dormir. Lorsqu'il sonna deux heures après minuit, mademoiselle de la Caverne fit souvenir Destin qu'il devait, le lendemain, tenir compagnie à la Rappinière, jusqu'à une maison qu'il avait à deux ou trois lieues de la ville, où il avait promis de leur donner le plaisir de la chasse. Destin prit donc congé des comédiennes, et se retira dans sa chambre, où il y a apparence qu'il se coucha. Les comédiennes firent la même chose ; et ce qui restait de la nuit se passa fort paisiblement dans l'hôtellerie, le poète, par bonheur, n'ayant point enfanté de nouvelles stances.

CHAPITRE XIV.

Enlèvement du curé de Domfront.

Ceux qui auront eu assez de temps à perdre pour l'avoir employé à lire les chapitres précédents, doivent savoir, s'ils ne l'ont oublié, que le curé de Domfront était dans l'un des brancards qui se trouvèrent quatre de compagnie dans un petit village, par une rencontre qui ne s'était peut-être jamais faite ; mais, comme tout le monde sait, quatre brancards se peuvent plutôt rencontrer ensemble que quatre montagnes. Ce curé donc, qui s'était logé dans la même hôtellerie de nos comédiens, ayant consulté sur sa gravelle les médecins du Mans, qui lui dirent en latin fort élégant qu'il avait la gravelle (ce que le pauvre homme ne savait que trop), et ayant aussi achevé d'autres affaires qui ne sont pas venues à ma connaissance, partit de l'hôtellerie sur les neuf heures du matin, pour retourner à la conduite de ses ouailles. Une jeune nièce qu'il avait, habillée en demoiselle, soit qu'elle le fût ou non, se mit au devant du brancard, aux pieds du bonhomme qui était gros et court. Un paysan, nommé Guillaume, conduisait par la bride le cheval de devant, par l'ordre exprès du curé, de peur que ce cheval ne mît le pied à faux ; et le valet du curé, nommé Julien, avait soin de faire aller le cheval de derrière, qui était si rétif, que Julien était souvent contraint de le pousser par le cul. Le pot de chambre du curé, qui était de cuivre jaune reluisant comme de l'or, parce qu'il avait été écuré dans l'hôtellerie, était attaché au côté droit du brancard, ce qui le rendait bien plus recommandable que le gauche qui n'était paré que d'un chapeau dans un étui de carte, que le curé avait retiré du messager de Paris pour un gentilhomme de ses amis, qui avait sa maison auprès de Domfront. A une lieue et demie de la ville, comme le brancard allait son petit train, dans un chemin creux, revêtu de haies plus fortes que des murailles, trois cavaliers, soutenus de deux fantassins, arrêtèrent le vénérable brancard. L'un d'eux, qui paraissait être le chef de ces coureurs de grand chemin, dit d'une voix effroyable : Par la mort! le premier qui soufflera, je le tue; et présenta la bouche de son pistolet à deux doigts près des yeux du paysan Guillaume qui conduisait le brancard. Un autre en fit autant à Julien; et un des hommes de pied coucha en joue la nièce du curé, qui cependant dormait fort paisiblement, et ainsi fut exempté de l'effroyable peur qui saisit son petit train pacifique. Ces vilains hommes firent marcher le brancard plus vite que les méchants chevaux qui le portaient n'en avaient envie. Jamais silence n'a été mieux observé dans une action si violente. La nièce du curé était plus morte que vive; Guillaume et Julien pleuraient sans oser ouvrir la bouche, à cause de l'effroyable vision des armes à feu; et le curé dormait toujours, comme je vous l'ai déjà dit. Un des cavaliers se détacha du gros au galop, et prit les devants. Cependant le brancard gagna un bois, à l'entrée duquel le cheval de devant, qui mourait peut-être de peur aussi bien que celui qui le menait, ou par belle malice, ou parce qu'on le faisait aller plus vite qu'il ne lui était permis par sa nature pesante et endormie; ce pauvre cheval donc mit le pied dans une ornière et broncha si rudement, que monsieur le curé s'en éveilla, et sa nièce tomba du brancard sur la maigre croupe de la haridelle. Le bonhomme appela Julien, qui n'osa lui répondre; il appela sa nièce, qui n'avait garde d'ouvrir la bouche : le paysan eut le cœur aussi dur que les autres; et le curé se mit en colère tout de bon. On a voulu dire qu'il jura Dieu; mais je ne puis croire cela d'un curé du Bas-Maine. La nièce du curé s'était relevée de dessus la croupe du cheval, et avait repris sa place sans oser regarder son oncle : et le cheval s'étant relevé vigoureusement, marchait plus fort qu'il n'avait jamais fait, nonobstant le bruit du curé qui criait de sa voix de lutrin : Arrête! arrête! Ses cris redoublés excitaient le cheval et le faisaient aller encore plus vite, et cela faisait crier le curé encore plus fort. Il appelait tantôt Julien, tantôt Guillaume, et plus souvent que les autres sa nièce, au nom de laquelle il joignait souvent l'épithète de double carogne. Elle eût pourtant bien parlé, si elle eût voulu; car celui qui lui faisait garder le silence si exactement, était allé joindre les gens de cheval qui avaient pris les devants et qui étaient éloignés du brancard de quarante ou cinquante pas; mais la peur de la carabine la rendait insensible aux injures de son oncle, qui se mit enfin à hurler et à crier à l'aide et au meurtre, voyant qu'on lui désobéissait si opiniâtrement. Là-dessus les deux cavaliers qui avaient pris les devants, et que le fantassin avait fait revenir sur leurs pas, rejoignirent le brancard, et le firent arrêter. L'un d'eux dit effroyablement à Guillaume : Qui est le fou qui crie là-dedans? Hélas! monsieur, vous le savez mieux que moi, répondit le pauvre Guillaume. Le cavalier lui donna du bout de son pistolet dans les dents, et le présentant à la nièce, lui commanda de se démasquer et de lui dire qui elle était. Le curé qui voyait de son brancard tout ce qui se passait, et qui avait un procès avec un gentilhomme de ses voisins, nommé de Laune, crut que c'était lui qui voulait l'assassiner. Il se mit donc à crier : Monsieur de Laune, si vous me tuez, je vous cite devant Dieu : je suis sacré prêtre indigne, et vous serez excommunié comme un loup-garou. Cependant sa pauvre nièce se démasquait, et faisait voir au cavalier un visage effrayé qui lui était inconnu. Cela fit un effet auquel on ne s'attendait point. Cet homme colère lâcha son pistolet dans le ventre du cheval qui portait le devant du brancard, et d'un autre pistolet qu'il avait à l'arçon de sa selle, donna droit à la tête d'un de ses hommes de pied, en disant : Voilà comme il faut traiter ceux qui donnent de faux avis. Ce fut alors que la frayeur redoubla au curé et à son train. Il demanda confession; Julien et Guillaume se mirent à genoux, et la nièce du curé se rangea auprès de son oncle. Mais ceux qui leur faisaient tant de peur les avaient déjà quittés, et s'étaient éloignés d'eux autant que leurs chevaux avaient pu courir, leur laissant en dépôt celui qui avait été tué d'un coup de pistolet. Julien et Guillaume se levèrent en tremblant et dirent au curé et à sa nièce que les gendarmes s'en étaient allés. Il fallut dételer le cheval de derrière, afin que le brancard ne penchât pas tant sur le devant; et Guillaume fut envoyé dans un bourg prochain pour trouver un autre cheval.

Le curé ne savait que penser de ce qui lui était arrivé; il ne pouvait deviner pourquoi on l'avait enlevé, pourquoi on l'avait quitté sans le voler, et pourquoi ce cavalier avait tué un des siens même, dont le curé n'était pas si scandalisé que de son pauvre cheval tué, qui vraisemblablement n'avait jamais rien eu à démêler avec cet étrange homme. Il concluait toujours que c'était de Laune qui l'avait voulu assassiner, et qu'il en aurait raison. Sa nièce lui soutenait que ce n'était point de Laune, qu'elle le connaissait bien : mais le curé voulait que ce fût lui, pour lui faire un bon grand procès criminel, se fiant peut-être aux témoins à gages qu'il espérait trouver à Goron, où il avait des parents. Comme ils contestaient là-dessus, Julien, qui vit paraître de loin quelque cavalerie, s'enfuit tant qu'il put. La nièce du curé qui vit fuir Julien, crut qu'il en avait sujet, et s'enfuit aussi; ce qui fit perdre la tramontane au curé, ne sachant plus ce qu'il devait penser de tant d'événements extraordinaires. Enfin il vit aussi la cavalerie que Julien avait vue, et, qui pis est, il vit qu'elle venait droit à lui. Cette troupe était composée de neuf ou dix chevaux, au milieu de laquelle il y avait un homme lié et garotté sur un méchant cheval, et défait comme ceux qu'on mène pendre. Le curé se mit à prier Dieu, et se recommanda de bon cœur à sa toute bonté, sans oublier le cheval qui lui restait, mais il fut bien étonné et rassuré tout ensemble, quand il reconnut la Rappinière et quelques-uns de ses archers. La Rappinière lui demanda ce qu'il faisait là, et si c'était lui qui avait tué l'homme qu'il voyait raide mort auprès du corps d'un cheval. Le curé lui conta ce qui lui était arrivé, et conclut encore que c'était de Laune qui avait voulu l'assassiner; sur quoi la Rappinière verbalisa amplement. Un des archers courut au prochain village pour faire enlever le corps mort, et revint avec la nièce du curé et Julien, qui s'étaient rassurés, et qui avaient rencontré Guillaume ramenant un cheval pour le brancard. Le curé s'en retourna à Domfront sans aucune mauvaise rencontre, où tant qu'il vivra il contera son enlèvement. Le cheval mort fut mangé des loups ou des mâtins; le corps de celui qui avait été tué fut enterré je ne sais où; et la Rappinière, Destin, la Rancune et l'Olive, les archers et le prisonnier, s'en retournèrent au Mans. Et voilà le succès de la chasse de la Rappinière et des comédiens, qui prirent un homme au lieu de prendre un lièvre.

CHAPITRE XV.

Arrivée d'un opérateur dans l'hôtellerie. Suite de l'histoire de Destin et de l'Etoile. Sérénade.

Il vous souviendra, s'il vous plaît, que, dans le chapitre précédent, l'un de ceux qui avaient enlevé le curé de Domfront avait quitté ses compagnons, et s'en était allé au galop je ne sais où. Comme il pressait extrêmement son cheval dans un chemin fort creux et fort étroit, il vit de loin quelques gens de cheval qui venaient à lui; il voulut retourner sur ses pas pour les éviter, et tourna son cheval si court, et avec tant de précipitation, qu'il se cabra, et se renversa sur son maître. La Rappinière et sa troupe (car c'étaient ceux qu'il avait vus) trouvèrent fort étrange qu'un homme qui venait à eux si vite, eût voulu s'en retourner de la même façon. Cela donna quelque soupçon à la Rappinière, qui de son naturel en était fort susceptible, outre que sa charge l'obligeait à croire plutôt le mal que le bien. Son soupçon augmenta beaucoup, quand étant auprès de cet homme qui avait une jambe sous son cheval, il vit qu'il ne paraissait pas tant effrayé de sa chute, que de ce qu'il en avait des témoins. Comme il ne hasardait rien en augmentant sa peur, et qu'il savait faire sa charge mieux que prévôt du royaume, il lui dit en l'approchant : Vous voilà donc pris, homme de bien! Ah! je vous mettrai en lieu d'où vous ne tomberez pas si lourdement. Ces paroles étourdirent le malheureux bien plus que n'avait fait sa chute; et la Rappinière et les siens remarquèrent sur son visage de si grandes marques d'une conscience bourrelée, que tout autre, moins entreprenant que lui, n'eût point balancé à l'arrêter. Il commanda donc à ses archers de l'aider à se relever, et le fit lier et garotter sur son cheval. La rencontre qu'il fit un peu après du curé de Domfront, dans le désordre que vous avez vu, auprès d'un homme mort et d'un cheval tué d'un coup de pistolet, lui assura qu'il ne s'était pas mépris : à quoi contribua beaucoup la frayeur du prisonnier, qui augmenta visiblement à son arrivée. Destin le regardait plus attentivement que les autres, pensant le reconnaître, et ne pouvant se remettre où il l'avait vu. Il travailla en vain sa réminiscence durant le chemin, il ne put y retrouver ce qu'il cherchait. Enfin ils arrivèrent au Mans, où la Rappinière fit emprisonner le prétendu criminel, et les comédiens, qui devaient commencer le lendemain à représenter, se retirèrent en leur hôtellerie, pour donner ordre à leurs affaires. Ils se réconcilièrent avec l'hôte; et le poète, qui était libéral comme un poète, voulut payer le souper. Ragotin, qui se trouva dans l'hôtellerie, et qui ne pouvait s'en éloigner depuis qu'il était amoureux de l'Étoile, en fut convié par le poète, qui fut assez fou pour y convier aussi tous ceux qui avaient été spectateurs de la bataille qui s'était donnée, la nuit précédente, en chemise, entre les comédiens et la famille de l'hôte. Un peu avant le souper, la bonne compagnie qui était déjà dans l'hôtellerie, augmenta d'un opérateur et de son train, qui était composé de sa femme, d'une vieille servante maure, d'un singe et de deux valets. La Rancune le connaissait il y avait longtemps; ils se firent force caresses; et le poète, qui faisait aisément connaissance, ne quitta point l'opérateur et sa femme, qu'à force de compliments pompeux, et qui ne disaient pourtant pas grand'chose, il ne leur eût fait promettre qu'ils lui feraient l'honneur de souper avec lui. On soupa; il ne s'y passa rien de remarquable; on y but beaucoup, et on n'y mangea pas moins. Ragotin y reput ses yeux du visage de l'Étoile, ce qui l'enivra autant que le vin qu'il avala; et il parla fort peu durant le souper, quoique le poète lui donnât une belle matière à contester, blâmant tout net les vers de Théophile, dont Ragotin était grand admirateur. Les comédiennes firent quelque temps conversation avec la femme de l'opérateur, qui était Espagnole, et n'était pas désagréable. Elles se retirèrent ensuite dans leur chambre, où Destin les conduisit pour achever son histoire, que la Caverne et sa fille mouraient d'impatience d'entendre. L'Étoile cependant se mit à étudier son rôle; et Destin ayant pris une chaise auprès d'un lit, où la Caverne et sa fille s'assirent, reprit ainsi son histoire en cette sorte :

Vous m'avez vu jusqu'ici fort amoureux, et bien en peine de l'effet que ma lettre aurait fait dans l'esprit de Léonore et de sa mère; vous m'allez voir encore plus amoureux, et le plus désespéré de tous les hommes. J'allais voir tous les jours mademoiselle de la Boissière et sa fille, si aveuglé de ma passion, que je ne remarquais point la froideur que l'on avait pour moi, et considérais encore moins que mes trop fréquentes visites pouvaient leur être à la fin incommodes. Mademoiselle de la Boissière s'en trouvait fort importunée, depuis que Saint-Far lui avait appris qui j'étais; mais elle ne pouvait civilement me défendre sa maison, après ce qui m'était arrivé pour elle. Pour sa fille, à ce que je puis juger par ce qu'elle a fait depuis, je lui faisais pitié, et elle ne suivait pas en cela les sentiments de sa mère qui ne la perdait jamais de vue, afin que je ne pusse me trouver en particulier avec elle. Mais pour vous dire le vrai, quand cette belle fille eût voulu me traiter moins froidement que sa mère, elle n'eût osé l'entreprendre devant elle. Ainsi je souffrais comme une âme damnée, et mes fréquentes visites ne me servaient qu'à me rendre plus odieux à celle à qui je voulais plaire. Un jour que mademoiselle de la Boissière reçut des lettres de France, qui l'obligeaient à sortir, aussitôt qu'elle les eut lues elle envoya louer un carrosse, et chercher le seigneur Stéphano pour s'en faire accompagner, n'osant pas aller seule, depuis la fâcheuse rencontre où je l'avais servie. J'étais plus prêt et plus propre à lui servir d'écuyer que celui qu'elle envoyait chercher; mais elle ne voulait pas recevoir le moindre service d'une personne dont elle voulait se défaire. Par bonheur Stéphano ne se trouva point, et elle fut contrainte de témoigner devant moi la peine où elle était de n'avoir personne pour la mener, afin que je m'y offrisse : ce que je fis avec autant de joie qu'elle avait de dépit d'être réduite à me mener avec elle. Je la menai chez un cardinal, qui était lors protecteur de France, et qui lui donna heureusement audience aussitôt qu'elle la lui eut fait demander. Il fallait que son affaire fût d'importance, et qu'elle ne fût pas sans difficulté; car elle fut longtemps à lui parler en particulier dans une espèce de grotte, ou plutôt une fontaine couverte, qui était au milieu d'un fort beau jardin. Cependant tous ceux qui avaient suivi ce cardinal, se promenaient dans les endroits du jardin qui leur plaisaient le plus. Me voilà donc dans une grande allée d'orangers, seul avec la belle Léonore, comme je l'avais souhaité tant de fois, et pourtant encore moins hardi que je n'avais jamais été. Je ne sais si elle s'en aperçut, et si ce fut par bonté qu'elle parla la première. Ma mère, me dit-elle, aura bien sujet de quereller le seigneur Stéphano de nous avoir manqué aujourd'hui, et d'être cause que nous vous donnons tant de peine. Et moi je lui serai bien obligé, lui répondis-je, de m'avoir procuré, sans y penser, la plus grande félicité dont je jouirai jamais. Je vous ai assez d'obligations, repartit-elle, pour prendre part à tout ce qui vous est avantageux : dites-moi donc, je vous prie, la félicité qu'il vous a procurée, si c'est une chose qu'une fille puisse savoir, afin que je m'en réjouisse. J'aurais peur, lui dis-je, que vous la fissiez cesser. Moi! reprit-elle, je ne fus jamais envieuse; et quand je le serais pour tout autre, je ne le serais jamais pour une personne qui a mis sa vie au hasard pour moi. Vous ne le feriez pas par envie, lui répondis-je. Et par quel autre motif m'opposerais-je à votre félicité? reprit-elle. Par mépris, lui dis-je. Vous me mettez bien en peine, ajouta-t-elle, si vous ne m'apprenez ce que je mépriserais, et de quelle façon le mépris que je ferais de quelque chose vous la rendrait moins agréable. Il m'est bien aisé de m'expliquer, lui répondis-je, mais je ne sais si vous voudriez m'entendre. Ne me le dites donc point, me dit-elle, car quand on doute si on voudra bien entendre une chose, c'est signe qu'elle n'est point intelligible, ou qu'elle peut déplaire. Je vous avoue que je me suis étonné cent fois comment je lui pouvais répondre, songeant bien moins à ce qu'elle me disait, qu'à sa mère qui pouvait revenir et me faire perdre l'occasion de lui parler de mon amour. Enfin je m'enhardis ; et, sans employer plus de temps à une conversation qui ne me conduisait pas assez vite où je voulais aller, je lui dis, sans répondre à ses dernières paroles, qu'il y avait longtemps que je cherchais l'occasion de lui parler, pour lui confirmer ce que j'avais pris la hardiesse de lui écrire, et que je ne me serais jamais hasardé à cela, si je n'avais su qu'elle avait lu ma lettre. Je lui redis ensuite une grande partie de ce que je lui avais écrit; et ajoutai qu'étant près de partir pour la guerre que le pape faisait à quelques princes d'Italie, et résolu d'y mourir, puisque je n'étais pas digne de vivre pour elle, je la priais de m'apprendre les sentiments qu'elle aurait eus pour moi, si ma fortune eût eu plus de rapport avec la hardiesse que j'avais eue de l'aimer. Elle m'avoua, en rougissant, que ma mort ne lui serait pas indifférente. Et si vous êtes homme à faire quelque chose pour vos amis, ajouta-t-elle, conservez-nous-en un qui nous a été si utile; ou du moins, si vous êtes si pressé de mourir, pour une raison plus forte que celle que vous venez de dire, différez votre mort jusqu'à ce que nous nous soyons revus en France, où je dois bientôt retourner avec ma mère. Je la pressai de me dire plus clairement les sentiments qu'elle avait pour moi; mais sa mère se trouva lors si près de nous, qu'elle n'eût pu me répondre quand elle l'eût voulu. Mademoiselle de la Boissière me fit une mine assez froide, à cause peut-être que j'avais eu le temps d'entretenir Léonore en particulier; et cette belle fille même parut en être un peu en peine. Cela fut cause que je n'osai être que fort peu de temps chez elles. Je les quittai le plus content du monde, et tirant des conséquences fort avantageuses pour mon amour de la réponse de Léonore. Le lendemain je ne manquai pas de les aller voir, suivant ma coutume : on me dit qu'elles étaient sorties; et on me dit la même chose trois jours de suite, que j'y retournai sans me rebuter. Enfin le seigneur Stéphano me conseilla de n'y aller plus, parce que mademoiselle de la Boissière ne permettrait pas que je visse sa fille; ajoutant qu'il me croyait trop raisonnable pour m'exposer à un refus. Il m'apprit la cause de ma disgrâce. La mère de Léonore l'avait trouvée qui m'écrivait une lettre, et, après l'avoir fort maltraitée, elle avait donné ordre à ses gens de me dire qu'elles n'y étaient pas toutes les fois que je les viendrais voir. Ce fut alors que j'appris le mauvais office que m'avait rendu Saint-Far, et que depuis ce temps-là mes visites avaient fort importuné la mère. Pour la fille, Stéphano m'assura de sa part que mon mérite lui eût fait oublier ma fortune, si sa mère eût été aussi peu intéressée qu'elle. Je ne vous dirai point le désespoir où me mirent ces fâcheuses nouvelles; je m'affligeai autant que si on m'eût refusé Léonore injustement, quoique je n'eusse jamais espéré de la posséder; je m'emportai contre Saint-Far, et je songeai même à me battre contre lui : mais en me remettant devant les yeux ce que je devais à son père et à son frère, je n'eus recours qu'à mes larmes. Je pleurais comme un enfant, et je m'ennuyai partout où je ne fus pas seul. Il fallut partir sans voir Léonore. Nous fîmes une campagne dans l'armée du pape, où je fis tout ce que je pus pour me faire tuer. La fortune me fut contraire en cela, comme elle l'avait toujours été en autres choses. Je ne pus trouver la mort que je cherchais, et j'acquis quelque réputation que je ne cherchais point, et qui m'aurait satisfait dans un autre temps : mais pour lors rien ne pouvait me plaire que le souvenir de Léonore. Verville et Saint-Far furent obligés de retourner en France, où le baron d'Arques les reçut en père idolâtre de ses enfants. Ma mère me reçut froidement. Pour mon père, il se tenait à Paris chez le comte de Glaris, qui l'avait choisi pour être le gouverneur de son fils. Le baron d'Arques, qui avait su ce que j'avais fait dans la guerre d'Italie, où même j'avais sauvé la vie à Verville, voulut que je fusse à lui en qualité de gentilhomme. Il me permit d'aller voir mon père à Paris, qui me reçut encore plus mal que n'avait fait sa femme. Un autre homme de sa condition, qui eût eu un fils aussi bien fait que moi, l'eût présenté au comte écossais; mais mon père me tira hors de son logis avec empressement, comme s'il eût eu peur que je l'eusse déshonoré. Il me reprocha cent fois durant le chemin que nous fîmes ensemble, que j'étais trop brave; que j'avais la mine d'être glorieux, et que j'aurais mieux fait d'apprendre un métier, que d'être un traîneur d'épée. Vous pouvez penser que ces discours-là n'étaient guère agréables à un jeune homme qui avait été bien élevé, qui s'était mis en quelque réputation à la guerre, et enfin qui avait osé aimer une fort belle fille, et même lui découvrir sa passion. Je vous avoue que les sentiments de respect et d'amitié que l'on doit avoir pour un père, n'empêchèrent point que je ne le regardasse comme un très fâcheux vieillard. Il me promena dans deux ou trois rues, me caressant comme je viens de vous dire, et puis me quitta tout d'un coup, me défendant expressément de le revenir voir. Je n'eus pas grand'peine à me résoudre à lui obéir. Je le quittai et m'en allai voir monsieur de Saint-Sauveur, qui me reçut en père. Il fut fort indigné de la brutalité du mien, et me promit de ne me point abandonner. Le baron d'Arques eut des affaires qui l'obligèrent d'aller demeurer à Paris. Il se logea à l'extrémité du faubourg Saint-Germain, dans une fort belle maison que l'on avait bâtie depuis peu, avec beaucoup d'autres qui ont rendu ce faubourg-là aussi beau que la ville. Saint-Far et Verville faisaient leur cour, allaient au cours ou en visite, et faisaient tout ce que font les jeunes gens de condition en cette grande ville, qui fait passer pour campagnards les habitants des autres villes du royaume. Pour moi, quand je ne les accompagnais point, j'allais m'exercer dans toutes les salles des tireurs d'armes, ou bien j'allais à la comédie : ce qui est cause peut-être de ce que je suis passable comédien.

Un jour Verville me tira en particulier, et me découvrit qu'il était devenu fort amoureux d'une demoiselle qui demeurait dans la même rue. Il m'apprit qu'elle avait un frère nommé Saldagne, qui était aussi jaloux d'elle et d'une autre sœur qu'elle avait, que s'il eût été leur mari : il me dit de plus qu'il avait fait assez de progrès auprès d'elle, pour l'avoir persuadée de lui donner, la nuit suivante, entrée dans son jardin, qui répondait par une porte de derrière à la campagne, comme celui du baron d'Arques. Après m'avoir fait cette confidence, il me pria de l'y accompagner, et de faire tout ce que je pourrais pour me mettre dans les bonnes grâces de la fille qu'elle devait avoir avec elle. Je ne pouvais refuser à l'amitié que m'avait toujours témoignée Verville, de faire tout ce qu'il voulait. Nous sortîmes par la porte de derrière de notre jardin, sur les dix heures du soir, et fûmes reçus, par la maîtresse et la suivante, dans le jardin où l'on nous attendait. La pauvre demoiselle de Saldagne tremblait comme la feuille et n'osait parler; Verville n'était guère plus assuré; la suivante ne disait mot, et moi, qui n'étais là que pour accompagner Verville, je ne parlais point et n'en avais pas envie. Enfin Verville s'évertua et mena sa maîtresse dans une allée couverte, après m'avoir bien recommandé et à la suivante de faire bon guet : ce que nous fîmes avec tant d'attention, que nous nous promenâmes assez longtemps sans nous dire la moindre parole. Au bout d'une allée, nous nous rencontrâmes avec les jeunes amants. Verville me demanda assez haut, si j'avais bien entretenu madame Madelon. Je lui répondis que je ne croyais pas qu'elle eût sujet de s'en plaindre. Non, assurément, dit aussitôt la soubrette, car il ne m'a encore rien dit. Verville s'en mit à rire, et assura cette Madelon que je valais bien la peine que l'on fît conversation avec moi, quoique je fusse fort mélancolique. Mademoiselle de Saldagne prit la parole, et dit que sa femme de chambre n'était pas aussi une fille à mépriser; et là-dessus ces heureux amants nous quittèrent, nous recommandant de bien prendre garde qu'on ne les surprît point. Je me préparai alors à m'ennuyer beaucoup avec une servante, qui m'allait demander sans doute combien je gagnais de gages; quelles servantes je connaissais dans le quartier; si je savais des chansons nouvelles, et si j'avais bien des profits avec mon maître. Je m'attendais après cela d'apprendre tous les secrets de la maison Saldagne, et tous ses défauts et ceux de ses sœurs : car peu de suivants se rencontrent ensemble sans se dirent tout ce qu'ils savent de leurs maîtres, et sans trouver à redire au peu de soins qu'ils ont de leur fortune et celle de leurs gens : mais je fus bien étonné de me voir en conversation avec une servante, qui me dit d'abord : Je te conjure, esprit muet, de me confesser si tu es valet; et si tu es valet, par quelle vertu admirable tu ne m'as pas dit jusqu'à cette heure du mal de ton maître. Ces paroles, si extraordinaires dans la bouche d'une femme de chambre, me surprirent : et je lui demandai de quelle autorité elle se mêlait de m'exorciser. Je vois bien, me dit-elle, que tu es un esprit opiniâtre, et qu'il faut que je redouble mes conjurations. Dis-moi donc, esprit rebelle, par la puissance que Dieu m'a donnée sur les valets suffisants et glorieux, dis-moi qui tu es. Je suis un pauvre garçon, lui répondis-je, qui voudrais bien être endormi dans mon lit. Je vois bien, repartit-elle, que j'aurai bien de la peine à te connaître; au moins ai-je découvert que tu n'es guère galant : car, ajouta-t-elle, ne devrais-tu pas me parler le premier, me dire cent douceurs, me vouloir prendre la main : te faire donner deux ou trois soufflets, autant de coups de pied, te faire égratigner, enfin t'en retourner chez toi comme un homme à bonne fortune? Il y a des filles dans Paris, interrompis-je, dont je serais ravi de porter des marques; mais il y en a aussi que je ne voudrais pas seulement envisager, de peur d'avoir de mauvais songes. Tu veux dire, repartit-elle, que je suis peut-être laide. Hé, monsieur le difficile, ne sais-tu pas bien que la nuit tous les chats sont gris? Je ne veux rien faire la nuit, répliquai-je, dont je puisse me repentir le jour. Et si je suis belle? me dit-elle. Je ne vous aurais pas porté assez de respect, dis-je; outre qu'avec l'esprit que vous me faites paraître, vous mériteriez d'être servie et galantisée dans les formes. Et servirais-tu bien une fille de mérite dans les formes? me demanda-t-elle. Mieux qu'homme au monde, lui dis-je, pourvu que je l'aimasse. Que t'importe, ajouta-t-elle, pourvu que tu en fusses aimé? Il faut que l'un et l'autre se rencontrent dans une galanterie où je m'embarquerais, lui repartis-je. Vraiment, dit-elle, si je dois juger du maître par le valet, ma maîtresse a bien choisi en M. de Verville, et la servante, pour qui tu te radoucirais, aurait grand sujet de faire l'importante. Ce n'est pas assez de m'entendre parler, lui dis-je, il faut aussi me voir. Je crois, repartit-elle, qu'il ne faut ni l'un ni l'autre. Notre conversation ne put durer davantage; car M. de Saldagne heurtait à grands coups la porte de la rue, que l'on ne se hâtait point d'ouvrir par ordre de sa sœur, qui voulait avoir le temps de regagner sa chambre.

La demoiselle et la femme de chambre se retirèrent si troublées, et avec tant de précipitation, qu'elles ne nous dirent pas adieu en nous ... hors du jardin. Verville voulut que je l'accompagnasse en sa chambre, aussitôt que nous fûmes arrivés au logis. Jamais je ne vis un homme plus amoureux et plus satisfait. Il m'exagéra l'esprit de sa maîtresse, et me dit qu'il n'aurait point l'esprit content que je ne l'eusse vue. Enfin il me tint toute la nuit à me dire cent fois les mêmes choses, et je ne pus m'aller coucher que quand le point du jour commença à paraître. Pour moi, j'étais fort étonné d'avoir trouvé une servante de si bonne conversation, et je vous avoue que j'eus quelque envie de savoir si elle était belle, quoique le souvenir de ma Léonore me donnât une extrême indifférence pour toutes les belles filles que je voyais tous les jours dans Paris. Nous dormîmes, Verville et moi, jusqu'à midi. Il écrivit, aussitôt qu'il fut éveillé, à mademoiselle de Saldagne, et envoya sa lettre par son valet, qui en avait déjà porté d'autres, et qui avait correspondance avec sa femme de chambre. Ce valet était Bas-Breton, d'une figure fort désagréable, et d'un esprit qui l'était encore plus. Il me vint en idée, quand je le vis partir, que si la fille que j'avais entretenue le voyait vilain comme il était, et lui parlait un moment, assurément elle ne le soupçonnerait point pour être celui qui avait accompagné Verville. Ce gros sot s'acquitta assez bien de sa commission pour un sot : il trouva mademoiselle de Saldagne avec sa sœur aînée, qui s'appelait mademoiselle de Léri, à qui elle avait fait confidence de l'amour que Verville avait pour elle. Comme il attendait sa réponse, on entendit M. de Saldagne chanter sur le degré. Il venait à la chambre de ses sœurs, qui cachèrent à la hâte notre Breton dans une garde-robe. Le frère ne fut pas longtemps avec ses sœurs, et le Breton fut tiré de sa cachette : mademoiselle de Saldagne s'enferma dans un petit cabinet pour faire réponse à Verville, et mademoiselle de Léri fit conversation avec le Breton qui sans doute ne la divertit guère. Sa sœur, qui avait achevé sa lettre, la délivra de notre lourdeau, le renvoyant à son maître avec un billet, par lequel elle lui promettait de l'attendre à la même heure dans le jardin.

Aussitôt que la nuit fut venue, vous pouvez penser que Verville se tint prêt pour aller à l'assignation qu'on lui avait donnée. Nous fûmes introduits dans le jardin, et je me vis en tête la même personne que j'avais entretenue, et que j'avais trouvée si spirituelle. Elle me le parut encore plus qu'elle n'avait fait, et je vous avoue que le son de sa voix et la façon dont elle disait les choses me firent souhaiter qu'elle fût belle. Cependant elle ne pouvait croire que je fusse le Bas-Breton qu'elle avait vu, ni comprendre pourquoi j'avais plus d'esprit la nuit que le jour ; car le Breton nous ayant conté que l'arrivée de Saldagne dans la chambre de ses sœurs lui avait fait grand'peur, je m'en fis honneur devant cette spirituelle servante, en lui protestant que je n'avais pas eu tant de peur pour moi que pour mademoiselle de Saldagne. Cela ôta tout le doute qu'elle pouvait avoir que je ne fusse pas le valet de Verville ; et je remarquai que depuis cela elle commença à me tenir de vrais discours de servante. Elle m'apprit que ce monsieur de Saldagne était un terrible homme, et que, s'étant trouvé fort jeune sans père ni mère avec beaucoup de bien et peu de parents, il exerçait une grande tyrannie sur ses sœurs pour les obliger à se faire religieuses, les traitant non-seulement en père injuste, mais en mari jaloux et insupportable. J'allais lui parler à mon tour du baron d'Arques et de ses enfants, quand la porte du jardin, que nous n'avions point fermée, s'ouvrit; et nous vîmes entrer M. de Saldagne suivi de deux laquais, dont l'un lui portait un flambeau. Il revenait d'un logis qui était au bout de la rue, dans la même ligne du sien et du nôtre où l'on jouait tous les jours, et où Saint-Far allait souvent se divertir. Ils y avaient joué ce jour-là l'un et l'autre; et Saldagne ayant perdu son argent de bonne heure, était rentré dans son logis par la porte de derrière, contre sa coutume; et, l'ayant trouvée ouverte, nous avait surpris comme je viens de vous dire. Nous étions alors tous quatre dans une allée couverte; ce qui nous donna moyen de nous dérober à la vue de Saldagne et de ses gens. La demoiselle demeura dans le jardin, sous prétexte de prendre le frais; et, pour rendre la chose plus vraisemblable, elle se mit à chanter sans en avoir grande envie, comme vous pouvez penser. Cependant Verville, ayant escaladé la muraille par une treille, s'était jeté de l'autre côté; mais un troisième laquais de Saldagne, qui n'était pas encore entré, le vit sauter, et ne manqua pas d'aller dire à son maître, qu'il venait de voir sauter un homme de la muraille du jardin dans la rue. En même temps on m'entendit tomber dans le jardin fort rudement, la même treille par laquelle s'était sauvé Verville s'étant malheureusement rompue sous moi. Le bruit de ma chute, joint au rapport du valet, émut tous ceux qui étaient dans le jardin. Saldagne courut au bruit qu'il avait entendu, suivi de ses trois laquais; et, voyant un homme l'épée à la main (car aussitôt que je fus relevé, je m'étais mis en état de me défendre), il m'attaqua à la tête des siens. Je lui fis bientôt voir que je n'étais pas aisé à abattre. Le laquais qui portait le flambeau s'avança plus que les autres; cela me donna moyen de voir Saldagne au visage, que je reconnus pour le même Français qui m'avait voulu assassiner dans Rome, pour l'avoir empêché de faire une violence à Léonore, comme je vous l'ai dit tantôt. Il me reconnut aussi, et, ne doutant point que je ne fusse venu chez lui pour lui rendre la pareille, il me cria que je ne lui échapperais pas cette fois-là. Il redoubla ses efforts, et alors je me trouvai fort pressé, outre que je m'étais quasi-rompu une jambe en tombant. Je gagnai, lâchant le pied, un cabinet où j'avais vu entrer la maîtresse de Verville fort éplorée. Elle ne sortit point de ce cabinet quoique je m'y retirasse, soit qu'elle n'en eût pas le temps, ou que la pour la rendît immobile. Pour moi, je me sentis augmenter le courage, quand je vis que je ne pouvais être attaqué que par la porte du cabinet, qui était assez étroite. Je blessai Saldagne à une main, et le plus acharné de ses laquais à un bras ; ce qui me donna un peu de relâche. Je n'espérais pas pourtant en échapper, m'attendant qu'à la fin on me tuerait à coups de pistolet, quand je leur aurais bien donné de la peine à coups d'épée ; mais Verville vint à mon secours. Il ne s'était point voulu retirer dans son logis sans moi ; et, ayant ouï la rumeur et le bruit des épées, il était venu me tirer du péril où il m'avait mis, ou le partager avec moi. Saldagne, avec qui il avait déjà fait connaissance, crut qu'il venait le secourir, comme son ami et son voisin ; il s'en tint fort obligé et lui dit en l'abordant : Vous voyez, monsieur, comme je suis assassiné dans mon logis. Verville, qui connut sa pensée, lui répondit sans hésiter, qu'il était son serviteur contre tout autre, mais qu'il n'était là que pour me servir contre qui que ce fût. Saldagne, enragé de s'être trompé, lui dit en jurant qu'il viendrait bien à bout à lui seul de deux traîtres, et en même temps chargea Verville de furie, qui le reçut vigoureusement. Je sortis de mon cabinet pour aller joindre mon ami ; et, surprenant le laquais qui portait le flambeau, je ne voulus pas le tuer ; je me contentai de lui donner d'un estramaçon sur la tête, qui l'effraya si fort, qu'il s'enfuit hors du jardin bien avant dans la campagne, criant aux voleurs. Les autres laquais s'enfuirent aussi. Pour ce qui est de Saldagne, au même temps que la lumière du flambeau nous manqua, je le vis tomber dans une palissade, soit que Verville l'eût blessé, ou par un autre accident. Nous ne jugeâmes pas à propos de le relever, mais bien de nous retirer fort vite. La sœur de Saldagne, que j'avais vue dans le cabinet, et qui savait bien que son frère était homme à lui faire de grandes violences, en sortit alors, et vint nous prier, parlant bas et fondant en larmes, de l'emmener avec nous. Verville fut ravi d'avoir sa maîtresse en sa puissance. Nous trouvâmes la porte de notre jardin entr'ouverte, comme nous l'avions laissée, et nous ne la fermâmes point, pour n'avoir pas la peine de l'ouvrir si nous étions obligés de sortir. Il y avait dans notre jardin une salle basse, peinte et fort enjolivée, où l'on mangeait en été, et qui était détachée du reste de la maison.

Mes jeunes maîtres et moi y faisions quelquefois des armes ; et, comme c'était le lieu le plus agréable de la maison, le baron d'Arques, ses enfants et moi, en avions chacun une clé, afin que les valets n'y entrassent point, et que les livres et les meubles qui y étaient fussent en sûreté. Ce fut là où nous mîmes notre demoiselle, qui ne pouvait se consoler. Je lui dis que nous allions songer à sa sûreté et à la nôtre, et que nous reviendrions à elle dans un moment.

Verville fut un gros quart d'heure à réveiller son valet breton, qui avait fait la débauche. Aussitôt qu'il nous eût allumé une chandelle, nous songeâmes quelque temps à ce que nous ferions de la sœur de Saldagne ; enfin nous résolûmes de la mettre dans ma chambre, qui était au logis, et qui n'était fréquentée que de mon valet et de moi. Nous retournâmes à la salle du jardin avec de la lumière : Verville fit un grand cri en y entrant ; ce qui me surprit fort. Je n'eus pas le temps de lui demander ce qu'il avait ; car j'entendis parler à la porte de la salle, que quelqu'un ouvrit à l'instant où j'éteignais ma chandelle. Verville demanda : Qui va là ? Son frère Saint-Far nous répondit : C'est moi. Que diable faites-vous ici sans chandelle, à l'heure qu'il est ? Je m'entretenais avec Garigues, parce que je ne puis dormir, lui répondit Verville. Et moi, dit Saint-Far, je ne puis dormir aussi, et viens occuper la salle à mon tour ; je vous prie de m'y laisser tout seul. Nous ne nous fîmes pas prier tous deux. Je fis sortir notre demoiselle le plus adroitement que je pus, m'étant mis entre elle et Saint-Far qui entrait en même temps. Je la menai dans ma chambre sans qu'elle cessât de se désespérer, et revins trouver Verville dans la sienne, où son valet ralluma une chandelle. Verville me dit avec un visage affligé, qu'il fallait qu'il retournât incessamment chez Saldagne. Et qu'en voulez-vous faire, lui dis-je, l'achever ? Ha ! mon pauvre Garigues, s'écriat-il, je suis le plus malheureux homme du monde, si je ne tire mademoiselle de Saldagne d'entre les mains de son frère ? Et y est-elle encore, puisqu'elle est dans ma chambre ? lui répondis-je. Plût à Dieu que cela fût ! me dit-il en soupirant. Je crois que vous rêvez, lui repartis-je. Je ne rêve point, reprit-il ; nous avons pris la sœur aînée de mademoiselle de Saldagne pour elle. Quoi ! lui dis-je aussitôt, n'étiez-vous pas ensemble dans le jardin? Il n'y a rien de plus assuré, me dit-il. Pourquoi voulez-vous donc vous aller faire assommer chez son frère, lui répondis-je, puisque la sœur que vous demandez est dans ma chambre? Ha! Garigues, s'écria-t-il encore, je sais bien ce que j'ai vu. Et moi aussi, lui dis-je; et, pour vous montrer que je ne me trompe point, venez voir mademoiselle de Saldagne. Il me dit que j'étais fou, et me suivit le plus affligé du monde. Mais mon étonnement ne fut pas moindre que son affliction, quand je vis dans ma chambre une demoiselle que je n'avais jamais vue, et qui n'était point celle que j'avais amenée. Verville en fut aussi étonné que moi, mais en récompense le plus satisfait homme du monde; car il se trouvait avec mademoiselle de Saldagne. Il m'avoua que c'était lui qui s'était trompé; mais je ne pouvais lui répondre, ne pouvant comprendre par quel enchantement une demoiselle que j'avais toujours accompagnée s'était transformée en une autre, pour venir de la salle du jardin à ma chambre. Je regardais attentivement la maîtresse de Verville, qui n'était point assurément celle que nous avions tirée de chez Saldagne, et qui même ne lui ressemblait pas. Verville me voyant si éperdu : Qu'as-tu donc? me dit-il, je te confesse encore une fois que je me suis trompé. Je le suis plus que vous, si mademoiselle de Saldagne est entrée ici avec nous, lui répondis-je. Et avec qui donc? reprit-il. Je ne sais, lui dis-je; ni qui le peut savoir que mademoiselle même. Je ne sais aussi avec qui je suis venue, si ce n'est avec monsieur, nous dit alors mademoiselle de Saldagne, parlant de moi; car, continua-t-elle, ce n'est pas monsieur de Verville qui m'a tirée de chez mon frère, c'est un homme qui est entré chez nous un moment après que vous en êtes sorti. J'ignore si les plaintes de mon frère en furent cause, ou si nos laquais, qui entrèrent en même temps que lui, l'avaient averti de ce qui s'était passé. Il fit porter mon frère dans sa chambre, et ma femme de chambre m'étant venue apprendre ce que je viens de vous dire, et qu'elle avait remarqué que cet homme était de la connaissance de mon frère et de nos voisins, j'allai l'attendre dans le jardin, où je le conjurai de me mener chez lui jusqu'au lendemain, que je me ferais mener chez une de mes amies, pour laisser passer la furie de mon frère, que je lui avouai avoir tous les sujets du monde de redouter. Cet homme m'offrit assez civilement de me conduire partout où je voudrais, et me promit de me protéger contre mon frère, au péril de sa vie. C'est sous sa conduite que je suis venue en ce logis, où Verville, que j'ai bien reconnu à la voix, a parlé à ce même homme; ensuite de quoi on m'a mise dans la chambre où vous me voyez.

Ce que nous dit mademoiselle de Saldagne ne m'éclaircit pas entièrement; mais au moins aida-t-elle beaucoup à me faire deviner à peu près de quelle façon la chose était arrivée. Pour Verville, il avait été si attentif à considérer sa maîtresse, qu'il ne l'avait été que fort peu à tout ce qu'elle nous dit; il se mit à lui conter cent douceurs, sans se mettre beaucoup en peine de savoir par quelle voie elle était venue dans ma chambre. Je pris de la lumière, et, les laissant ensemble, je retournai dans la salle du jardin pour parler à Saint-Far, quand même il me devrait dire quelque chose de désobligeant, selon sa coutume. Mais je fus bien étonné de trouver au lieu de lui la même demoiselle que je savais très certainement avoir amenée de chez mademoiselle de Saldagne. Ce qui augmenta mon étonnement, ce fut de la voir tout en désordre comme une personne à qui on a fait violence; sa coiffure était toute défaite, et le mouchoir qui lui couvrait la gorge était sanglant en quelques endroits, aussi bien que son visage. Verville, me dit-elle aussitôt qu'elle me vit paraître, ne m'approche que pour me tuer. Tu feras mieux que d'entreprendre une seconde violence. Si j'ai eu assez de force pour me défendre de la première, Dieu m'en donnera assez pour t'arracher les yeux, si je ne puis t'ôter la vie. C'est donc là, ajouta-t-elle en pleurant, cet amour violent que tu disais avoir pour ma sœur? Oh! que la complaisance que j'ai eue pour ses folies me coûte bon! et quand on ne fait pas ce qu'on doit, qu'il est bien juste de souffrir les maux que l'on craint le plus! Mais que délibères-tu, me dit-elle encore, me voyant tout étonné, as-tu quelque remords de ta mauvaise action? Si cela est, je l'oublierai de bon cœur; tu es jeune, et j'ai été trop imprudente de me fier à la discrétion d'un homme de ton âge. Remets-moi donc chez mon frère, je t'en conjure; tout violent qu'il est, je le crains moins que toi, qui n'es qu'un brutal, ou plutôt un ennemi mortel de notre maison, qui n'as pu être satisfait d'une fille séduite et d'un gentilhomme assassiné, si tu n'y ajoutais un plus grand crime. En achevant ces paroles, qu'elle prononça avec beaucoup de véhémence, elle se mit à pleurer avec tant de violence, que je n'ai jamais vu une affliction pareille. Je vous avoue que ce fut là que j'achevai de perdre le peu d'esprit que j'avais conservé dans une si grande confusion; et si elle n'eût cessé de parler d'elle-même, je n'eusse jamais osé l'interrompre de la façon que j'étais étonné, et de l'autorité avec laquelle elle m'avait fait tous ces reproches. Mademoiselle, lui répondis-je, non-seulement je ne suis point Verville, mais aussi j'ose vous assurer qu'il n'est point capable d'une mauvaise action, comme celle dont vous vous plaignez. Quoi! reprit-elle, tu n'es point Verville? je ne t'ai point vu aux mains avec mon frère? un gentilhomme n'est point venu à ton secours? et tu ne m'as pas conduite ici à ma prière, où tu m'as voulu faire une violence indigne de toi et de moi? Elle ne put rien dire davantage, tant la douleur la suffoquait. Pour moi, je ne fus jamais en plus grande peine, ne pouvant comprendre comment elle connaissait Verville, et ne le connaissait point. Je lui dis que la violence qu'on lui avait faite m'était inconnue, et puisqu'elle était sœur de M. de Saldagne, que je la mènerais, si elle voulait, où était sa sœur. Comme j'achevais de parler, je vis entrer Verville et mademoiselle de Saldagne, qui voulait absolument qu'on la ramenât chez son frère: je ne sais pas d'où lui était venue une si dangereuse fantaisie. Les deux sœurs s'embrassèrent aussitôt qu'elles se virent, et se remirent à pleurer à l'envi l'une de l'autre. Verville les pria instamment de retourner dans ma chambre, leur représentant la difficulté qu'il y aurait de faire ouvrir chez M. de Saldagne, la maison étant alarmée comme elle était, outre le péril qu'il y aurait pour elles d'être entre les mains d'un brutal; que dans son logis elles ne pouvaient être découvertes; que le jour allait bientôt paraître, et que, selon les nouvelles que l'on aurait de Saldagne, on aviserait à ce que l'on aurait à faire. Verville n'eut pas grand peine à les faire condescendre à ce qu'il voulut, ces deux pauvres demoiselles se trouvant toutes rassurées de se voir ensemble. Nous montâmes à ma chambre, où, après avoir bien examiné les étranges succès qui nous mettaient en peine, nous crûmes avec autant de certitude que si nous l'eussions vu, que la violence que l'on avait faite à mademoiselle de Léri venait infailliblement de Saint-Far, ne sachant que trop, Verville et moi, qu'il était capable de quelque chose de pire. Nous ne nous trompions point en nos conjectures; Saint-Far avait joué dans la même maison où Saldagne avait perdu son argent, et, passant devant son jardin un moment après le désordre que nous y avions fait, il s'était rencontré avec les laquais de Saldagne, qui lui avaient fait le récit de ce qui était arrivé à leur maître, qu'ils assuraient avoir été assassiné par sept ou huit voleurs, pour excuser la lâcheté qu'ils avaient faite en l'abandonnant. Saint-Far se crut obligé de lui aller offrir son service comme à son voisin, et ne le quitta point qu'il ne l'eût fait porter dans sa chambre, au sortir de laquelle mademoiselle de Saldagne l'avait prié de la mettre à couvert des violences de son frère, et était venue avec lui, comme avait fait sa sœur avec nous. Il avait donc voulu la mettre dans la salle du jardin où nous étions, comme je vous l'ai dit; et, comme il n'avait pas moins peur que nous vissions sa demoiselle, que nous en avions qu'il ne vît la nôtre, et que par hasard les deux sœurs se trouvèrent l'une auprès de l'autre, quand il entra et quand nous sortîmes, je trouvai sous ma main la sienne au même temps qu'il se trompa de la même façon avec la nôtre, et ainsi les demoiselles furent troquées. Ce qui fut d'autant plus faisable que j'avais éteint la lumière, et qu'elles étaient vêtues l'une comme l'autre, et si éperdues aussi bien que nous, qu'elles ne savaient ce qu'elles faisaient. Aussitôt que nous l'eûmes laissé dans la salle, se voyant seul avec une fort belle fille, et ayant bien plus d'instinct que de raison, où, pour parler de lui comme il mérite, étant la brutalité même, il avait voulu profiter de l'occasion, sans considérer ce qui en pouvait arriver, et qu'il faisait un outrage irréparable à une fille de condition, qui s'était mise entre ses bras comme dans un asile. Sa brutalité fut punie comme elle le méritait. Mademoiselle de Léri se défendit en lionne, le mordit, l'égratigna et le mit tout en sang. A tout cela il ne fit autre chose que s'aller coucher, et s'endormit aussi tranquillement que s'il n'eût pas fait l'action du monde la plus déraisonnable. Vous êtes peut-être en peine de savoir comment mademoiselle de Léri se trouvait dans le jardin quand son frère nous y surprit, elle qui n'y était point venue comme avait fait sa sœur. C'est ce qui m'embarrassait aussi bien que vous; mais j'appris de l'une et de l'autre que mademoiselle de Léri avait accompagné sa sœur dans le jardin, pour ne se fier pas à la discrétion d'une servante; et c'était elle que j'avais entretenue sous le nom de Madelon. Je ne m'étonnai donc plus si j'avais trouvé tant d'esprit dans une femme de chambre; et mademoiselle de Léri m'avoua, qu'après avoir fait conversation avec moi dans le jardin, et m'avoir trouvé plus spirituel que ne l'est d'ordinaire un valet, celui de Verville qui lui avait fait voir qu'il n'avait guère d'esprit, et qu'elle prenait encore le lendemain pour moi, l'avait extrêmement étonnée. Depuis ce temps-là nous eûmes l'un pour l'autre quelque chose de plus que de l'estime, et j'ose dire qu'elle était pour le moins aussi aise que moi, de ce que nous pouvions nous aimer avec plus d'égalité et de proportion, que si l'un de nous deux eût été valet ou servante. Le jour parut que nous étions encore ensemble. Nous laissâmes nos demoiselles dans ma chambre, où elles s'endormirent si elles voulurent; et nous allâmes songer, Verville et moi, à ce que nous avions à faire. Pour moi, qui n'étais pas amoureux comme Verville, je mourais d'envie de dormir; mais il n'y avait pas d'apparence d'abandonner mon ami dans un si grand accablement d'affaires. J'avais un laquais aussi avisé que le valet de chambre de Verville était maladroit. Je l'instruisis autant que je pus, et l'envoyai découvrir ce qui se passait chez Saldagne. Il s'acquitta de sa commission avec esprit, et nous rapporta que les gens de Saldagne disaient que des voleurs l'avaient fort blessé, et que l'on ne parlait non plus de ses sœurs que si jamais il n'en eût eu, soit qu'il ne se souciât point d'elles, ou qu'il eût défendu à ses gens d'en parler, pour étouffer le bruit d'une chose qui lui était désavantageuse. Je vois bien qu'il y aura ici du duel, me dit alors Verville. Et peut-être de l'assassinat, lui répondis-je. Et là-dessus je lui appris que Saldagne était le même qui avait voulu m'assassiner à Rome; que nous nous étions reconnus l'un l'autre; et j'ajoutai que s'il croyait que ce fût moi qui eusse attenté sur sa vie, comme il y avait grande apparence, assurément il ne soupçonnait rien encore de l'intelligence que ses sœurs avaient avec nous.

J'allai rendre compte à ces pauvres filles de ce que nous

avions appris; et cependant Verville alla trouver Saint-Far, pour découvrir ses sentiments, et si nous avions bien deviné. Il trouva qu'il avait le visage fort égratigné; mais, quelque question que Verville lui fit, il n'en put tirer autre chose, sinon que revenant de jouer, il avait trouvé la porte du jardin de Saldagne ouverte, sa maison en rumeur, et lui fort blessé entre les bras de ses gens qui le portaient dans sa chambre. Voilà un grand accident, lui dit Verville; et ses sœurs en seront bien affligées : ce sont de fort belles filles, je veux leur aller rendre visite. Que m'importe? lui répondit ce brutal, qui se mit ensuite à siffler, sans plus rien répondre à son frère, pour tout ce qu'il put lui dire. Verville le quitta, et revint dans ma chambre, où j'employais toute mon éloquence pour consoler nos belles affligées. Elles se désespéraient, et n'attendaient que des violences extrêmes de l'étrange humeur de leur frère, qui était sans doute l'homme du monde le plus esclave de ses passions. Mon laquais leur alla quérir à manger dans le cabaret prochain; ce qu'il continua de faire quinze jours durant que nous les tînmes cachées dans ma chambre, où par bonheur elles ne furent pas découvertes, parce qu'elle était au haut du logis et éloignée des autres. Elles n'eussent point eu de répugnance à se mettre dans quelque maison religieuse; mais, à cause de l'aventure fâcheuse qui leur était arrivée, elles avaient grand sujet de craindre de ne sortir pas d'un couvent quand elles voudraient, après s'y être renfermées d'elles-mêmes. Cependant les blessures de Saldagne se guérissaient, et Saint-Far que nous observions, l'allait visiter tous les jours. Verville ne bougeait de ma chambre ; à quoi on ne prenait pas garde dans le logis, ayant accoutumé d'y passer souvent les jours entiers à lire ou à s'entretenir avec moi. Son amour augmentait tous les jours pour mademoiselle de Saldagne, et elle l'aimait autant qu'elle en était aimée. Je ne déplaisais pas à sa sœur aînée, et elle ne m'était pas indifférente. Ce n'est pas que la passion que j'avais pour Éléonore fût diminuée, mais je n'espérais plus rien de ce côté-là. Et quand j'aurais pu la posséder, je me serais fait conscience de la rendre malheureuse.

Un jour Verville reçut un billet de Saldagne, qui voulait le voir l'épée à la main, et qui l'attendait avec un de ses amis dans la plaine de Grenelle. Par le même billet, Verville était prié de ne se servir de personne que de moi : ce qui me donna quelque soupçon que peut-être il nous voulait prendre tous deux d'un coup de filet. Ce soupçon était assez bien fondé, ayant déjà expérimenté ce qu'il savait faire; mais Verville ne voulut pas s'y arrêter, ayant résolu de lui donner toutes sortes de satisfactions, et d'offrir même d'épouser sa sœur. Il envoya quérir un carrosse de louage, quoiqu'il y en eût trois dans le logis. Nous allâmes où Saldagne nous attendait, et où Verville fut bien étonné de trouver son frère qui servait de second à son ennemi. Nous n'oubliâmes ni soumissions, ni prières, pour faire passer les choses par accommodement. Il fallut absolument se battre avec les deux moins raisonnables hommes du monde. Je voulus protester à Saint-Far que j'étais au désespoir de tirer l'épée contre lui; et je ne répondis qu'avec des soumissions et des paroles respectueuses à toutes les choses outrageantes dont il exerça ma patience. Enfin il me dit brutalement que je lui avais toujours déplu, et que pour regagner ses bonnes grâces il fallait que je reçusse de lui deux ou trois coups d'épée. En disant cela, il vint à moi de furie. Je ne fis que parer quelque temps, résolu d'éviter d'en venir aux prises, au péril de quelques blessures. Dieu favorisa ma bonne intention, il tomba à mes pieds. Je le laissai relever, et cela l'anima encore davantage contre moi. Enfin, m'ayant blessé légèrement à une épaule, il me cria, comme aurait fait un laquais, que j'en tenais, avec un emportement si insolent, que ma patience se lassa. Je le pressai, et, l'ayant mis en désordre, je passai si heureusement sur lui, que je puis lui saisir la garde de son épée. Cet homme que vous haïssez tant, lui dis-je alors, vous donnera néanmoins la vie. Il fit cent efforts hors de saison, sans jamais vouloir parler, comme un brutal qu'il était, quoique je lui représentasse que nous devions aller séparer son frère et Saldagne, qui se roulaient l'un sur l'autre; mais je vis bien qu'il fallait agir autrement avec lui. Je ne l'épargnai plus, et je pensai lui rompre la main d'un grand effort que je fis en lui arrachant son épée, que je jetai assez loin de lui. Je courus aussitôt au secours de Verville, qui était aux prises avec son homme. En les approchant, je vis de loin des gens de cheval qui venaient à nous. Saldagne fut désarmé, et en même temps je me sentis donner un coup d'épée par derrière. C'était le généreux Saint-Far, qui se servait si lâchement de l'épée que je lui avais laissée. Je ne fus plus maître de mon ressentiment; je lui en portai un qui lui fit une grande blessure. Le baron d'Arques, qui survint à l'heure même, et qui vit que je blessais son fils, m'en voulut d'autant plus de mal, qu'il m'avait toujours voulu beaucoup de bien. Il poussa son cheval sur moi, et me donna un coup d'épée sur la tête. Ceux qui étaient venus avec lui fondirent sur moi à son exemple. Je me démêlai assez heureusement de tant d'ennemis; mais il eût fallu céder au nombre, si Verville, le plus généreux homme du monde, ne se fût mis entre eux et moi, au péril de sa vie.

Il donna d'un grand estramaçon sur les oreilles de son valet, qui me pressait plus que les autres, pour se faire de fête. Je présentai mon épée par la garde au baron d'Arques : cela ne le fléchit point. Il m'appela coquin, ingrat, et me dit toutes les injures qui lui vinrent à la bouche, jusqu'à me menacer de me faire pendre. Je répondis avec beaucoup de fierté que, tout coquin et tout ingrat que j'étais, j'avais donné la vie à son fils, et que je ne l'avais blessé qu'après en avoir été frappé en trahison. Verville soutint à son père que je n'avais pas tort, mais il dit toujours qu'il ne me voulait jamais voir. Saldagne monta avec le baron d'Arques dans le carosse où l'on avait mis Saint-Far; et Verville, qui ne me voulut point quitter, me reçut dans l'autre auprès de lui. Il me fit descendre dans l'hôtel d'un de nos princes, où il avait des amis, et se retira chez son père. Monsieur de Saint-Sauveur m'envoya la nuit même un carrosse, et me reçut en son logis secrètement, où il eut soin de moi comme si j'eusse été son fils. Verville me vint voir le lendemain, et me conta que son père avait été averti de notre combat par les sœurs de Saldagne, qu'il avait trouvées dans ma chambre. Il me dit ensuite avec grande joie, que l'affaire s'accommoderait par un double mariage aussitôt que son frère serait guéri, qui n'était pas blessé en lieu dangereux; qu'il ne tiendrait qu'à moi que je ne fusse bien avec Saldagne; et pour son père, qu'il n'était plus en colère, et était bien fâché de m'avoir maltraité. Il souhaita ensuite que je fusse bientôt guéri, pour avoir part à tant de réjouissances. Mais je lui répondis que je ne pouvais plus demeurer dans un pays où l'on pouvait me reprocher ma basse naissance, comme avait fait son père, et que je quitterais bientôt le royaume pour me faire tuer à la guerre, ou pour m'élever à une fortune proportionnée aux sentiments d'honneur que son exemple m'avait donnés. Je veux croire que ma résolution l'affligea : mais un homme amoureux n'est pas longtemps occupé par une autre passion que l'amour.

Destin continuait ainsi son histoire, quand on entendit tirer dans la rue un coup d'arquebuse, et tout aussitôt jouer des orgues. Cet instrument, qu'on n'avait peut-être point encore entendu à la porte d'une hôtellerie, fit courir aux fenêtres tous ceux que le coup d'arquebuse avait éveillés. On continuait toujours à jouer des orgues; et ceux qui s'y connaissaient remarquèrent même que l'organiste jouait un chant d'église. Personne ne pouvait rien comprendre à cette dévote sérénade, qui pourtant n'était pas encore bien reconnue pour telle. Mais on n'en douta plus, quand on entendit deux méchantes voix, dont l'une chantait le dessus et l'autre raclait une basse. Ces deux voix de lutrin se joignirent aux orgues, et firent un concert à faire hurler tous les chiens du pays. Ils chantèrent : *Allons de nos voix et de nos luths d'ivoire, ravir les esprits*, et le reste de la chanson.

Après que cet air suranné fut mal chanté, on entendit la voix de quelqu'un qui parlait bas le plus haut qu'il pouvait, en reprochant aux chantres qu'ils chantaient toujours la même chose. Les pauvres gens répondirent qu'ils ne savaient pas ce qu'on voulait qu'ils chantassent. Chantez ce que vous voudrez, répondit à demi-haut la même personne; il faut chanter puisqu'on vous paie bien. Après cet arrêt définitif les orgues changèrent de ton, et on entendit un bel *Exaudiat* qui fut chanté fort dévotement. Aucun des auditeurs n'avait encore osé parler de peur d'interrompre la musique, quand la Rancune, qui ne se fût pas tû dans une pareille occasion pour tous les biens du monde, cria tout haut : On fait donc ici le service divin dans les rues? Quelqu'un des écoutants prit la parole, et dit que l'on pouvait proprement appeler cela *chanter ténèbres*. Un autre ajouta que c'était une procession de nuit; enfin tous les facétieux de l'hôtellerie se réjouirent sur la musique, sans que pas un d'eux pût deviner celui qui la donnait, et encore moins à qui ni pourquoi.

Cependant l'*Exaudiat* avançait toujours son chemin, lorsque dix ou douze chiens qui suivaient une chienne de mauvaise vie, vinrent à la suite de leur maîtresse se mêler parmi les jambes des musiciens; et comme plusieurs rivaux ensemble ne sont pas longtemps d'accord, après avoir grondé et juré quelque temps les uns contre les autres, enfin tout d'un coup ils se pilèrent avec tant d'animosité et de furie, que les musiciens craignirent pour leurs jambes, et gagnèrent au pied, laissant leurs orgues à la discrétion des chiens. Ces amants immodérés n'en usèrent pas bien; ils renversèrent une table à tréteaux qui soutenaient la machine harmonieuse, et je ne voudrais pas jurer que quelques-uns de ces maudits chiens ne levassent la jambe et ne pissassent contre les orgues renversées, ces animaux étant fort diurétiques de leur nature, principalement quand quelque chienne de leur connaissance a envie de procéder à la multiplication de son espèce.

Le concert étant ainsi déconcerté, l'hôte fit ouvrir la porte de l'hôtellerie et voulut mettre à couvert le buffet d'orgues, la table et les tréteaux. Comme ses valets et lui s'occupaient à cette œuvre charitable, l'organiste revint à ses orgues, accompagné de trois personnes entre lesquelles il y avait une femme, et un homme qui se cachait le nez dans son manteau. Cet homme était le véritable Ragotin, qui avait voulu donner une sérénade à mademoiselle de l'Étoile, et s'était adressé pour cela à un petit châtré, organiste d'une église. Ce fut ce monstre, ni homme ni femme, qui chanta le dessus, et qui joua des orgues que sa servante avait apportées : un enfant de chœur qui avait déjà mué chanta la basse, et tout cela pour prix et somme de deux testons, tant il faisait déjà cher à vivre dans ce bon pays du Maine. Aussitôt que l'hôte eut reconnu les auteurs de la sérénade, il dit assez haut pour être entendu de tous ceux qui étaient aux fenêtres de l'hôtellerie : C'est donc vous, monsieur Ragotin, qui venez chanter vêpres à ma porte? Vous feriez bien mieux de dormir et de laisser dormir mes hôtes. Ragotin lui répondit qu'il le prenait pour un autre; mais ce fut d'une façon à faire croire encore davantage ce qu'il feignait de vouloir nier. Cependant l'organiste, qui trouva ses orgues rompues, et qui était fort en colère, comme sont tous les animaux imberbes, dit à Ragotin en jurant, qu'il les lui fallait payer. Ragotin lui répondit qu'il se moquait de cela. Ce n'est pourtant pas raillerie, repartit le châtré; je veux être payé. L'hôte et ses valets donnèrent leur voix pour lui : mais Ragotin leur apprit, comme à des ignorants, que cela ne se pratiquait point en sérénade; et cela dit, il s'en alla tout fier de sa galanterie. La musique chargea les orgues sur le dos de la servante du châtré, qui se retira en son logis de fort mauvaise humeur, la table sur l'épaule, et suivi de l'enfant de chœur qui portait les deux tréteaux. L'hôtellerie fut refermée : Destin donna le bonsoir aux comédiennes, et remit la fin de son histoire à la première occasion.

CHAPITRE XVI.

L'ouverture du théâtre, et autres choses qui ne sont pas de moindre conséquence.

Le lendemain les comédiens s'assemblèrent dès le matin en une des chambres qu'ils occupaient dans l'hôtellerie, pour répéter la comédie qui devait se représenter après dîner. La Rancune, à qui Ragotin avait déjà fait la confidence de la sérénade, et qui avait fait semblant d'avoir de la peine à le croire, avertit ses compagnons que le petit homme ne manquerait pas de venir bientôt recueillir les louanges de sa galanterie raffinée, et ajouta que, toutes les fois qu'il en voudrait parler, il fallait en détourner le discours malicieusement. Ragotin entra dans la chambre en même temps ; et, après avoir salué les comédiens en général, il voulut parler de la sérénade à mademoiselle de l'Etoile, qui fut alors pour lui une étoile errante; car elle changea de place sans lui répondre autant de fois qu'il lui demanda à quelle heure elle s'était couchée et comment elle avait passé la nuit. Il la quitta pour mademoiselle Angélique, qui, au lieu de lui parler, ne fit qu'étudier son rôle. Il s'adressa à la Caverne, qui ne le regarda seulement pas. Tous les comédiens, l'un après l'autre, suivirent exactement l'ordre qu'avait donné la Rancune, et ne répondirent point à ce que leur dit Ragotin, ou changèrent de discours autant de fois qu'il voulut parler de la nuit précédente. Enfin, pressé de sa vanité et ne pouvant laisser languir davantage sa réputation, il dit tout haut, parlant à tout le monde : Voulez-vous que je vous avoue une vérité? Vous en userez comme il vous plaira, répondit quelqu'un. C'est moi, ajouta-t-il, qui vous ai donné cette nuit une sérénade. On les donne donc en ce pays avec des orgues? lui dit Destin. Et à qui la donniez-vous? N'était-ce point, continua-t-il, à la belle dame qui fit battre tant d'honnêtes chiens ensemble? Il n'en faut point douter, dit l'Olive; car ces animaux de nature mordante n'eussent pas troublé une musique si harmonieuse, à moins que d'être rivaux et même jaloux de M. Ragotin. Un autre de la compagnie prit la parole, et dit qu'il ne doutait point qu'il ne fût bien avec sa maîtresse, et qu'il ne l'aimât à bonne intention, puisqu'il y allait si ouvertement.

Enfin, tous ceux qui étaient dans la chambre poussèrent à bout Ragotin sur la sérénade, à la réserve de la Rancune, qui lui fit grâce, ayant été honoré de l'honneur de sa confidence, et il y a apparence que cette belle raillerie de chien eût épuisé tous ceux qui étaient dans la chambre, si le poète, qui en son espèce était aussi sot et aussi vain que Ragotin, et qui de tout tirait matière de contenter sa vanité, n'eût rompu les chiens en disant, du ton d'un homme de condition, ou plutôt qui le fait à fausses enseignes : A propos de sérénade, il me souvient qu'à mes noces on m'en donna une quinze jours de suite, qui était composée de plus de cent sortes d'instruments. Elle courut par tout le Marais; les plus galantes dames de la place Royale l'adoptèrent; plusieurs galants s'en firent honneur, et elle donna même de la jalousie à un homme de condition, qui fit charger par ses gens ceux qui me la donnaient : mais ils n'y trouvèrent pas leur compte; car ils étaient tous de mon pays, braves gens s'il en est au monde, et dont la plus grande partie avait été officiers dans un régiment que je mis sur pied quand les communes de nos quartiers se soulevèrent. La Rancune, qui avait contraint son naturel moqueur en faveur de Ragotin, n'eut pas la même bonté pour le poète, qu'il persécutait continuellement. Il prit donc la parole, et dit au nourrisson des Muses : — Votre sérénade, de la façon que vous nous la représentez, était plutôt un charivari dont un homme de condition fut importuné, et envoya la canaille de sa maison pour le faire taire ou pour le chasser plus loin. Ce qui me le fait croire encore davantage, c'est que votre femme est morte de vieillesse six mois après votre hyménée, pour parler en vos propres termes.

Elle mourut pourtant du mal de mère, dit le poète. Dites plutôt de grand'mère, d'aïeule ou de bisaïeule, répondit la Rancune. Dès le règne d'Henri IV, la mère ne lui faisait plus mal, ajouta-t-il; et, pour vous montrer que j'en sais plus de nouvelles que vous-même, quoique vous le prôniez si souvent, je veux vous en apprendre une chose qui n'est jamais venue à votre connaissance. Dans la cour de la reine Marguerite.... Ce beau commencement d'histoire attira auprès de la Rancune tous ceux qui étaient dans la chambre, qui savaient bien qu'il avait des mémoires contre tout le genre humain. Le poète, qui le redoutait extrêmement, l'interrompit en lui disant : Je gage cent pistoles que non. Ce défi de gager fait si à propos fit rire toute la compagnie, et le fit sortir de la chambre. C'était toujours ainsi par des gageures de sommes considérables que le pauvre homme défendait ses hyperboles quotidiennes qui pouvaient bien monter chaque semaine à la somme de mille ou douze cents impertinences, sans y comprendre les menteries. La Rancune était le contrôleur-général, tant de ses actions que de ses paroles; et l'ascendant qu'il avait sur lui était si grand, que j'ose le comparer à celui du génie d'Auguste sur celui d'Antoine : cela s'entend prix pour prix, et sans faire comparaison de deux comédiens de campagne à deux Romains de ce calibre-là. La Rancune ayant donc commencé son conte et en ayant été interrompu par le poète, comme je vous l'ai dit, chacun le pria instamment de l'achever; mais il s'en excusa, promettant de leur conter une autre fois la vie du poète tout entière, et que celle de sa femme y serait comprise. Il fut question de répéter la comédie qu'on devait jouer le jour même dans un tripot voisin. Il n'arriva rien de remarquable pendant la répétition. On joua après dîner, et on joua fort bien. Mademoiselle de l'Etoile y ravit tout le monde par sa beauté; Angélique eut des partisans pour elle; l'une et l'autre s'acquittèrent de leur personnage à la satisfaction de tout le monde.

Destin et ses camarades firent aussi des merveilles, et ceux de l'assistance qui avaient souvent entendu la comédie dans Paris, avouèrent que les comédiens du roi n'eussent pas mieux représenté. Ragotin ratifia en sa tête la donation qu'il avait faite de son corps et de son âme à mademoiselle de l'Etoile, passée par-devant la Rancune, qui lui promettait tous les jours de la faire accepter à la comédienne. Sans cette promesse, le désespoir eût bientôt fait un beau grand sujet d'histoire tragique d'un méchant petit avocat. Je ne dirai point si les comédiens plurent autant aux dames du Mans que les comédiennes avaient fait aux hommes : quand j'en saurais quelque chose, je n'en dirais rien ; mais, parce que l'homme le plus sage n'est pas quelquefois maître de sa langue, je finirai le présent chapitre, pour m'ôter tout sujet de tentation.

CHAPITRE XVII.

Le mauvais succès qu'eut la civilité de Ragotin.

Aussitôt que Destin eut quitté sa vieille broderie et repris son habit de tous les jours, la Rappinière le mena aux prisons de la ville, à cause que l'homme qu'ils avaient pris le jour que le curé de Domfront fut enlevé, demandait à lui parler. Cependant les comédiennes s'en retournèrent en leur hôtellerie avec un grand cortége de Manceaux. Ragotin, s'étant trouvé auprès de mademoiselle de la Caverne, dans le temps qu'elle sortait du jeu de paume où l'on avait joué, lui présenta la main pour la ramener, quoiqu'il eût mieux aimé rendre ce service-là à sa chère l'Etoile. Il en fit autant à mademoiselle Angélique, tellement qu'il se trouva écuyer à droite et à gauche. Cette double civilité fut cause d'une triple incommodité ; car la Caverne, qui avait le haut de la rue, comme de raison, était pressée par Ragotin, pour qu'Angélique ne marchât point dans le ruisseau. De plus, le petit homme, qui ne leur venait qu'à la ceinture, tirait si fort leurs mains en bas, qu'elles avaient bien de la peine à s'empêcher de tomber sur lui. Ce qui les incommodait encore davantage, c'est qu'il se retournait à tout moment pour regarder mademoiselle de l'Etoile, qu'il entendait parler derrière lui à deux godelureaux qui la ramenaient malgré elle. Les pauvres comédiennes essayèrent souvent de se dégager les mains ; mais il tint toujours si ferme qu'elles eussent autant aimé avoir les osselets.

Elles le prièrent cent fois de ne prendre pas tant de peine. Il leur répondit seulement : — Serviteur (c'était son compliment ordinaire), et leur serra les mains encore plus fort. Il fallut donc prendre patience jusqu'à l'escalier de leur chambre, où elles espérèrent d'être remises en liberté; mais Ragotin n'était pas

Galanterie de Ragotin.

homme à cela. En disant toujours serviteur, serviteur à tout ce qu'elles lui purent dire, il essaya premièrement de monter de front avec les deux comédiennes; ce qui s'étant trouvé impossible parce que l'escalier était trop étroit, la Caverne se mit le dos contre la muraille et monta la première, tirant après soi Ragotin, qui tirait après soi Angélique, qui ne tirait rien, et qui riait comme une folle.

La dégringolade.

Pour nouvelle incommodité, à quatre ou cinq degrés de leur chambre, ils trouvèrent un valet de l'hôte, chargé d'un sac d'avoine d'une pesanteur excessive, qui leur dit à grand'peine, tant il était accablé de son fardeau, qu'ils eussent à descendre, parce qu'il ne pouvait remonter chargé comme il était. Ragotin voulut répliquer; le valet jura tout net qu'il laisserait tomber son sac sur eux. Ils défirent donc avec précipitation ce qu'ils avaient fait fort posément, sans que Ragotin voulût encore lâcher les mains des comédiennes. Le valet, chargé d'avoine, les pressait étrangement; ce qui fut cause que Ragotin fit un faux pas qui ne l'eût pas pourtant fait tomber, se tenant, comme il faisait, aux mains des comédiennes; mais il s'attira sur le corps la Caverne, laquelle le soutenait plus que sa fille, à cause de l'avantage du lieu. Elle tomba donc sur lui, et lui marcha sur le ventre, se donnant de la tête contre celle de sa fille si rudement qu'elles en tombèrent l'une et l'autre. Le valet, qui crut que tant de monde ne se relèverait pas sitôt, et qui ne pouvait plus supporter la pesanteur de son sac d'avoine, le déchargea enfin sur les degrés, jurant comme un valet d'hôtellerie. Le sac se délia ou se rompit par malheur. L'hôte arriva, qui pensa enrager contre son valet, le valet enrageait contre les comédiennes, les comédiennes enrageaient contre Ragotin, qui enrageait plus que pas un de ceux qui enragèrent, parce que mademoiselle de l'Étoile, qui arriva en même temps, fut encore témoin de cette disgrâce, presque aussi fâcheuse que celle du chapeau qu'on lui avait coupé avec des ciseaux quelques jours auparavant. La Caverne jura son grand serment que Ragotin ne la mènerait jamais, et montra à mademoiselle de l'Étoile ses mains qui étaient toutes meurtries. L'Étoile lui dit que Dieu l'avait punie de lui avoir ravi monsieur Ragotin, qui l'avait retenue devant la comédie pour la ramener, et ajouta qu'elle était bien aise de ce qui était arrivé au petit homme, puisqu'il lui avait manqué de parole. Il n'entendit rien de tout cela, car l'hôte parlait de lui faire payer le déchet de son avoine, ayant déjà, pour le même sujet, voulu battre son valet, qui appela Ragotin avocat de causes perdues. Angélique lui fit la guerre à son tour, et lui reprocha qu'elle avait été son pis-aller. Enfin la fortune fit bien voir jusque-là qu'elle ne prenait encore nulle part dans les promesses que la Rancune avait faites à Ragotin, de le rendre le plus heureux amant de tout le pays du Maine, à y comprendre même le Perche et Laval. L'avoine fut ramassée, et les comédiennes montèrent dans leur chambre l'une après l'autre, sans qu'il leur arrivât aucun malheur. Ragotin ne les y suivit point, et je n'ai pas bien su où il alla. L'heure du souper vint : on soupa dans l'hôtellerie. Chacun prit parti après le souper, et Destin s'enferma avec les comédiennes pour continuer son histoire.

CHAPITRE XVIII.

Suite de l'histoire de Destin et de la l'Etoile.

J'ai fait le précédent chapitre un peu court, peut-être que celui-ci sera plus long; je n'en suis pourtant pas bien assuré; nous l'allons voir. Destin se mit à sa place accoutumée et reprit son histoire en cette sorte :

Je m'en vais vous achever le plus succinctement que je pourrai une vie qui ne vous a déjà ennuyés que trop longtemps. Verville m'étant venu voir, comme je vous l'ai dit, et n'ayant pu me persuader de retourner chez son père, il me quitta fort affligé de ma résolution, à ce qu'il me parut, et s'en retourna chez lui, où quelque temps après il se maria avec mademoiselle de Saldagne, et Saint-Far en fit autant avec mademoiselle de Léri. Elle était aussi spirituelle que Saint-Far l'était peu ; et j'ai bien de la peine à m'imaginer comment deux esprits si disproportionnés se seront accordés ensemble. Cependant je me guéris entièrement, et le généreux M. de Saint-Sauveur, ayant approuvé la résolution que j'avais prise de m'en aller hors du royaume, me donna de l'argent pour mon voyage, et Verville, qui ne m'oublia point pour s'être marié, me fit présent d'un bon cheval et de cent pistoles. Je pris le chemin de Lyon pour retourner en Italie, à dessein de repasser par Rome, et, après y avoir vu ma Léonore pour la dernière fois, de m'aller faire tuer en Candie pour n'être pas longtemps malheureux. A Nevers, je logeai dans une hôtellerie qui était proche de la rivière. Étant arrivé de bonne heure, et ne sachant à quoi me divertir en attendant le souper, j'allai me promener sur un grand pont de pierres qui traverse la rivière de

Loire. Deux femmes s'y promenaient aussi, dont l'une, qui paraissait être malade, s'appuyait sur l'autre, ayant bien de la peine à marcher. Je les saluai sans les regarder en passant auprès d'elles, et me promenai quelque temps sur le pont, songeant à ma malheureuse fortune, et plus souvent à mon amour. J'étais assez bien vêtu, comme il est nécessaire de l'être à ceux de qui la condition ne peut faire excuser un méchant habit. Quand je repassai auprès de ces femmes, j'entendis dire à demi-haut : « Pour moi, je croirais que ce serait lui s'il n'était point mort. » Je ne sais pourquoi je tournai la tête, n'ayant pas sujet de prendre ces paroles-là pour moi. On ne les avait pourtant pas dites pour un autre. Je vis mademoiselle de la Boissière, le visage fort pâle et défait, qui s'appuyait sur sa fille Léonore.

J'allai droit à elles, avec plus d'assurance que je n'eusse fait à Rome, m'étant beaucoup formé le corps et l'esprit durant le temps que j'avais demeuré à Paris. Je les trouvai si surprises et si effrayées, que je crois qu'elles se fussent mises en fuite si mademoiselle de la Boissière eût pu courir. Cela me surprit aussi. Je leur demandai par quelle heureuse rencontre je me trouvais avec les personnes du monde qui m'étaient les plus chères. Elles se rassurèrent à mes paroles. Mademoiselle de la Boissière me dit que je ne devais point trouver étrange si elles me regardaient avec quelque sorte d'étonnement; que le seigneur Stéphano leur avait fait voir des lettres de l'un des gentilshommes que j'accompagnais à Rome, par lesquelles on lui mandait que j'avais été tué durant la guerre de Parme, et ajouta qu'elle était ravie de ce qu'une nouvelle qui l'avait si fort affligée ne se trouvait pas véritable. Je lui répondis que la mort n'était pas le plus grand malheur qui pouvait m'arriver, et que je m'en allais à Venise faire courir le même bruit avec plus de vérité. Elles s'attristèrent de ma résolution, et la mère me fit alors des caresses extraordinaires dont je ne pouvais deviner la cause. Enfin, j'appris d'elle-même ce qui la rendait si civile. Je pouvais encore lui rendre service, et l'état où elle se trouvait ne lui permettait pas de me mépriser et de me faire mauvais visage, comme elle avait fait à Rome. Il leur était arrivé un malheur assez grand pour les mettre en peine. Ayant fait argent de tous leurs meubles, qui étaient fort beaux et en quantité, elles étaient parties de Rome avec une servante française qui les servait il y avait longtemps, et le seigneur Stéphano leur avait donné son valet, qui était Flamand comme lui, et qui voulait retourner en son pays. Ce valet et cette servante s'aimaient à dessein de se marier ensemble, et leur amour n'était connu de personne. Mademoiselle de la Boissière, étant arrivée à Roanne, se mit sur la rivière. A Nevers, elle se trouva si mal, qu'elle ne put passer outre. Durant sa maladie, elle fut assez difficile à servir, et sa servante s'en acquitta fort mal, contre sa coutume. Un matin, le valet et la servante ne se trouvèrent plus ; et, ce qu'il y eut de plus fâcheux, l'argent de la pauvre demoiselle disparut aussi. Le déplaisir qu'elle en eut augmenta sa maladie, et elle fut contrainte de s'arrêter à Nevers, pour attendre des nouvelles de Paris, d'où elle espérait recevoir de quoi continuer son voyage. Mademoiselle de la Boissière m'apprit en peu de mots cette fâcheuse aventure. Je les ramenai en leur hôtellerie, qui était aussi la mienne, et après avoir été quelque temps avec elles, je me retirai en ma chambre pour les laisser souper. Pour moi, je ne mangeai point, et je crus avoir été à table cinq ou six heures pour le moins. J'allai les voir aussitôt qu'elles m'eurent fait dire que je serais le bienvenu. Je trouvai la mère au lit, et la fille me parut avec un visage aussi triste que je l'avais trouvée gaie un moment auparavant. Sa mère était encore plus triste qu'elle, et je le devins aussi. Nous fûmes quelque temps à nous regarder sans rien dire. Enfin, mademoiselle de la Boissière me montra des lettres qu'elle avait reçues de Paris, qui les rendaient, sa fille et elle, les personnes les plus affligées du monde. Elle m'apprit le sujet de son affliction avec une si grande effusion de larmes, et sa fille, que je vis pleurer aussi fort que sa mère, me toucha tellement, que je ne crus pas leur témoigner assez combien j'y étais sensible, quoique je leur offrisse tout ce qui dépendait de moi, d'une façon à ne les point faire douter de ma franchise. Je ne sais pas encore ce qui vous afflige si fort, leur dis-je ; mais s'il ne faut que ma vie pour diminuer la peine où je vous vois, vous pouvez vous mettre l'esprit en repos. Dites-moi donc, madame, ce qu'il faut que je fasse : j'ai de l'argent si vous en manquez ; j'ai du courage si vous avez des ennemis, et je ne prétends, de tous les services que je vous offre, que la satisfaction de vous avoir servie. Mon visage et mes paroles leur firent si bien voir ce que j'avais dans l'âme, que leur grande affliction se modéra un peu. Mademoiselle de la Boissière me lut une lettre par laquelle une femme de ses amies lui mandait qu'une personne qu'elle ne nommait point, et que je m'aperçus bien être le père de Léonore, avait eu ordre de se retirer de la cour, et qu'il s'en était allé en Hollande. Ainsi la pauvre demoiselle se trouvait dans un pays inconnu, sans argent et sans espérance d'en avoir. Je lui offris de nouveau ce que j'avais, ce qui pouvait monter à cinq ou six cents écus, et lui dis que je la conduirais en Hollande, et au bout du monde si elle y voulait aller. Enfin, je l'assurai qu'elle avait retrouvé en moi une personne qui la servirait comme un valet, et de qui elle serait aimée et respectée comme d'un fils. Je rougis extrêmement en prononçant le mot de fils; mais je n'étais plus cet homme odieux à qui l'on avait refusé la porte à Rome et pour qui Léonore n'était pas visible; et mademoiselle de la Boissière n'était plus pour moi une mère sévère. A toutes les offres que je lui fis, elle me répondit toujours que Léonore me serait fort obligée. Tout se passait au nom de Léonore, et vous eussiez dit que sa mère n'était plus qu'une suivante qui parlait pour sa maîtresse : tant il est vrai que la plupart du monde ne considère les personnes que selon qu'elles lui sont utiles. Je les laissai fort consolées, et me retirai dans ma chambre le plus satisfait du monde.

Je passai la nuit fort agréablement, quoiqu'en veillant; ce qui me retint au lit assez tard, n'ayant commencé à dormir qu'à la pointe du jour. Léonore me parut ce jour-là habillée avec plus de soin qu'elle n'était le jour de devant, et elle put bien remarquer que je ne m'étais pas négligé. Je la menai à la messe sans sa mère, qui était encore trop faible. Nous dînâmes ensemble, et depuis ce temps-là nous ne fûmes qu'une même famille. Mademoiselle de la Boissière me témoignait beaucoup de reconnaissance des services que je lui rendais, et me protestait souvent qu'elle n'en mourrait pas ingrate. Je vendis mon cheval; et aussitôt que la malade fut assez forte, nous prîmes une cabane, et descendîmes jusqu'à Orléans. Durant le temps que nous fûmes sur l'eau, je jouis de la conversation de Léonore, sans qu'une si grande félicité fût troublée par sa mère. Je trouvai des lumières dans l'esprit de cette belle fille, aussi brillantes que celles de ses yeux ; et le mien, dont peut-être elle avait pu douter à Rome, ne lui déplut pas alors. Que vous dirai-je davantage? Elle vint à m'aimer autant que je l'aimais ; et vous avez bien pu reconnaître depuis le temps que vous nous voyez l'un et l'autre, que cet amour réciproque n'est point encore diminué. Quoi ! interrompit Angélique, mademoiselle de l'Etoile est donc Léonore? Et qui donc? lui répondit Destin. Mademoiselle de l'Etoile prit la parole, et dit que sa compagne avait raison de douter qu'elle fût cette Léonore dont Destin avait fait une beauté de roman. Ce n'est point par cette raison-là, reprit Angélique, mais c'est à cause que l'on a toujours de la peine à croire une chose que l'on a beaucoup désirée. Mademoiselle de la Caverne dit qu'elle n'en avait point douté, et ne voulut pas que ce discours allât plus avant, afin que Destin poursuivît son histoire, qu'il reprit ainsi. Nous arrivâmes à Orléans, où notre entrée fut si plaisante, que je vous en veux apprendre les particularités. Un tas de faquins qui attendent sur le port ceux qui viennent par eau pour porter leurs hardes, se jetèrent en foule dans notre cabane. Ils se présentèrent plus de trente à se charger de deux ou trois petits paquets, que le moins fort d'entre eux eût pu porter sous le bras. Si j'eusse été seul, je n'eusse pas peut-être été assez sage pour ne point m'emporter contre ces insolents. Huit d'entre eux saisirent une petite cassette qui ne pesait pas vingt livres; et, ayant fait semblant d'avoir bien de la peine à la lever de terre, enfin ils la haussèrent au milieu d'eux par dessus leurs têtes, chacun ne la soutenant que du bout du doigt. Toute la canaille qui était sur le port se mit à rire, et nous fûmes contraints d'en faire autant. J'étais pourtant tout rouge de honte d'avoir à traverser toute une ville avec tant d'appareil ; car le reste de nos hardes, qu'un seul homme pouvait porter, en occupa une vingtaine, et mes seuls pistolets furent portés par quatre hommes.

Nous entrâmes en ville avec l'ordre que je vais vous dire. Huit grands pendards ivres, ou qui devaient l'être, portaient au milieu d'eux une petite cassette, comme je vous l'ai déjà dit. Mes pistolets suivaient l'un après l'autre, chacun porté par deux hommes. Mademoiselle de la Boissière, qui enrageait aussi bien que moi, allait immédiatement après; elle était assise dans une grande chaise de paille soutenue sur deux grands bâtons de batelier et portée par quatre hommes qui se relayaient les uns les autres, et qui lui disaient cent sottises en la portant. Le reste de nos hardes suivait, qui était composé d'une petite valise et d'un paquet couvert de toile, que sept ou huit de ces coquins se jetaient l'un à l'autre durant le chemin, comme quand on joue au pot cassé. Je conduisais la queue du triomphe, tenant Léonore par la main, qui riait si fort, qu'il fallait malgré moi que je prisse plaisir à cette friponnerie. Durant notre marche, les passants s'arrêtaient dans les rues pour nous considérer, et le bruit qu'on y faisait à cause de nous attirait tout le monde aux fenêtres. Enfin, nous arrivâmes au faubourg qui est du côté de Paris, suivi de force canaille, et nous nous logeâmes à l'enseigne des Empereurs. Je fis entrer mes dames dans une salle basse, et menaçai ensuite ces coquins si sérieusement, qu'ils furent trop aises de recevoir peu de chose que je leur donnai, l'hôte et l'hôtesse les ayant querellés. Mademoiselle de la Boissière, que la joie de n'être plus sans argent avait guérie plutôt qu'autre chose, se trouva assez forte pour supporter le carrosse. Nous arrêtâmes trois places dans celui qui partait le lendemain, et en deux jours nous arrivâmes heureusement à Paris. En descendant à la maison des coches, je fis connaissance avec la Rancune, qui était venu d'Orléans aussi bien que nous, dans un coche qui accompagnait notre carrosse. Il entendit que je demandais où était l'hôtellerie des coches de Calais; il me dit qu'il y allait à l'heure même, et que, si nous n'avions pas de logis arrêté, il nous mènerait chez une femme de sa connaissance, qui avait des chambres garnies, où nous serions fort commodément. Nous le crûmes, et nous nous en trouvâmes fort bien. Cette femme était veuve d'un homme qui avait été toute sa vie tantôt portier et tantôt décorateur d'une troupe de comédiens, et qui même avait tâché autrefois de réciter, et n'y avait pas réussi. Ayant amassé quelque chose en servant les comédiens, il s'était mêlé de tenir des chambres garnies et de prendre des pensionnaires, et par là s'était mis à son aise. Nous louâmes deux chambres assez commodes. Mademoiselle de la Boissière fut confirmée dans les mauvaises nouvelles qu'elle avait eues du père de Léonore, et en apprit d'autres qu'elle nous cacha, qui l'affligèrent assez pour la faire retomber malade. Cela nous fit différer quelque temps notre voyage de Hollande, où elle avait résolu que je la conduirais; et la Rancune, qui allait y joindre une troupe de comédiens, voulut bien nous attendre, après que je lui eus promis de le défrayer. Mademoiselle de la Boissière était souvent visitée par une de ses amies, qui avait servi en même temps qu'elle la femme de l'ambassadeur de France à Rome en qualité de femme de chambre, et qui avait même été sa confidente pendant le temps qu'elle fut aimée du père de Léonore. C'était d'elle qu'elle avait appris l'éloignement de son prétendu mari, et nous en reçûmes plusieurs bons offices pendant le temps que nous fûmes à Paris. Je ne sortais que le moins souvent que je pouvais, de peur d'être vu de quelqu'un de ma connaissance; et je n'avais pas grand'peine à garder le logis, puisque j'étais avec Léonore, et que, par les soins que je rendais à sa mère, je me mettais toujours de mieux en mieux dans son esprit. A la persuasion de cette femme dont je viens de vous parler, nous allâmes un jour nous promener à Saint-Cloud, pour faire prendre l'air à notre malade. Notre hôtesse fut de la partie, et la Rancune aussi. Nous prîmes un bateau, nous nous promenâmes dans les plus beaux jardins; et, après avoir fait collation, la Rancune conduisit notre petite troupe vers notre bateau, tandis que je demeurai à compter dans un cabaret avec une hôtesse fort déraisonnable, qui me retint plus longtemps que je ne pensais.

Je sortis d'entre ses mains au meilleur marché que je pus, et m'en retournai joindre ma compagnie. Mais je fus bien étonné de voir notre bateau fort avant dans la rivière, qui ramenait mes gens à Paris sans moi, et sans me laisser même un petit laquais qui portait mon épée et mon chapeau. Comme j'étais sur le bord de l'eau, bien en peine de savoir pourquoi on ne m'avait pas attendu, j'entendis une grande rumeur dans un bateau; et, m'en étant approché, je vis deux ou trois gentilshommes, ou qui avaient l'air de l'être, qui voulaient battre un batelier parce qu'il refusait d'aller après notre bateau. J'entrai à tout hasard dans le temps qu'il quittait le bord, le batelier ayant eu peur d'être battu. Mais, si j'avais été en peine de ce que ma compagnie m'avait laissé à Saint-Cloud, je ne fus pas moins embarrassé de voir que celui qui faisait cette violence, était le même Saldague à qui j'avais tant de sujet de vouloir du mal. Au moment où je le reconnus, il passa du bout du bateau où il était à celui où j'étais. Fort empêché de ma contenance, je lui cachai mon visage le mieux que je pus; mais, me trouvant si près de lui qu'il était impossible qu'il ne me reconnût, et me trouvant sans épée, je pris la résolution la plus désespérée du monde, dont la haine seule ne m'eût pas rendu capable si la jalousie ne s'y fût mêlée. Je le saisis au corps dans l'instant qu'il me reconnut, et me jetai dans la rivière avec lui. Il ne put se prendre à moi, soit que ses gants l'en empêchassent, ou parce qu'il fut surpris. Jamais homme ne fut plus près de se noyer que lui. La plupart des bateaux allèrent à son secours, chacun croyant que nous étions tombés dans l'eau par quelque accident; et Saldagne seul sachant de quelle façon la chose était arrivée, n'était pas en état de s'en plaindre sitôt, ou de faire courir après moi. Je regagnai donc le bord sans beaucoup de peine, n'ayant qu'un petit habit qui ne m'empêcha point de nager; et, l'affaire valant bien la peine d'aller vite, je fus éloigné de Saint-Cloud avant que Saldagne fût pêché. Si on eut de la peine à le sauver, je pense qu'on n'en eut pas moins à le croire, lorsqu'il déclara de quelle façon je m'étais hasardé pour le perdre; car je ne vois pas pourquoi il en aurait fait un secret. Je fis un grand tour pour regagner Paris, où je n'entrai que de nuit, sans avoir eu besoin de me faire sécher, le soleil et l'exercice violent que j'avais fait en courant n'ayant laissé que fort peu d'humidité dans mes habits. Enfin je me revis avec ma chère Léonore, que je trouvai véritablement affligée. La Rancune et notre hôtesse eurent une extrême joie de me voir, aussi bien que mademoiselle de la Boissière, qui, pour mieux faire croire que j'étais son fils à la Rancune, et à notre hôtesse, avait bien fait la mère affligée. Elle me fit des excuses en particulier de ce que l'on ne m'avait pas attendu, et m'avoua que la peur qu'elle avait eue de Saldagne l'avait empêchée de songer à moi, outre qu'à la réserve de la Rancune, le reste de notre troupe n'eût fait que m'embarrasser si j'eusse eu prise avec Saldagne. J'appris alors qu'au sortir de notre hôtellerie ou cabaret, où nous avions mangé, ce galant homme les avait suivis jusqu'au bateau; qu'il avait prié fort incivilement Léonore de se démasquer; et que, sa mère l'ayant reconnu pour le même homme qui avait tenté la même chose à Rome, elle avait regagné son bateau fort effrayée, et l'avait fait avancer dans la rivière sans m'attendre. Saldagne cependant avait été joint par deux hommes de même trempe; et, après avoir quelque temps tenu conseil sur le bord de l'eau, il était entré avec eux dans le bateau, où je le trouvai menaçant le batelier pour le faire aller après Léonore. Cette aventure fut cause que je sortis encore moins que je n'avais fait. Mademoiselle de la Boissière devint malade quelque temps après, la mélancolie y contribuait beaucoup, et cela fut cause que nous passâmes à Paris une partie de l'hiver. Nous fûmes avertis qu'un prélat italien, qui revenait d'Espagne, passait en Flandre par Péronne. La Rancune eut assez de crédit pour nous faire comprendre dans son passeport, en qualité de comédiens. Un jour que nous allâmes chez ce prélat italien, qui était logé dans la rue de Seine, nous soupâmes par complaisance dans le faubourg Saint-Germain, avec des comédiens de la connaissance de la Rancune. Comme nous passions, lui et moi, sur le Pont-Neuf bien avant dans la nuit, nous fûmes attaqués par cinq ou six tire-laines. Je me défendis le mieux que je pus; et pour la Rancune, je vous avoue qu'il fit tout ce qu'un homme de cœur pouvait faire, et me sauva même la vie. Cela n'empêcha pas que je fusse saisi par ces voleurs, mon épée m'étant malheureusement tombée des mains. La Rancune, qui se démêla vaillamment d'entre eux, en fut quitte pour un méchant manteau. Pour moi, j'y perdis tout, à la réserve de mon habit; et ce qui pensa me désespérer, ils me prirent une boîte de portrait, dans laquelle celui du père de Léonore était en émail, et dont mademoiselle de la Boissière m'avait prié de vendre les diamants. Je trouvai la Rancune chez un chirurgien au bout du Pont-Neuf. Il était blessé au bras et au visage, et moi je l'étais fort légèrement à la tête. Mademoiselle de la Boissière s'affligea fort de la perte de son portrait, mais l'espérance d'en revoir bientôt l'original la consola. Enfin nous partîmes de Paris pour Péronne; de Péronne nous allâmes à Bruxelles, et de Bruxelles à La Haye. Le père de Léonore en était parti quinze jours auparavant pour l'Angleterre, où il était allé servir le roi contre les parlementaires. La mère de Léonore en fut si affligée, qu'elle en tomba malade; et en mourut. Elle me vit en mourant aussi affligé que si j'eusse été son fils. Elle me recommanda sa fille, et me fit promettre que je ne l'abandonnerais point, et que je ferais ce que je pourrais pour trouver son père, et la lui remettre entre les mains. A quelque temps de là, je fus volé par un Français de tout ce qui me restait d'argent; et la nécessité où je me trouvai avec Léonore fut telle, que nous prîmes parti dans votre troupe, qui nous reçut par l'entremise de la Rancune. Vous savez le reste de mes aventures. Elles ont été depuis ce temps-là communes avec les vôtres jusqu'à Tours, où je pense avoir vu encore le diable de Saldagne; et, si je ne me trompe, je ne serai pas longtemps en ce pays sans le trouver; ce que je crains moins pour moi que pour Léonore, qui serait abandonnée d'un serviteur fidèle, si elle me perdait, ou si quelque malheur me séparait d'elle.

Destin finit ainsi son histoire; et, après avoir consolé quelque temps mademoiselle de l'Étoile, que le souvenir de ses malheurs faisait alors autant pleurer que si elle n'eût fait que commencer d'être malheureuse, il prit congé des comédiennes, et s'alla coucher.

CHAPITRE XIX.

Quelques réflexions qui ne sont pas hors de propos. Nouvelle disgrâce de Ragotin, et autres choses que vous lirez, s'il vous plaît.

L'amour qui fait tout entreprendre aux jeunes et tout oublier aux vieux, qui a été cause de la guerre de Troie et de tant d'autres dont je ne veux pas prendre la peine de me ressouvenir, voulut alors faire voir dans la ville du Mans qu'il n'est pas moins redoutable dans une méchante hôtellerie qu'en quelque autre lieu que ce soit. Il ne se contenta donc pas de Ragotin à perdre l'appétit; il inspira cent mille désirs déréglés à la Rappinière, qui en était fort susceptible, et rendit Roquebrune amoureux de la femme de l'opérateur, ajoutant à sa vanité, bravoure et poésie, une quatrième folie, ou plutôt lui faisant faire une double infidélité; car il avait parlé d'amour longtemps auparavant à l'Étoile et à Angélique, qui lui avaient conseillé l'une et l'autre de ne prendre pas la peine de les aimer. Mais tout cela n'est rien auprès de ce que je vais vous dire. Il triompha aussi de l'insensibilité et de la misanthropie de la Rancune, qui devint amoureux de l'opératrice : et ainsi le poëte Roquebrune, pour ses péchés, et pour l'expiation des livres réprouvés qu'il avait mis en lumière, eut pour rival le plus méchant homme du monde. Cette opératrice avait nom dona Inézilla del Prado, native de Malaga, et son mari, ou soi-disant tel, le seigneur Ferdinando Ferdinandi, gentilhomme vénitien, natif de Caen en Normandie.

Il y eut encore dans la même hôtellerie d'autres personnes atteintes du même mal, aussi dangereusement pour le moins que ceux dont je viens de vous révéler le secret ; mais nous vous les ferons connaître en temps et lieu. La Rappinière était devenu amoureux de mademoiselle de l'Étoile, en lui voyant représenter *Chimène*, et avait fait dessein de découvrir son mal à la Rancune, qu'il jugeait capable de tout faire pour de l'argent. Le divin Roquebrune s'était imaginé la conquête d'une Espagnole digne de son courage. Pour la Rancune, je ne sais pas bien par quels charmes cette étrangère put rendre capable d'aimer un homme qui haïssait tout le monde. Ce vieux comédien devenu âme damnée avant le temps, je veux dire amoureux avant sa mort, était encore au lit quand Ragotin, pressé de son amour comme d'un mal de ventre, le vint trouver pour le prier de songer à son affaire, et d'avoir pitié de lui. La Rancune lui promit que le jour ne se passerait pas qu'il ne lui eût rendu un service signalé auprès de sa maîtresse. La Rappinière entra en même temps dans la chambre de la Rancune qui achevait de s'habiller ; et, l'ayant tiré à part, lui avoua son infirmité, et lui dit que s'il le pouvait mettre dans les bonnes grâces de mademoiselle de l'Étoile, il n'y avait rien en sa puissance qu'il ne pût espérer de lui, jusqu'à une charge d'archer, et une sienne nièce en mariage, qui serait son héritière, parce qu'il n'avait point d'enfants. Le fourbe lui promit encore plus qu'il n'avait fait à Ragotin, dont cet avant-coureur du bourreau ne conçut pas de petites espérances.

Roquebrune vint aussi consulter l'oracle : il était le plus incorrigible présomptueux qui soit jamais venu des bords de la Garonne, et il s'était imaginé que l'on croyait tout ce qu'il disait de sa maison, richesse, poésie et valeur, si bien qu'il ne s'offensait point des persécutions et des rompements de visière que lui faisait continuellement la Rancune. Il croyait que ce qu'il en faisait n'était que pour allonger la conversation; outre qu'il entendait la raillerie mieux qu'homme au monde, et la souffrait en philosophe chrétien, quand même elle allait au solide. Il se croyait donc admiré de tous les comédiens, même de la Rancune, qui avait assez d'expérience pour n'admirer guère de choses, et qui, bien loin d'avoir une bonne opinion de ce mâche-laurier, s'était instruit amplement de ce qu'il était, pour savoir si les évêques et grands seigneurs de son pays, qu'il citait à tous moments comme ses parents, étaient véritablement des branches d'un arbre généalogique, que ce fou d'alliances et d'armoiries, aussi bien que de beaucoup d'autres choses, avait fait faire en vieux parchemin. Il fut bien fâché de voir la Rancune en bonne compagnie, quoique cela dût l'embarrasser moins qu'un autre, ayant la mauvaise coutume de parler toujours aux oreilles des personnes, et de faire secret de tout, fort souvent de rien. Il tira donc la Rancune en particulier, et n'en fit point à deux fois pour lui dire qu'il était bien en peine de savoir si la femme de l'opérateur avait beaucoup d'esprit, parce qu'il avait aimé des femmes de toutes les nations, excepté des Espagnoles, et si elle valait la peine qu'il s'y amusât; qu'il ne serait pas plus pauvre quand il lui aurait fait un présent de cent pistoles, qu'il offrait de gagner à toutes rencontres, de la même façon qu'il faisait toujours tomber à propos sa bonne maison. La Rancune lui dit qu'il ne connaissait pas assez dona Inézilla pour lui répondre de son esprit; qu'il s'était trouvé souvent avec son mari dans les meilleures villes du royaume, où il vendait du mithridate; et que, pour s'informer de ce qu'il désirait savoir, il n'y avait qu'à lier conversation avec elle, puisqu'elle parlait français passablement.

Roquebrune voulut lui confier sa généalogie en parchemin, pour faire valoir à l'Espagnole la splendeur de sa race. Mais la Rancune lui dit que cela était meilleur à faire un chevalier de Malte qu'à se faire aimer. Roquebrune, là-dessus, fit l'action d'un homme qui compte de l'argent en sa main, et dit à la Rancune : Vous savez bien quel homme je suis? Oui, oui, lui répondit la Rancune, je sais bien quel homme vous êtes et quel homme vous serez toute votre vie.

Le poète s'en retourna comme il était venu, et la Rancune, son rival et son confident tout ensemble, se rapprocha de la Rappinière et de Ragotin, qui étaient rivaux aussi sans le savoir. Pour le vieux la Rancune, outre que l'on hait facilement ceux qui ont prétention sur ce que l'on destine pour soi, et que naturellement il haïssait tout le monde, il avait de plus toujours eu grande aversion pour le poëte, qui sans doute ne la fit point cesser par cette confidence. La Rancune conçut donc le dessein à l'heure même de lui faire tous les plus méchants tours qu'il pourrait, à quoi son esprit de singe était fort propre. Pour ne perdre point de temps, il commença dès le jour même, par une insigne méchanceté, à lui emprunter de l'argent, dont il se fit habiller depuis les pieds jusqu'à la tête, et se donna du linge. Il avait été malpropre toute sa vie; mais l'amour, qui fait de plus grands miracles, le rendit soigneux de sa personne sur la fin de ses jours. Il prit du linge blanc plus souvent qu'il n'appartenait à un vieux comédien de campagne, et commença de se teindre et raser le poil si souvent et avec tant de soin, que ses camarades s'en aperçurent.

Ce jour-là, les comédiens avaient été retenus pour représenter une comédie chez un des plus riches bourgeois de la ville, qui faisait un grand festin, et donnait le bal aux noces d'une demoiselle de ses parentes, dont il était le tuteur. L'assemblée se faisait dans une maison des plus belles du pays, qu'il avait quelque part à une lieue de la ville, je n'ai pas bien su de quel côté. Le décorateur des comédiens et un menuisier y étaient allés dès le matin pour dresser un théâtre.

Toute la troupe s'y en fut en deux carrosses, et partit du Mans sur les dix heures du matin, pour arriver à l'heure du dîner, où ils devaient jouer la comédie. L'Espagnole dona Inézilla fut de la partie, aux prières des comédiennes et de la Rancune. Ragotin, qui en fut averti, alla attendre le carrosse dans une hôtellerie qui était au bout du faubourg, et attacha un beau cheval qu'il avait emprunté, aux grilles d'une salle basse qui répondait sur la rue. A peine se mettait-il à table pour dîner, qu'on l'avertit que les carrosses approchaient. Il vola à son cheval sur les ailes de son amour, une grande épée à son côté et une carabine en bandoulière. Il n'a jamais voulu déclarer pourquoi il allait à une noce avec une si grande quantité d'armes offensives, et la Rancune même, son cher confident, ne l'a pu savoir.

Quand il eut détaché la bride de son cheval, les carrosses se trouvèrent si près de lui, qu'il n'eut pas le temps de chercher de l'avantage pour s'ériger en petit Saint-George. Comme il n'était pas fort bon écuyer et qu'il ne s'était pas préparé à montrer sa disposition devant tant de monde, il s'en acquitta de fort mauvaise grâce, le cheval étant aussi haut de jambes qu'il en était court. Il se guinda pourtant vaillamment sur l'étrier et

Trébuchement de Ragotin.

porta la jambe droite de l'autre côté de la selle; mais les sangles, qui étaient un peu lâches, nuisirent beaucoup au petit homme; car la selle tourna sur le cheval quand il pensait monter dessus.

Tout allait pourtant assez bien jusque-là; mais la maudite carabine qu'il portait en bandoulière, et qui lui pendait comme un collier, s'était mise malheureusement entre ses jambes sans qu'il s'en aperçût, tellement qu'il s'en fallait beaucoup que son cul ne touchât au siége de la selle, qui n'était pas fort ras, et que la carabine traversait depuis le pommeau jusqu'à la croupière. Ainsi il ne se trouva pas à son aise, et ne put pas seulement toucher les étriers du bout du pied. Là-dessus les éperons qui armaient ses jambes courtes se firent sentir au cheval dans un endroit où jamais éperon n'avait touché. Cela le fit partir plus gaîment qu'il n'était nécessaire à un petit homme qui ne posait que sur une carabine. Il serra les jambes, le cheval leva le derrière, et Ragotin, suivant la pente naturelle des corps pesants, se trouva sur le cou du cheval et s'y froissa le nez, le cheval ayant levé la tête par une furieuse saccade que l'imprudent lui donna; mais, pensant réparer sa faute, il lui rendit la bride. Le cheval en sauta, ce qui fit franchir au cul du patient toute l'étendue de la selle et le mit sur la croupe, toujours la carabine entre les jambes. Le cheval, qui n'était pas accoutumé d'y porter quelque chose, fit une croupade qui remit Ragotin en selle. Le méchant écuyer resserra les jambes et le cheval releva le cul encore plus fort, et alors le malheureux se trouva le pommeau entre les fesses, où nous le laisserons comme sur un pivot, pour nous reposer un peu; car, sur mon honneur, cette description m'a plus coûté que tout le reste du livre, et encore n'en suis-je pas trop satisfait.

CHAPITRE XX.

Le plus court du présent livre. — Suite du trébuchement de Ragotin, et quelque chose de semblable qui arriva à Roquebrune.

Nous avons laissé Ragotin assis sur le pommeau d'une selle, fort empêché de sa contenance, et fort en peine de ce qui arriverait de lui. Je ne crois pas que défunt Phaéton, de malheureuse mémoire, ait été plus empêché après les quatre chevaux fougueux de son père, que le fut alors notre petit avocat sur un cheval doux comme un âne; et s'il ne lui en coûta pas la vie comme à ce fameux téméraire, il s'en faut prendre à la fortune, sur les caprices de laquelle j'aurais un beau champ pour m'étendre, si je n'étais obligé en conscience de le tirer vitement du péril où il se trouve; car nous en aurons beaucoup à faire, tandis que notre troupe comique sera dans la ville du Mans.

Aussitôt que l'infortuné Ragotin ne sentit qu'un pommeau de selle entre les deux parties de son corps qui étaient les plus charnues, et sur lesquelles il avait accoutumé de s'asseoir, comme font tous les animaux raisonnables ; je veux dire qu'aussitôt qu'il se sentit n'être assis que sur fort peu de chose, il quitta la bride en homme de jugement, et se prit aux crins du cheval, qui se mit aussitôt à courir. Là-dessus la carabine tira. Ragotin crut en avoir au travers du corps ; son cheval crut la même chose, et broncha si rudement, que Ragotin en perdit le pommeau qui lui servait de siége, tellement qu'il pendit quelque temps aux crins du cheval, un pied accroché par son éperon à la selle, et l'autre pied et le reste du corps attendant le décrochement de ce pied accroché, pour donner en terre, de compagnie avec la carabine, l'épée, le baudrier et la bandoulière. Enfin le pied se décrocha, ses mains lâchèrent le crin, et il fallut tomber ; ce qu'il fit bien plus adroitement qu'il n'avait monté.

Tout cela se passa à la vue des carrosses qui s'étaient arrêtés pour le secourir, ou plutôt pour en avoir le plaisir. Il pesta contre le cheval, qui ne branla pas depuis sa chute ; et, pour le consoler, on le reçut dans l'un des carrosses en la place du poète, qui fut bien aise d'être à cheval pour galantiser à la portière où était Inézilla. Ragotin lui résigna l'épée et l'arme à feu, qu'il se mit sur le corps d'une façon toute martiale. Il allongea les étriers, ajusta la bride, et se prit sans doute mieux que Ragotin à monter sur sa bête. Mais il y avait quelque sort jeté sur ce malencontreux animal : la selle mal sanglée tourna comme à Ragotin ; et ce qui attachait ses chausses s'étant rompu, le cheval l'emporta quelque temps un pied dans l'étrier, l'autre servant de cinquième jambe au cheval, et les parties de derrière du citoyen du Parnasse fort exposées aux yeux des assistants, ses chausses lui étant tombées sur les jarrets.

L'accident de Ragotin n'avait fait rire personne, à cause de la peur qu'on avait eue qu'il ne se blessât ; mais Roquebrune fut accompagné de grands éclats de risée que l'on fit dans les carrosses.

Les cochers arrêtèrent leurs chevaux pour rire leur soûl ; et tous les spectateurs firent une grande huée après Roquebrune, au bruit de laquelle il se sauva dans une maison, laissant le cheval sur sa bonne foi ; mais il en usa mal, car il s'en retourna vers la ville. Ragotin, qui eut peur d'avoir à le payer, se fit descendre de carrosse, et alla après ; et le poète, qui avait recouvert ses parties postérieures, rentra dans un des carrosses, fort embarrassé, et embarrassant les autres de l'équipage de guerre de Ragotin, qui eut encore cette troisième disgrâce devant sa maîtresse, par où nous finirons ce vingtième chapitre.

CHAPITRE XXI.

Qui peut-être ne sera pas trouvé fort divertissant

Les comédiens furent fort bien reçus du maître de la maison, qui était honnête homme et des plus considérés du pays. On leur donna deux chambres pour mettre leurs hardes, et pour se préparer en liberté à la comédie, qui fut remise à la nuit. On les fit aussi dîner en particulier, et, après dîner, ceux qui voulurent se promener eurent à choisir entre un grand bois et un beau jardin. Un jeune conseiller du parlement de Rennes, proche parent du maître de la maison, accosta nos comédiens, et s'arrêta à faire conversation avec eux, ayant reconnu que Destin avait de l'esprit, et que les comédiennes, outre qu'elles étaient fort belles, étaient capables de dire autre chose que des vers appris par cœur.

On parla des choses dont on parle d'ordinaire avec des comédiens; de pièces de théâtre, et de ceux qui les font. Ce jeune conseiller dit entre autres choses que les sujets connus, dont on pouvait faire des pièces régulières, avaient tous été mis en œuvre; que l'histoire était épuisée, et qu'à la fin on serait réduit à se dispenser de la règle des vingt-quatre heures; que le peuple de la plus grande partie du monde ne savait point à quoi étaient bonnes les règles sévères du théâtre; que l'on prenait plus de plaisir à voir représenter les choses, qu'à entendre des récits; et, cela étant, que l'on pourrait faire des pièces qui seraient fort bien reçues sans tomber dans les extravagances des Espagnols, et sans se gêner par la rigueur des règles d'Aristote.

De la comédie on vint à parler des romans. Le conseiller dit qu'il n'y avait rien de plus divertissant que les romans modernes; que les Français seuls en savaient faire de bons; mais que les Espagnols avaient le secret de faire de petites histoires, qu'ils appellent Nouvelles, qui sont bien à notre usage et plus à la portée de l'humanité, que ces héros imaginaires de l'antiquité, qui sont quelquefois incommodes à force d'être honnêtes gens :

enfin, que les exemples imitables étaient pour le moins d'aussi grande utilité que ceux que l'on avait presque peine à concevoir. Et il conclut, que si l'on faisait des nouvelles en français, aussi bien faites que quelques-unes de celles de Michel de Cervantès, elles auraient cours autant que les romans héroïques.

Roquebrune ne fut pas de cet avis. Il dit d'un ton fort absolu, qu'il n'y avait point de plaisir à lire des romans, s'ils n'étaient composés d'aventures de princes, et encore de grands princes, et que par cette raison-là l'Astrée ne lui avait plu qu'en quelques endroits. Et dans quelles histoires trouverait-on assez de rois et d'empereurs pour nous faire des romans nouveaux? lui repartit le conseiller. Il en faudrait faire faire, dit Roquebrune, comme dans les romans tout-à-fait fabuleux, et qui n'ont aucun fondement dans l'histoire. Je vois bien, repartit le conseiller, que le livre de dom Quichotte n'est pas trop bien avec vous. C'est le plus sot livre que j'aie vu, reprit Roquebrune, quoiqu'il plaise à quantité de gens d'esprit. Prenez garde, dit Destin, qu'il ne vous déplaise par votre faute plutôt que par la sienne.

Roquebrune n'eût pas manqué de répartie, s'il eût entendu ce qu'avait dit Destin; mais il était occupé à compter ses prouesses à quelques dames qui s'étaient approchées des comédiennes, auxquelles il ne promettait pas moins que de faire un roman en cinq parties, chacune de dix volumes, qui effacerait les *Cassandre*, les *Cléopâtre*, les *Polexandre*, et les *Cyrus*, quoique ce dernier ait le surnom de *grand*, aussi bien que le fils de Pepin. Cependant le conseiller disait à Destin et aux comédiennes, qu'il avait essayé de faire des nouvelles à l'imitation des Espagnols, et qu'il voulait leur en communiquer quelques-unes. Inézilla prend la parole, et dit en français qui tenait plus du gascon que de l'espagnol, que son premier mari avait eu la réputation de bien écrire à la cour d'Espagne; qu'il avait composé quantité de nouvelles qui y avaient été bien reçues; et qu'elle en avait encore d'écrites à la main, qui réussiraient en français si elles étaient bien traduites.

Le conseiller était fort curieux de cette sorte de livre. Il témoigna à l'Espagnole qu'elle lui ferait un extrême plaisir de lui en donner la lecture; ce qu'elle lui accorda fort civilement. Et même, ajouta-t-elle, je pense en savoir autant que personne au

monde : et comme quelques femmes de notre nation se mêlent
d'en faire, et aussi des vers, j'ai voulu l'essayer comme les
autres, et je puis vous en montrer quelques-unes de ma façon.
Roquebrune s'offrit témérairement, selon sa coutume, à les
mettre en français. Inézilla, qui était peut-être la plus déliée Espagnole qui ait jamais passé les Pyrénées pour venir en France,
lui répondit que ce n'était pas assez de bien savoir le français,
qu'il fallait savoir également l'espagnol, et qu'elle ne ferait point
difficulté de lui donner ses nouvelles à traduire, quand elle saurait assez de français pour juger s'il en était capable. La Rancune
qui n'avait point encore parlé, dit qu'il n'en fallait pas douter,
puisqu'il avait été correcteur d'imprimerie. Il n'eut pas plus tôt
lâché la parole, qu'il se ressouvint que Roquebrune lui avait
prêté de l'argent. Il ne le poussa donc point selon sa coutume, le
voyant déjà défait de ce qu'il avait dit et avouant avec confusion
qu'il avait véritablement corrigé quelque temps chez les impri-
meurs, mais que ce n'avait été que ses propres ouvrages. Mademoiselle de l'Etoile dit alors à la dona Inezilla, que, puisqu'elle
savait tant d'historiettes, elle l'importunerait souvent pour lui
en conter. L'Espagnole s'y offrit à l'heure même. On la prit au
mot ; tous ceux de la compagnie se mirent autour d'elle ; et alors
elle commença une histoire, non pas tout-à-fait dans les termes
que vous l'allez lire dans le chapitre suivant, mais pourtant assez
intelligiblement pour faire voir qu'elle avait bien de l'esprit en
espagnol, puisqu'elle en faisait beaucoup paraître dans une langue dont elle ne savait pas les beautés.

CHAPITRE XXII.

A trompeur, trompeur et demi.

Une jeune dame de Tolède, nommée Victoria, de l'ancienne
maison de Portocarrero, s'était retirée dans une maison qu'elle
avait sur les bords du Tage, à demi-lieue de Tolède, en l'absence
de son frère qui était capitaine de cavalerie dans les Pays-Bas.
Elle était demeurée veuve à l'âge de dix-sept ans, d'un vieux
gentilhomme qui s'était enrichi aux Indes, et qui, s'étant perdu
en mer six mois après son mariage, avait laissé beaucoup de

biens à sa femme. Cette belle veuve, depuis la mort de son mari, s'était retirée auprès de son frère, et y avait vécu d'une façon si approuvée de tout le monde, qu'à l'âge de vingt ans les mères la proposaient à leurs filles comme un exemple, les maris à leurs femmes, et les galants à leurs désirs, comme une conquête digne de leur mérite : mais si sa vie retirée avait refroidi l'amour de plusieurs, elle avait d'un autre côté augmenté l'estime que tout le monde avait pour elle. Elle goûtait en liberté les plaisirs de la campagne dans cette maison des champs, quand un matin ses bergers lui amenèrent deux hommes qu'ils avaient trouvés dépouillés de tous leurs habits et attachés à des arbres où ils avaient passé la nuit. On leur avait donné à chacun une méchante cape de berger pour se couvrir, et ce fut dans ce bel équipage qu'ils parurent devant la belle Victoria. La pauvreté de leurs habits ne lui cacha point la riche mine du plus jeune, qui lui fit un compliment en honnête homme, et lui dit qu'il était un gentilhomme de Cordoue, appelé dom Lopès de Gongora ; qu'il venait de Séville, et qu'allant à Madrid pour des affaires d'importance, et s'étant amusé à jouer à une demi-journée de Tolède, où il avait dîné le jour auparavant, la nuit l'avait surpris : qu'il s'était endormi, et son valet, aussi, en attendant un muletier qui était demeuré derrière ; et que des voleurs l'ayant trouvé comme il dormait, l'avaient lié à un arbre, et son valet, après les avoir dépouillés jusqu'à la chemise.

Victoria ne douta point de la vérité de ses paroles ; et sa bonne mine parlait en sa faveur, et il y avait toujours de la générosité à secourir un étranger réduit à une si fâcheuse nécessité. Il se rencontra heureusement que parmi les hardes que son frère lui avait laissées en garde, il y avait quelques habits ; car les Espagnols ne quittent point leurs vieux habits pour jamais, quand ils en prennent de neufs. On choisit le plus beau et le mieux fait à la taille du maître ; et le valet fut aussi revêtu de ce que l'on put trouver sur-le-champ de plus propre pour lui.

L'heure du dîner étant venue, cet étranger, que Victoria fit manger à sa table, parut à ses yeux si bien fait, et l'entretint avec tant d'esprit, qu'elle crut que l'assistance qu'elle lui rendait ne pouvait jamais être mieux employée. Ils furent ensemble le reste du jour, et se plurent tellement l'un à l'autre, que la nuit même ils en dormirent moins qu'ils n'avaient accoutumé. L'étranger voulut envoyer son valet à Madrid quérir de l'argent, et faire faire des habits, ou du moins il en fit le semblant. La belle veuve ne voulut pas le permettre, et lui en promit pour achever son voyage. Il lui parla d'amour dès le jour même, et elle l'écouta favorablement. Enfin, en quinze jours, la commodité du lieu, le mérite égal en ces deux jeunes personnes, quantité de serments d'un côté, trop de franchise et de crédulité de l'autre, une promesse de mariage offerte, et la foi réciproquement donnée en présence d'un vieil écuyer et d'une suivante de Victoria, lui firent faire une faute dont jamais on ne l'eût cru capable, et mirent ce bienheureux étranger en possession de la plus belle dame de Tolède.

Huit jours durant ce ne furent que feux et flammes entre les jeunes amants. Il fallut se séparer; ce ne furent que larmes. Victoria eût eu droit de le retenir; mais l'étranger lui ayant fait valoir qu'il laissait perdre une affaire de grande importance pour l'amour d'elle, et lui protestant que le gain qu'il avait fait de son cœur lui faisait négliger celui d'un procès qu'il avait à Madrid, et même ses prétentions de la cour, elle fut la première à hâter son départ, ne l'aimant pas assez aveuglément pour préférer le plaisir avec lui à son avancement. Elle fit faire des habits à Tolède pour lui et son valet, et lui donna de l'argent autant qu'il en voulut. Il partit pour Madrid, monté sur une bonne mule, et son valet sur une autre, la pauvre dame véritablement accablée de douleur quand il partit, et lui, s'il ne fut pas beaucoup affligé, le contrefaisant avec la plus grande hypocrisie du monde.

Le jour même qu'il partit, une servante faisant la chambre où il avait couché, trouva une boîte de portrait enveloppée dans une lettre. Elle porta le tout à sa maîtresse, qui vit dans la boîte un visage parfaitement beau et fort jeune; et lut dans la lettre ces paroles, ou d'autres qui voulaient dire la même chose :

« Monsieur mon cousin,

« Je vous envoie le portrait de la belle Elvire de Silva. Quand vous la verrez, vous la trouverez encore plus belle que le peintre ne l'a faite. Dom Pédro de Silva son père vous attend avec impatience. Les articles de votre mariage sont tels que vous les avez souhaités, et ils vous sont fort avantageux à ce qu'il me semble. Tout cela vaut bien la peine que vous hâtiez votre voyage.

« Dom ANTOINE DE RIBÉRA.

« De Madrid, etc. »

La lettre s'adressait à Fernand de Ribéra, à Séville. Représentez-vous, je vous prie, l'étonnement de Victoria à la lecture d'une telle lettre, qui, selon toutes les apparences, ne pouvait être écrite à un autre qu'à son Lopez de Gongora. Elle voyait, mais trop tard, que cet étranger qu'elle avait si fort obligé, et si vite, lui avait déguisé son nom, et par ce déguisement elle devait être tout assurée de son infidélité. La beauté de la dame du portrait ne la devait pas moins mettre en peine, et ce mariage, dont les articles étaient déjà passés, achevait de la désespérer. Jamais personne ne s'affligea tant : ses soupirs pensèrent la suffoquer; elle pleura jusqu'à s'en faire du mal à la tête. Misérable que je suis! disait-elle quelquefois en elle-même, et quelquefois aussi devant son vieil écuyer et sa suivante qui avaient été témoins de son mariage, ai-je été si longtemps sage pour faire une faute irréparable? et devais-je refuser tant de personnes de condition de ma connaissance, qui se fussent estimées heureuses de me posséder, pour me donner à un inconnu qui se moque peut-être de moi, après m'avoir rendue malheureuse pour toute ma vie? Que dira-t-on à Tolède? et que dira-t-on dans toute l'Espagne? Un jeune homme lâche et trompeur sera-t-il discret? Devais-je lui témoigner que je l'aimais, avant que de savoir si j'en étais aimée? M'aurait-il caché son nom, s'il avait été sincère? et dois-je espérer, après cela, qu'il cache les avantages qu'il a sur moi? Que ne fera point mon frère contre moi, après ce que j'ai fait moi-même? et de quoi lui sert l'honneur qu'il acquiert en Flandre, tandis que je le déshonore en Espagne? Non, non, Victoria, il faut tout entreprendre puisque nous avons tout oublié; mais, avant que d'en venir à la vengeance et aux derniers remèdes, il faut essayer de gagner par adresse ce que nous avons mal conservé par imprudence. Il sera toujours assez à temps de se perdre, quand il n'y aura plus rien à espérer.

Victoria avait l'esprit bien fort, d'être capable de prendre sitôt une bonne résolution dans une si mauvaise affaire. Son vieil écuyer et sa suivante voulurent la conseiller : elle leur dit qu'elle savait tout ce qu'on pouvait lui dire, mais qu'il n'était plus question que d'agir. Dès le jour même un chariot et une charrette furent chargés de meubles et de tapisseries ; et Victoria faisant courir le bruit parmi ses domestiques qu'il fallait qu'elle allât à la cour pour les affaires pressantes de son frère, elle monta en carrosse avec son écuyer et sa suivante, prit le chemin de Madrid, et se fit suivre par son bagage. Dès qu'elle y fut arrivée, elle s'informa du logis de dom Pédro de Silva ; et, l'ayant appris, elle en loua un dans le même quartier. Son vieil écuyer avait nom Rodrigue Santillane ; il avait été nourri jeune par le père de Victoria, et il aimait sa maîtresse comme si elle eût été sa fille. Ayant force habitude dans Madrid, où il avait passé sa jeunesse, il sut en peu de temps que la fille de dom Pédro de Silva se mariait à un gentilhomme de Séville, qu'on appelait Fernand de Ribéra ; qu'un de ses cousins de même nom que lui avait fait ce mariage, et que dom Pédro songeait déjà aux personnes qu'il mettrait auprès de sa fille.

Dès le lendemain, Rodrigue Santillane, honnêtement vêtu, Victoria habillée en veuve de médiocre condition, et Béatrix, sa suivante, faisant le personnage de sa belle-mère, femme de Rodrigue, allèrent chez dom Pédro, et demandèrent à lui parler. Dom Pédro les reçut fort civilement. Et Rodrigue lui dit, avec beaucoup d'assurance, qu'il était un pauvre gentilhomme des montagnes de Tolède ; qu'il avait une fille unique de sa première femme, qui était Victoria, dont le mari était mort depuis peu à Séville, où il demeurait ; et que, voyant sa fille veuve avec peu de bien, il l'avait amenée à la cour pour lui chercher condition, qu'ayant entendu parler de lui et de sa fille qu'il était prêt de marier, il avait cru lui faire plaisir en lui venant offrir une jeune veuve très propre à servir de duègne à la nouvelle mariée : et ajouta que le mérite de sa fille le rendait hardi à la lui offrir, et qu'il en serait pour le moins aussi satisfait qu'il l'avait pu être de sa bonne mine.

Avant que d'aller plus loin, il faut que j'apprenne à ceux qui ne le savent pas que les dames en Espagne ont des duègnes auprès d'elles ; et ces duègnes sont à peu près la même chose que les gouvernantes ou dames d'honneur que nous voyons auprès des femmes de grande condition. Il faut que je dise encore que ces duègnes sont des animaux rigides et fâcheux, aussi redoutés pour le moins que les belles-mères. Rodrigue joua si bien son personnage, et Victoria, belle comme elle était, parut, en son habit simple, si agréable et de si bon augure aux yeux de dom Pédro de Silva, qu'il la retint à l'heure même pour sa fille. Il offrit même à Rodrigue et à sa femme place dans sa maison. Rodrigue s'en excusa, et lui dit qu'il avait quelques raisons pour ne pas recevoir l'honneur qu'il voulait lui faire; mais que logeant dans le même quartier, il serait prêt à lui rendre service toutes les fois qu'il voudrait l'employer.

Voilà donc Victoria dans la maison de dom Pédro, fort aimée de lui et de sa fille Elvire, et fort enviée de tous les valets. Dom Antoine de Ribéra, qui avait fait le mariage de son infidèle cousin avec la fille de dom Pédro de Silva, lui venait souvent dire que son cousin était en chemin, et qu'il lui avait écrit en partant de Séville : cependant ce cousin ne venait point; cela le mettait fort en peine. Dom Pédro et sa fille ne savaient qu'en penser, et Victoria y prenait encore plus de part. Dom Fernand n'avait garde de venir si vite. Le jour même qu'il partit de chez Victoria, Dieu le punit de sa perfidie. En arrivant à Illescas, un chien, qui sortit à l'improviste, fit peur à son mulet, qui lui froissa une jambe contre une muraille, et le jeta par terre. Dom Fernand se démit une cuisse, et se trouva si mal de sa chute, qu'il ne put passer outre. Il fut sept ou huit jours entre les mains des médecins et chirurgiens du pays, qui n'étaient pas des meilleurs; et son mal devenant tous les jours plus dangereux, il fit savoir son infortune à son cousin, et le pria de lui envoyer un brancard. A cette nouvelle on s'affligea de sa chute, et on se réjouit de ce que l'on savait enfin ce qu'il était devenu. Victoria, qui l'aimait encore, en fut fort inquiète. Dom Antoine envoya quérir dom Fernand; il fut amené à Madrid, où, tandis que l'on fit des habits pour lui et pour son train, qui fut fort magnifique (car il était aimé de sa maison, et fort riche), les chirurgiens de Madrid, plus habiles que ceux d'Illescas, le guérirent parfaitement. Dom Pédro de Silva et sa fille Elvire furent avertis du jour que dom Antoine de Ribéra devait leur amener son cousin dom Fernand.

Il y a apparence que la jeune Elvire ne se négligea pas, et que Victoria ne fut pas sans émotion. Elle vit entrer son infidèle, paré comme un nouveau marié; et, s'il lui avait plu mal vêtu et mal en ordre, et le trouva l'homme du monde de la meilleure mine en ses habits de noces. Dom Pédro n'en fut pas moins satisfait; et sa fille eût été bien difficile, si elle eût trouvé quelque chose à redire. Tous les domestiques regardèrent le serviteur de leur jeune maîtresse de toute la grandeur de leurs yeux, et tout le monde de la maison en eut le cœur épanoui, à la réserve de Victoria, qui sans doute l'eut bien serré. Dom Fernand fut charmé de la beauté d'Elvire, et avoua à son cousin qu'elle était encore plus belle que son portrait. Il lui fit ses premiers compliments en homme d'esprit; et, parlant à elle et à son père, s'abstint le plus qu'il put de toutes les sottises que dit ordinairement, à un beau-père et à une maîtresse, un homme qui demande à se marier. Dom Pédro de Silva s'enferma dans un cabinet avec les deux cousins et avec un homme d'affaires, pour ajouter quelque chose qui manquait aux articles. Cependant Elvire demeura dans la chambre, environnée de toutes ses femmes, qui se réjouissaient devant elle de la bonne mine de son serviteur. La seule Victoria demeura froide et sérieuse au milieu des emportements des autres. Elvire le remarqua, et la tira à part pour lui dire qu'elle s'étonnait de ce qu'elle ne lui disait rien de l'heureux choix que son père avait avait fait d'un gendre qui paraissait avoir tant de mérite; et ajouta qu'au moins, par flatterie ou par civilité, elle lui en devait dire quelque chose. Madame, lui dit Victoria, ce qui paraît de votre serviteur est si fort à son avantage, qu'il n'est point nécessaire de vous le louer. Ma froideur que vous avez remarquée ne vient point d'indifférence, et je serais indigne des bontés que vous avez pour moi, si je ne prenais part à tout ce qui vous touche. Je me serais donc réjouie de votre mariage aussi bien que les autres, si je connaissais moins celui qui doit être votre mari. Le mien était de Séville, et sa maison n'était pas éloignée de celle du père de votre serviteur. Il est de bonne maison, il est riche, il est bien fait, et je veux croire qu'il a de l'esprit; enfin il est digne de vous : mais vous méritez l'affection tout entière d'un homme, et il ne peut vous donner ce qu'il n'a pas. Je m'abstiendrais bien de vous dire des choses qui peuvent vous déplaire; mais je ne m'acquitterais pas de tout ce que je vous dois, si je ne vous découvrais tout ce que je sais de dom Fernand, dans une affaire d'où dépend le bonheur ou le malheur de votre vie.

Elvire fut fort étonnée de ce que lui dit sa gouvernante; elle la pria de ne pas différer davantage à lui éclaircir les doutes qu'elle lui avait mis dans l'esprit. Victoria lui dit que cela ne se pouvait dire devant ses servantes, ni en peu de paroles. Elvire feignit d'avoir affaire en sa chambre, où Victoria lui dit, aussitôt qu'elle se vit seule avec elle, que Fernand de Ribéra était amoureux, à Séville, d'une Lucrèce de Monsalve, demoiselle fort aimable, quoique fort pauvre; qu'il en avait trois enfants, sous promesse de mariage; que, du vivant du père de Ribéra, la chose avait été tenue secrète; et qu'après sa mort, Lucrèce lui ayant demandé l'accomplissement de sa promesse, il s'était extrêmement refroidi; qu'elle avait remis cette affaire entre les mains de deux gentilshommes de ses parents; que cela avait fait grand éclat dans Séville, et que dom Fernand s'en était absenté quelque temps, par le conseil de ses amis, pour éviter les parents de cette Lucrèce, qui le cherchaient partout pour le tuer.

Elle ajouta que l'affaire était dans cet état-là quand elle quittait Séville, il y avait un mois, et que le bruit courait en même temps que dom Fernand allait se marier à Madrid. Elvire ne put s'empêcher de lui demander si cette Lucrèce était fort belle. Victoria lui dit qu'il ne lui manquait que du bien; et la laissa fort rêveuse, et résolue d'informer promptement son père de ce qu'elle venait d'apprendre. On vint l'appeler en même temps pour venir trouver son serviteur, qui avait achevé avec son père ce qui les avait fait retirer en particulier. Elvire s'y en alla; et, en attendant, Victoria demeura dans l'antichambre, où elle vit entrer ce même valet qui accompagnait son infidèle quand elle le reçut si généreusement en sa maison auprès de Tolède. Ce valet apportait à son maître un paquet de lettres qu'on lui avait donné à la poste de Séville. Il ne put reconnaître Victoria, que la coiffure de veuve avait fort déguisée. Il la pria de le faire parler à son maître, pour lui donner ses lettres. Elle lui dit qu'il ne lui pourrait parler de longtemps; mais que, s'il voulait lui confier son paquet, elle irait le lui porter quand on pourrait lui parler. Le valet n'en fit point de difficulté; et, lui ayant remis son paquet entre les mains, s'en retourna où il avait affaire. Victoria, qui n'avait rien à négliger, monta dans sa chambre, ouvrit le paquet, et en moins de rien le referma, y ajoutant une lettre qu'elle écrivit à la hâte. Cependant les deux cousins achevèrent leur visite. Elvire vit le paquet de dom Fernand entre les mains de sa gouvernante, et lui demanda ce que c'était. Victoria lui dit d'un air indifférent, que le valet de dom Fernand le lui avait donné pour le rendre à son maître, et qu'elle allait envoyer après, parce qu'elle ne s'était point trouvée quand il était sorti. Elvire lui dit qu'il n'y avait point de danger à l'ouvrir, et que l'on y trouverait peut-être quelque chose de l'affaire qu'elle lui avait apprise. Victoria, qui ne demandait pas mieux, l'ouvrit encore une fois. Elvire en regarda toutes les lettres, et ne manqua pas de s'arrêter sur celle qu'elle vit écrite en lettres de femme, qui s'adressait à Fernand de Ribéra à Madrid. Voici ce qu'elle y lut :

« Votre absence et la nouvelle que j'ai apprise que l'on vous mariait à la cour, vous feront bientôt perdre une personne qui vous aime plus que sa vie, si vous ne venez bientôt la désabuser et accomplir ce que vous ne pouvez différer, ou lui refuser sans une froideur ou une trahison manifeste. Si ce que l'on dit de vous est véritable, et si vous ne songez plus au tort que vous me faites, et à nos enfants, au moins devriez-vous songer à votre vie, que mes cousins sauront bien vous faire perdre quand vous me réduirez à les en prier, puisqu'ils ne vous la laissent qu'à ma prière.

« LUCRÈCE DE MONSALVE.

« De Séville, etc. »

Elvire ne douta plus de tout ce que lui avait dit sa gouvernante, après la lecture de cette lettre. Elle la fit voir à son père, qui ne put assez s'étonner qu'un gentilhomme de condition fût assez lâche pour manquer de fidélité à une demoiselle qui le valait bien, et de qui il avait eu des enfants. A l'heure même il alla s'en informer plus amplement d'un gentilhomme de Séville de ses grands amis, par lequel il avait déjà été instruit du bien et des affaires de dom Fernand. A peine fut-il sorti, que dom Fernand vint demander ses lettres, suivi de son valet, qui lui avait dit que la gouvernante de sa maîtresse s'était chargée de les lui rendre. Il trouva Elvire dans la salle, et lui dit que quoique deux visites lui fussent pardonnables dans les termes où il était avec elle, il ne venait pas tant pour la voir, que pour lui demander ses lettres que son valet avait laissées à sa gouvernante. Elvire lui répondit qu'elles les lui avait prises; qu'elle avait eu la curiosité d'ouvrir le paquet, ne doutant point qu'un homme de son âge n'eût quelque attachement de galanterie dans une grande ville comme Séville; et que, si sa curiosité ne l'avait pas beaucoup satisfaite, elle lui avait appris en récompense que ceux qui se mariaient ensemble avant de se connaître hasardaient beaucoup. Elle ajouta ensuite qu'elle ne voulait pas lui retarder davantage le plaisir de lire ses lettres; en achevant ces paroles, elle lui donna son paquet et la lettre contrefaite; et, lui faisant la révérence, le quitta sans attendre la réponse.

Dom Fernand demeura fort étonné de ce qu'il entendit dire à sa maîtresse. Il lit la lettre supposée, et vit bien qu'on voulait troubler son mariage par une fourbe. Il s'adressa à Victoria, qui était demeurée dans la salle, et lui dit sans s'arrêter beaucoup à son visage, que quelque rival ou quelque personne malicieuse avait supposé la lettre qu'il venait de lire. Moi, une femme dans Séville! s'écria-t-il tout étonné; moi, des enfants! Ha! si ce n'est la plus impudente imposture du monde, je veux qu'on me coupe la tête. Victoria lui dit qu'il pouvait bien être innocent, mais que sa maîtresse ne pouvait moins faire que de s'en éclaircir, et que très assurément le mariage ne passerait pas outre, que dom Pédro ne fût assuré par un gentilhomme de Séville de ses amis, qu'il était aller chercher exprès, que cette prétendue intrigue fût supposée. C'est ce que je souhaite, lui répondit dom Fernand, et s'il y a seulement dans Séville une dame qui ait le nom de Lucrèce de Monsalve, je veux ne passer jamais pour un homme d'honneur; et je vous prie, continua-t-il, si vous êtes bien dans l'esprit d'Elvire, comme je n'en doute pas, de me l'avouer, afin que je vous conjure de me rendre de bons offices auprès d'elle. Je crois sans vanité, lui répondit Victoria, qu'elle ne fera pas pour un autre ce qu'elle n'aura refusé; mais je connais aussi son humeur : on ne l'apaise pas aisément quand elle se croit désobligée. Et comme toute l'espérance de ma fortune n'est fondée que sur la bonne volonté qu'elle a pour moi, je n'irai pas lui manquer de complaisance pour en avoir trop pour vous, et hasarder de me mettre mal auprès d'elle, en tâchant de lui ôter la mauvaise opinion qu'elle a de votre sincérité. Je suis pauvre, ajouta-t-elle, et c'est à moi beaucoup perdre que de ne gagner pas. Si ce qu'elle m'a promis pour me remarier m'allait manquer, je serais veuve toute ma vie, quoique, jeune comme je suis, je puisse encore plaire à quelque honnête homme, mais on dit bien vrai que sans argent.... Elle allait enfiler un long prône de gouvernante; car pour bien la contrefaire, il fallait parler beaucoup. Mais dom Fernand lui dit en l'interrompant : Rendez-moi le service que je vous demande, et je vous mettrai en état de pouvoir vous passer des récompenses de votre maîtresse; et pour vous montrer, ajouta-t-il, que je veux vous donner autre chose que des paroles, donnez-moi du papier et de l'encre, et je vous ferai une promesse de ce que vous voudrez. Jésus! monsieur, lui dit la fausse gouvernante, la parole d'un honnête homme suffit : mais pour vous plaire, je m'en vais quérir ce que vous demandez. Elle revint avec ce qu'il fallait pour faire une promesse de plus de cent millions d'or; et dom Fernand fut si galant homme, ou plutôt il avait la possession d'Elvire tellement à cœur, qu'il mit son nom en blanc dans une feuille de papier, pour l'obliger par cette confiance à le servir de bonne façon. Voilà Victoria sur les nues; elle promit des merveilles à dom Fernand, et lui dit qu'elle voulait être la plus malheureuse du monde, si elle n'allait travailler en cette affaire comme pour elle-même; et elle ne mentait pas. Dom Fernand la quitta, rempli d'espérance; et Rodrigue Santillane son écuyer, qui passait pour son père, l'étant venu voir pour apprendre ce qu'elle avait avancé pour son dessein, elle lui en rendit compte, et lui montra le blanc-signé, dont il loua Dieu avec elle, de ce que tout semblait contribuer à sa satisfaction. Pour ne point perdre de temps, il s'en retourna à son logis, que Victoria avait loué auprès de celui de dom Pédro, comme je vous l'ai déjà dit; et là il écrivit, au-dessus du seing de dom Fernand, une promesse de mariage, attestée de témoins, et datée du temps que Victoria reçut cet infidèle dans sa maison des champs. Il écrivait aussi bien qu'homme qui fût en Espagne, et avait si bien étudié la lettre de dom Fernand sur des vers qu'il avait écrits de sa main, et qu'il avait laissés à Victoria, que dom Fernand même s'y fût trompé. Dom Pédro de Silva ne trouva point le gentilhomme qu'il était allé chercher pour s'informer du mariage de dom Fernand : il laissa un billet à son logis, et revint au sien, où le soir même Elvire ouvrit son cœur à sa gouvernante, et lui assura qu'elle désobéirait plutôt à son père que d'épouser jamais dom Fernand; lui avouant de plus qu'elle était engagée d'affection avec un Diégo de Maradas, il y avait longtemps; qu'elle avait déféré à son père, en forçant son inclination pour lui plaire; et, puisque Dieu avait permis que la mauvaise foi de dom Fernand fût découverte, qu'elle croyait en le refusant obéir à la volonté divine, qui semblait lui destiner un autre époux. Vous devez croire que Victoria fortifia Elvire dans ses bonnes résolutions, et ne lui parla pas alors selon l'intention de dom Fernand. Dom Diégo de Maradas, lui dit alors Elvire, est mal satisfait de moi, à cause que je l'ai quitté pour obéir à mon père; mais aussitôt que je le favoriserai seulement d'un regard, je suis assurée de le faire revenir, quand il serait aussi éloigné de moi, que dom Fernand l'est présentement de sa Lucrèce. Écrivez-lui, mademoiselle, lui dit Victoria, et je m'offre à lui porter votre lettre. Elvire fut ravie de voir sa gouvernante si favorable à ses desseins. Elle fit mettre les chevaux au carrosse pour Victoria, qui monta dedans avec un beau poulet pour dom Diégo; et, s'étant fait descendre chez son père Santillane, renvoya le carrosse de sa maîtresse, disant au cocher qu'elle irait bien à pied où elle voulait aller. Le bon Santillane lui fit voir la promesse de mariage qu'il avait faite, et elle écrivit aussitôt deux billets, l'un à Diégo de Maradas, et l'autre à Pédro de Silva, père de sa maîtresse. Par ces billets, signés *Victoria Portocarrero*, elle leur enseignait son logis, elle les priait de la venir trouver pour une affaire qui lui était de grande importance. Tandis que l'on porta ces billets à ceux à qui ils étaient adressés, Victoria quitta son habit simple de veuve, s'habilla richement, fit paraître ses cheveux, que l'on assurait avoir été des plus beaux, et se coiffa en dame fort galante. Dom Diégo de Maradas la vint trouver un moment après, pour savoir ce que lui voulait une dame dont il n'avait jamais entendu parler. Elle le reçut fort civilement; et à peine avait-il pris un siége auprès d'elle, qu'on lui vint dire que Pédro de Silva demandait à la voir.

Elle pria dom Diégo de se cacher dans son alcôve, en l'assurant qu'il lui importait extrêmement d'entendre la conversation qu'elle allait avoir avec dom Pédro. Il fit sans résistance ce que voulut une dame si belle et de si bonne mine; et dom Pédro fut introduit dans la chambre de Victoria, qu'il ne put reconnaître, tant sa coiffure, différente de celle qu'elle portait chez lui, et la richesse de ses habits, avaient augmenté sa bonne mine et changé l'air de son visage. Elle fit asseoir dom Pédro en un lieu d'où dom Diégo pouvait entendre tout ce qu'elle lui disait, et lui parla en ces termes : Je crois, monsieur, que je dois vous apprendre d'abord qui je suis, pour ne vous laisser pas plus longtemps dans l'impatience où vous devez être de le savoir. Je suis de Tolède, de la maison de Portocarrero; j'ai été mariée à seize ans, et me suis trouvée veuve six mois après mon mariage. Mon père portait la croix de Saint-Jacques, et mon frère est de l'ordre de Calatrava.

Dom Pédro l'interrompit, pour lui dire que son père avait été de ses intimes ami. Ce que vous m'apprenez là me réjouit extrêmement, lui répondit Victoria; car j'aurai besoin de beaucoup d'amis dans l'affaire dont j'ai à vous parler. Elle apprit ensuite à dom Pédro ce qui lui était arrivé avec dom Fernand, et lui mit entre les mains la promesse que Santillane avait contrefaite. Aussitôt qu'il l'eut lue, elle reprit la parole, et lui dit : Vous savez, monsieur, à quoi l'honneur oblige une personne de ma condition. Quand la justice ne serait pas de mon côté, mes parents et mes amis ont beaucoup de crédit, et sont assez intéressés dans mon affaire pour la porter aussi loin qu'elle puisse aller. J'ai cru, monsieur, que je devais vous avertir de mes prétentions, afin que vous ne passiez pas outre dans le mariage de mademoiselle votre fille. Elle mérite mieux qu'un homme infidèle, et je vous crois trop sage pour vous opiniâtrer à lui donner un mari qu'on pourrait lui disputer. Quand il serait grand d'Espagne, répondit dom Pédro, je n'en voudrais point s'il était injuste; non-seulement il n'épousera point ma fille, mais encore je lui défendrai ma maison; et pour vous, madame, je vous offre ce que j'ai de crédit et d'amis. J'avais déjà averti qu'il était homme à prendre son plaisir partout où il le trouve, et même de le chercher aux dépens de sa réputation. Étant de cette humeur, quand bien il ne serait pas à vous, il ne serait pas à ma fille, laquelle, s'il plaît à Dieu, ne manquera point de mari dans la cour d'Espagne. Dom Pédro ne demeura pas davantage avec Victoria, voyant qu'elle n'avait plus rien à lui dire; et Victoria fit sortir dom Diégo de derrière son alcôve, d'où il avait entendu toute la conversation qu'elle avait eue avec le père de sa maîtresse. Elle ne fit donc point une seconde relation de son histoire; elle lui donna la lettre d'Elvire, qui le ravit d'aise; et, parce qu'il eût pu être en peine de savoir par quelle voie elle était venue en ses mains, elle lui fit confidence de sa métamorphose en duègne, sachant bien qu'il avait autant intérêt qu'elle à tenir la chose secrète. Dom Diégo, avant que de quitter Victoria, écrivit à sa maîtresse une lettre où la joie de voir ses espérances ressuscitées faisait bien juger du déplaisir qu'il avait eu quand il les avait perdues. Il se sépara de la belle veuve, qui prit aussitôt son habit de gouvernante, et s'en retourna chez dom Pédro. Cependant dom Fernand de Ribéra était allé chez sa maîtresse, et y avait mené son cousin dom Antoine, pour tâcher de raccommoder ce qu'avait gâté la lettre contrefaite par Victoria. Dom Pédro les trouva avec sa fille, qui était bien empêchée à leur répondre; car, pour la justification de dom Fernand, ils ne demandaient pas mieux que l'on s'informât dans Séville même s'il y avait jamais eu une Lucrèce de Monsalve. Ils redirent devant dom Pédro tout ce qui devait servir à la décharge de dom Fernand. A quoi il répondit que, si l'attachement avec la dame de Séville était une fourbe, il est aisé de la détruire; mais qu'il venait de voir une dame de Tolède, nommée Victoria Portocarrero, à qui dom Fernand avait promis mariage, et à qui il devait encore davantage, pour en avoir été généreusement assisté sans en être connu; qu'il ne le pouvait nier, puisqu'il lui avait donné une promesse écrite de sa main, et ajouta qu'un gentilhomme d'honneur ne devait point songer à se marier à Madrid, l'étant déjà à Tolède. En achevant ces paroles, il fit voir aux deux cousins la promesse de mariage en bonne forme. Dom Antoine reconnut l'écriture de son cousin; et dom Fernand, qui s'y trompait lui-même, quoiqu'il sût bien qu'il ne l'avait jamais écrite, devint l'homme du monde le plus confus.

Le père et la fille se retirèrent, après les avoir salués assez froidement. Dom Antoine querella son cousin de l'avoir employé dans une affaire, tandis qu'il songeait à une autre. Ils remontèrent donc dans leur carrosse, où dom Antoine, ayant fait avouer à dom Fernand son mauvais procédé avec Victoria, lui reprocha cent fois la noirceur de son action, et lui représenta les fâcheuses suites qu'elle pouvait avoir. Il lui dit qu'il ne fallait plus songer à se marier non-seulement dans Madrid, mais dans toute l'Espagne, et qu'il serait bien heureux d'en être quitte pour épouser Victoria, sans qu'il lui en coûtât du sang, ou peut-être la vie, le frère de Victoria n'étant pas un homme à se contenter d'une simple satisfaction dans une affaire d'honneur. Ce fut à dom Fernand à se taire, tandis que son cousin lui faisait tant de reproches. Sa conscience le convainquait suffisamment d'avoir trompé et trahi une personne qui l'avait obligé; et cette promesse le faisait devenir fou, ne sachant par quel enchantement on la lui avait fait écrire.

Victoria étant revenue chez dom Pédro en son habit de veuve, donna la lettre de dom Diégo à Elvire, laquelle lui conta que les deux cousins étaient venus pour se justifier; mais qu'il y avait bien autre chose à reprocher à dom Fernand que ses amours avec la dame de Séville. Elle lui apprit ensuite ce qu'elle savait mieux qu'elle, dont elle fit bien l'étonnée, détestant cent fois la méchante action de dom Fernand. Ce jour-là même Elvire fut priée d'aller voir représenter une comédie chez une de ses parentes. Victoria, qui ne songeait qu'à son affaire, espéra que si Elvire la voulait croire, cette comédie ne serait pas inutile à ses desseins. Elle dit à sa jeune maîtresse, que si elle voulait voir dom Diégo, il n'y avait rien de si aisé; que la maison de son père Santillane était le lieu le plus commode du monde pour cette entrevue, et que, la comédie ne commençant qu'à minuit, elle pouvait partir de bonne heure, et avoir vu dom Diégo sans arriver trop tard chez sa parente. Elvire, qui aimait véritablement dom Diégo, et qui ne s'était laissé aller à épouser dom Fernand que par la déférence qu'elle avait aux volontés de son père, n'eut point de répugnance à ce que lui proposa Victoria. Elles montèrent en carrosse aussitôt que dom Pédro fut couché, et allèrent descendre au logis que Victoria avait loué. Santillane, comme maître de la maison, en fit les honneurs, secondé par Béatrix qui jouait le personnage de sa femme, belle-mère de Victoria. Elvire écrivit un billet à dom Diégo, qui lui fut porté à l'heure même; et Victoria en fit un à dom Fernand, au nom d'Elvire, par lequel elle lui mandait qu'il ne tiendrait qu'à lui que leur mariage ne s'achevât; qu'elle y était engagée par son mérite, et qu'elle ne voulait point se rendre malheureuse pour être trop complaisante à la mauvaise humeur de son père. Par le même billet elle lui donnait des enseignes si remarquables pour trouver sa maison qu'il était impossible de la manquer. Ce second billet partit quelque temps après celui qu'Elvire avait écrit à dom Diégo. Victoria en fit un troisième, que Santillane porta lui-même à Pédro de Silva, par lequel elle lui donnait avis en gouvernante de bien et d'honneur, que sa fille, au lieu d'aller à la comédie, s'était fait mener à la maison où logeait son père; qu'elle avait envoyé quérir dom Fernand pour l'épouser; et que, sachant bien qu'il n'y consentirait jamais, elle avait cru l'en devoir avertir, pour lui témoigner qu'il ne s'était point trompé dans la bonne opinion qu'il avait eue d'elle en la choisissant pour gouvernante d'Elvire. Santillane de plus avertit dom Pédro de ne venir point sans un alguazil, que nous appelons à Paris un commissaire. Dom Pédro, qui était déjà couché, se fit habiller à la hâte, l'homme du monde le plus en colère. Pendant qu'il s'habillera, et qu'il enverra quérir un commissaire, retournons voir ce qui se passe chez Victoria. Par une heureuse rencontre, les billets furent reçus par les deux amoureux. Dom Diégo, qui avait reçu le sien le premier, arriva aussi le premier à l'assignation. Victoria le reçut, et le mit dans une chambre avec Elvire. Je ne m'amuserai point à vous dire les caresses que ces jeunes amants se firent; dom Fernand qui frappe à la porte ne m'en donne pas le temps. Victoria alla lui ouvrir elle-même, après lui avoir bien fait valoir le service qu'elle lui rendait, dont l'amoureux gentilhomme lui fit cent remercîments, lui promettant encore plus qu'il ne lui avait donné. Elle le mena dans une chambre, où elle le pria d'attendre Elvire qui allait arriver, et l'enferma sans lui laisser de la lumière, lui disant que sa maîtresse le voulait ainsi, et qu'ils n'auraient pas été un moment ensemble qu'elle ne se rendît visible; mais qu'il fallait donner cela à la pudeur d'une jeune fille de condition, laquelle dans une action si hardie aurait peine à s'accoutumer d'abord à la vue de celui même pour l'amour de qui elle la faisait. Cela fait, Victoria, le plus diligemment qu'il lui fut possible, se fit extrêmement leste, et s'ajusta autant que le peu de temps qu'elle avait le put permettre. Elle entra dans la chambre où était dom Fernand, qui n'eut pas la moindre défiance qu'elle ne fût Elvire, n'étant pas moins jeune qu'elle, et ayant sur elle des habits et des parfums à la mode d'Espagne, qui eussent fait passer la moindre servante pour une personne de condition. Là-dessus dom Pédro, le commissaire et Santillane arrivèrent. Ils entrent dans la chambre où était Elvire avec son serviteur. Les jeunes amants furent extrêmement surpris. Dom Pédro, dans les premiers mouvements de sa colère en fut si aveuglé, qu'il pensa donner de son épée à celui qu'il croyait être dom Fernand. Le commissaire, qui avait reconnu dom Diégo, lui cria, en lui arrêtant le bras, qu'il prît garde à ce qu'il faisait, et que ce n'était pas Fernand de Ribéra qui était avec sa fille, mais dom Diégo de Maradas, homme d'aussi grande condition et aussi riche que lui. Dom Pédro en usa en homme sage, et releva lui-même sa fille qui s'était jetée à genoux devant lui. Il considéra que s'il lui donnait de la peine en s'opposant à son mariage, il s'en donnerait aussi, et qu'il ne lui aurait pas trouvé un meilleur parti, quand il l'aurait choisi lui-même. Santillane pria dom Pédro, le commissaire et tous ceux qui étaient dans la chambre, de le suivre, et les mena dans celle où dom Fernand était enfermé avec Victoria. On la fit ouvrir au nom du roi. Dom Fernand l'ayant ouverte, et voyant dom Pédro accompagné d'un commissaire, il leur dit avec beaucoup d'assurance, qu'il était avec sa femme Elvire de Silva. Dom Pédro lui répondit qu'il se trompait, que sa fille était mariée à un autre; et pour vous, ajouta-t-il, vous ne pouvez plus désavouer que Victoria Portocarrero ne soit votre femme.

Victoria se fit alors connaître à son infidèle, qui se trouva le plus confus homme du monde. Elle lui reprocha son ingratitude, à quoi il n'eut rien à répondre, et encore moins au commissaire, qui lui dit qu'il ne pouvait faire autrement que de le mener en prison. Enfin le remords de sa conscience, la peur d'aller en prison, les exhortations de dom Pédro, qui lui parla en homme d'honneur, les larmes de Victoria, sa beauté, qui n'était pas moindre que celle d'Elvire, et plus que toute autre chose, un reste de générosité qui s'était conservée dans l'âme de dom Fernand, malgré toutes les débauches et les emportements de sa jeunesse, le forcèrent de se rendre à la raison et au mérite de Victoria. Il l'embrassa avec tendresse; elle pensa s'évanouir en sa présence, et il y a apparence que les baisers de dom Fernand ne servirent pas peu à l'en empêcher. Dom Pédro, dom Diégo et Elvire, prirent part au bonheur de Victoria ; et Santillane et Béatrix en pensèrent mourir de joie. Dom Pédro donna force louanges à à dom Fernand d'avoir si bien réparé sa faute. Les deux jeunes dames s'embrassèrent avec autant de témoignages d'amitié que si elles eussent baisé leurs amants. Dom Diégo de Maradas fit cent protestations d'obéissance à son beau-père, ou du moins qui devait l'être bientôt. Dom Pédro, avant de s'en retourner chez lui avec sa fille, prit la parole des uns et des autres, que le lendemain ils viendraient tous dîner chez lui, où quinze jours durant il voulait que la réjouissance fît oublier les inquiétudes que l'on avait souffertes. Le commissaire en fut instamment prié; il promit de s'y trouver. Dom Pédro le ramena chez lui, et dom Fernand demeura avec Victoria, qui eut alors autant de sujet de se réjouir qu'elle en avait eu de s'affliger.

CHAPITRE XXIII.

Malheur imprévu qui fut cause qu'on ne joua point la comédie.

Inézilla conta son histoire avec une grâce merveilleuse : Roquebrune en fut si satisfait, qu'il lui prit la main et la lui baisa par force. Elle lui dit en espagnol, que l'on souffrait tout des grands seigneurs et des fous, de quoi la Rancune lui sut bon gré en son âme. Le visage de cette Espagnole commençait à se passer, mais on y voyait encore de beaux restes ; et quand elle eût été moins belle, son esprit l'eût rendue préférable à une plus jeune. Tous ceux qui avaient ouï son histoire, demeurèrent d'accord qu'elle l'avait rendue agréable en une langue qu'elle ne savait pas encore, et dans laquelle elle était contrainte de mêler quelquefois de l'italien et de l'espagnol pour se bien faire entendre. L'Étoile lui dit qu'au lieu de lui faire des excuses de l'avoir tant fait parler, elle attendait des remercîments d'elle pour lui avoir donné moyen de faire voir qu'elle avait beaucoup d'esprit. Le reste de l'après dîner se passa en conversation : le jardin fut plein de dames et des plus honnêtes gens de la ville, jusqu'à l'heure du souper. On soupa à la mode du Mans, c'est-à-dire que l'on fit fort bonne chère, et tout le monde prit place pour entendre la comédie. Mais mademoiselle de la Caverne et sa fille ne s'y trouvèrent point : on les envoya chercher ; on fut une demi-heure sans en savoir de nouvelles. Enfin, on ouït une grande rumeur hors de la salle, et presque en même temps on y vit entrer la pauvre la Caverne échevelée, le visage meurtri et sanglant, et criant comme une femme furieuse, que l'on avait enlevé sa fille. A cause des sanglots qui la suffoquaient, elle avait tant de peine à parler, qu'on en eut beaucoup à apprendre d'elle, que des hommes qu'elle ne connaissait point étaient entrés dans le jardin par une porte de derrière, comme elle répétait son rôle avec sa fille ; que l'un d'eux l'avait saisie, auquel elle avait pensé arracher les yeux, voyant que deux autres emmenaient sa fille ; que cet homme l'avait mise en l'état où on la voyait et s'était remis à cheval et ses compagnons aussi, dont l'un tenait sa fille devant lui. Elle dit encore qu'elle les avait suivis longtemps criant : Aux voleurs ! mais que n'étant entendue de personne, elle était revenue demander du secours. Et, achevant de parler, elle se mit si fort à pleurer, qu'elle fit pitié à tout le monde. Toute l'assemblée s'en émut. Destin monta sur un cheval, sur lequel Ragotin venait d'arriver du Mans (je ne sais pas au vrai si c'était le même qui l'avait déjà jeté par terre). Plusieurs jeunes hommes de la compagnie montèrent sur les premiers chevaux qu'ils trouvèrent, et coururent après Destin, qui était déjà bien loin. La Rancune et l'Olive allèrent à pied avec leurs épées, après ceux allaient à cheval. Roquebrune demeura avec l'Étoile et Inézilla, qui consolaient la Caverne le mieux qu'elles pouvaient. On a trouvé à redire de ce qu'il ne suivit pas ses compagnons. Quelques-uns ont cru que c'était par poltronnerie, et d'autres, plus indulgents, ont trouvé qu'il n'avait pas mal fait de demeurer auprès des dames. Cependant on fut réduit dans la compagnie à danser aux chansons, le maître de la maison n'ayant point fait venir de violons à cause de la comédie. La pauvre la Caverne se trouva si mal, qu'elle se coucha dans un des lits de la chambre

L'enlèvement.

où étaient les hardes. L'Étoile en eut soin comme si c'eût été sa mère, et Inézilla se montra fort officieuse. La malade pria qu'on la laissât seule, et Roquebrune mena les deux dames dans la salle où était la compagnie. A peine y avaient-elles pris place, qu'une des servantes de la maison vint dire à l'Étoile que la Caverne la demandait. Elle dit au poète et à l'Espagnole qu'elle allait revenir, et alla trouver sa compagne. Il y a apparence que si Roquebrune fut habile homme, il profita de l'occasion, et représenta ses nécessités à l'agréable Inézilla. Cependant, aussitôt que la Caverne vit l'Étoile, elle la pria de fermer la porte de la chambre, et de s'approcher de son lit. Aussitôt qu'elle la vit auprès d'elle, la première chose qu'elle fit, ce fut de pleurer comme si elle n'eût fait que commencer, et de lui prendre les mains, qu'elle lui mouilla de ses larmes, pleurant et sanglotant de la plus pitoyable façon du monde. L'Étoile voulut la consoler, en lui faisant espérer que sa fille serait bientôt trouvée, puisque tant de gens étaient allés après les ravisseurs. Je voudrais qu'elle n'en revînt jamais, répéta-t-elle, et que je n'eusse qu'à la regretter; mais il faut que je la blâme, que je la haïsse, et que je me repente de l'avoir mise au monde. Tenez, dit-elle, en donnant un papier à l'Étoile, voyez l'honnête compagne que vous aviez, et lisez dans cette lettre l'arrêt de ma mort, et l'infamie de ma fille. La Caverne se remit à pleurer; et l'Étoile lut ce que vous allez lire, si vous en voulez prendre la peine :

« Vous ne devez point douter de tout ce que je vous ai dit de ma bonne maison et de mon bien, puisqu'il n'y a pas apparence que je trompe par une imposture une personne à qui je ne puis me rendre recommandable que par ma sincérité. C'est par là, belle Angélique, que je puis vous mériter. Ne différez donc point de me promettre ce que je vous demande, puisque vous n'aurez à me le donner qu'alors que vous ne pourrez plus douter de ce que je suis. »

Aussitôt qu'elle eut achevé de lire cette lettre, la Caverne lui demanda si elle en connaissait l'écriture. Comme la mienne propre, lui dit l'Étoile; c'est de Léandro, le valet de mon frère, qui écrit tous nos rôles. C'est le traître qui me fera mourir, lui répondit la pauvre comédienne. Voyez s'il ne s'y prend pas bien, ajouta-t-elle encore, en mettant une autre lettre du même Léandre entre les mains de l'Étoile. La voici mot pour mot :

« Il ne tiendra qu'à vous de me rendre heureux, si vous êtes encore dans la résolution où vous étiez il y a deux jours. Ce fermier de mon père, qui me prête de l'argent, m'a envoyé cent pistoles et deux bons chevaux; c'est plus qu'il ne faut pour passer en Angleterre, d'où je me trompe fort si un père qui aime son fils unique plus que sa vie, ne condescend à tout ce qu'il voudra pour le faire bientôt revenir. »

Hé bien! que dites-vous de votre compagne et de votre valet, de cette fille que j'avais si bien élevée, et de ce jeune homme dont nous admirions tous l'esprit et la sagesse? Ce qui m'étonne le plus, c'est que je ne les ai jamais vu parler ensemble, et que l'humeur enjouée de ma fille ne l'eût jamais fait soupçonner de pouvoir devenir amoureuse; et cependant elle l'est, ma chère l'Étoile, et si éperdument qu'il y a plutôt de la furie que de l'amour. Je l'ai tantôt surprise écrivant à son Léandre en des termes si passionnés, que je ne pourrais le croire si je ne l'avais vu. Vous ne l'avez jamais entendue parler sérieusement. Ah! vraiment, elle parle bien un autre langage dans ses lettres; et si je n'avais déchiré celle que je lui ai prise, vous m'avoueriez qu'à l'âge de seize ans elle en sait autant que celles qui ont vieilli dans la coquetterie. Je l'avais mené dans ce petit bois, où elle a été enlevée, pour lui reprocher sans témoins qu'elle me récompensait mal de toutes les peines que j'ai souffertes pour elle. Je vous les apprendrai, ajouta-t-elle, et vous verrez si jamais fille a été obligée à aimer sa mère. La l'Étoile ne savait que répondre à de si justes plaintes; et puis il était bon de laisser un peu prendre cours à une si grande affliction. Mais, reprit la Caverne, s'il aimait tant ma fille, pourquoi assassiner sa mère? car celui de ses compagnons qui m'a saisie m'a cruellement battue, et s'est même acharné sur moi longtemps après que je ne lui faisais plus de résistance. Et si ce malheureux garçon est si riche, pourquoi enlève-t-il ma fille comme un voleur? la Caverne fut encore longtemps à se plaindre, la l'Étoile la consolant le mieux qu'elle pouvait. Le maître de la maison vint voir comment elle se portait, et lui dire qu'il y avait un carosse prêt, si elle voulait retourner au Mans. La Caverne le pria de trouver bon qu'elle passât la nuit en sa maison, ce qu'il lui accorda de bon cœur. L'Étoile demeura pour lui tenir compagnie, et quelques dames du Mans reçurent dans leurs carosses Inézilla, qui ne voulut pas être si longtemps éloignée de son mari. Roquebrune, qui n'osa honnêtement quitter les comédiennes, en fut bien fâché : on n'a pas en ce monde tout ce qu'on désire.

Le poète Roquebrune.

SECONDE PARTIE

CHAPITRE PREMIER.
Qui ne sert que d'introduction aux autres.

Le soleil donnait à plomb sur nos antipodes et ne prêtait à sa sœur qu'autant de lumière qu'il en fallait pour se conduire dans une nuit fort obscure. Le silence régnait par toute la terre, si ce n'était dans les lieux où se rencontraient des grillons, des hiboux et des donneurs de sérénades. Enfin, tout dormait dans la nature, ou, du moins, tout devait dormir, à la réserve de quelques poètes qui avaient dans la tête des vers difficiles à tourner, de quelques malheureux amants, de ceux qu'on appelle âmes damnées, et de tous les animaux, tant raisonnables que brutes, qui, cette nuit-là, avaient quelque chose à faire. Il n'est pas nécessaire de vous dire que Destin était de ceux qui ne dormaient pas, non plus que les ravisseurs de de mademoiselle Angélique, qu'il poursuivait autant que pouvait galoper un cheval à qui les nuages dérobaient souvent la faible clarté de la lune. Il aimait tendrement mademoiselle de la Caverne, parce qu'elle était fort aimable, et qu'il était assuré d'en être aimé, et sa fille ne lui était pas moins chère; outre que sa demoiselle de l'Etoile, obligée à faire la comédie, n'eût pu trouver en toutes les caravanes des comédiens de campagne deux comédiennes qui eussent plus de vertu que ces deux-là. Ce n'est pas à dire qu'il n'y en ait de la profession qui n'en manquent point; mais, dans l'opinion du monde, qui se trompe peut-être, elles en sont moins chargées que de vieilles broderies et de fard. Notre généreux comédien courait donc après ces ravisseurs avec plus de vitesse et plus d'animosité que les Lapithes ne coururent après les Centaures. Il suivit d'abord une longue allée, sur laquelle répondait la porte du jardin par où Angélique avait été enlevée, et, après avoir galopé quelque temps, il enfila au hasard un chemin creux, comme le sont la plupart de ceux du Maine. Ce chemin était plein d'ornières et de pierres; et quoiqu'il fît clair de lune, l'obscurité y était si grande, que Destin ne pouvait faire aller son cheval plus vite que le pas. Il maudissait intérieurement un si mauvais chemin, quand il se sentit sauter en croupe quelque homme ou quelque diable qui lui passa autour du cou. Destin eut grand'peur, et son cheval en fut si fort effrayé, qu'il l'eût jeté par terre, si le fantôme qui l'avait investi, et qui le tenait embrassé, ne l'eût affermi dans la selle. Son cheval s'emporta comme un cheval qui avait peur, et Destin le hâta à coups d'éperons sans savoir ce qu'il faisait, fort mal satisfait de sentir deux bras nus autour de son cou, et contre sa joue un visage froid qui soufflait par reprise à la cadence du galop du cheval. La carrière fut longue, parce que le chemin n'était pas court. Enfin, à l'entrée d'une lande, le cheval modéra sa course impétueuse, et Destin sa peur, car on s'accoutume à la longue aux maux les plus insupportables. La lune luisait alors assez pour lui faire voir qu'il avait un grand homme nu en croupe et un vilain visage auprès du sien. Il ne lui demanda point qui il était : je ne sais si ce fut par discrétion. Il fit toujours continuer le galop à son cheval, qui était fort essoufflé, et lorsqu'il l'espérait le moins, le cavalier croupier se laissa tomber à terre et se mit à rire. Destin repoussa son cheval de plus belle, et, regardant derrière lui, il vit son fantôme qui courait à toutes jambes vers le lieu d'où il était venu. Il a avoué depuis que l'on ne peut avoir plus de peur qu'il en eut. A cent pas de là, il trouva un grand chemin qui le conduisit dans un hameau dont il trouva tous les chiens éveillés, ce qui lui fit croire que ceux qu'il suivait pouvaient y avoir passé. Pour s'en éclaircir, il fit ce qu'il put pour éveiller les habitants endormis de trois ou quatre maisons qui étaient sur le chemin. Il n'en put avoir audience et fut querellé de leurs chiens. Enfin, ayant entendu crier des enfants dans la dernière maison qu'il trouva, il en fit ouvrir la porte à force de menaces, et apprit d'une femme en chemise, qui ne lui parla qu'en tremblant, que des gendarmes avaient passé par leur village il n'y avait pas longtemps, et qu'ils emmenaient avec eux une femme qui pleurait bien fort et qu'ils avaient bien de la peine à faire taire. Il conta à la même femme la rencontre qu'il avait faite de l'homme nu, et elle lui apprit que c'était un paysan de leur village qui était devenu fou et qui courait les champs. Ce que cette femme lui dit de ces gens de cheval qui avaient passé par son hameau

Grand'peur de Destin.

lui donna courage de passer outre, et lui fit hâter le train de sa bête. Je ne vous dirai point combien de fois elle broncha et eut peur de son ombre, il suffit que vous sachiez qu'il s'égara dans un bois, et que, tantôt ne voyant goutte, et tantôt éclairé de la lune, il trouva le jour auprès d'une métairie, où il jugea à propos de faire repaître son cheval, et où nous le laisserons.

CHAPITRE II.

Des bottes.

Pendant que Destin courait à tâtons après ceux qui avaient enlevé Angélique, la Rancune et l'Olive, qui n'avaient pas tant à cœur que lui cet enlèvement, ne coururent pas si vite que lui après les ravisseurs, outre qu'ils étaient à pied. Il n'allèrent donc pas loin; et, ayant trouvé dans le prochain bourg une hôtellerie qui n'était pas encore fermée, ils y demandèrent à coucher. On les mit dans une chambre où était déjà couché un hôte, noble ou roturier, qui y avait soupé, et qui, ayant à faire diligence pour des affaires qui ne sont pas venues à ma connaissance, faisait état de partir à la pointe du jour. L'arrivée des comédiens ne servit pas au dessein qu'il avait d'être à cheval de bonne heure, car il en fut éveillé, et peut-être en pesta-t-il en son âme; mais la présence de deux hommes d'assez bonne mine fut peut-être cause qu'il n'en témoigna rien. La Rancune, qui était fort honnête, lui fit d'abord des excuses de ce qu'ils troublaient son repos, et lui demanda ensuite d'où il venait. Il lui dit qu'il venait d'Anjou, et qu'il s'en allait en Normandie pour une affaire pressée. La Rancune, en se déshabillant, et pendant qu'on chauffait des draps, continuait ses questions; mais, comme elles n'étaient utiles ni à l'un ni à l'autre, et que le pauvre homme qu'on avait éveillé n'y trouva pas son compte, il le pria de le laisser dormir. La Rancune lui en fit des excuses fort cordiales, et en même temps, l'amour-propre lui faisant oublier celui du prochain, il résolut de s'approprier une paire de bottes neuves qu'un garçon de l'hôtellerie venait de rapporter dans la chambre après les avoir nettoyées. L'Olive, qui n'avait alors autre envie que de bien dormir, se jeta dans le lit, et la Rancune demeura auprès du feu, moins pour voir la fin du fagot qu'on avait allumé que pour contenter la noble ambition d'avoir une paire de bottes neuves aux dépens d'autrui. Quand il crut l'homme qu'il allait voler bien et dûment endormi, il prit ses bottes qui étaient au pied de son lit, et, les ayant chaussées à cru, sans oublier de s'attacher les éperons, s'alla mettre, ainsi botté et éperonné qu'il était, auprès de l'Olive. Il faut croire qu'il se tint sur le bord du lit, de peur que ses jambes armées ne touchassent aux jambes nues de son camarade, qui ne se fût pas tû d'une si nouvelle façon de se mettre entre deux draps, et ainsi aurait pu faire avorter son entreprise. Le reste de la nuit se passa assez paisiblement. La Rancune dormit ou en fit le semblant. Les coqs chantèrent; le jour vint, et l'homme qui couchait dans la chambre de nos comédiens se fit allumer du feu et s'habilla. Il fut question de se botter; une servante lui présenta les vieilles bottes de la Rancune, qu'il rebuta rudement : on lui soutint qu'elles étaient à lui; il se mit en colère, et fit une rumeur diabolique. L'hôte monta dans la chambre, et lui jura, foi de maître cabaretier, qu'il n'y avait point d'autres bottes que les siennes, non-seulement dans la maison, mais aussi dans le village, le curé même n'allant jamais à cheval. Là-dessus il voulut lui parler des bonnes qualités de son curé, et lui conter de quelle façon il avait eu sa cure, et depuis quand il la possédait. Le babil de l'hôte acheva de lui faire perdre patience. La Rancune et l'Olive, qui s'étaient éveillés au bruit, prirent connaissance de l'affaire, et la Rancune exagéra l'énormité du cas, et dit à l'hôte que cela était bien vilain. Je me soucie d'une paire de bottes neuves comme d'une savatte, disait le pauvre débotté à la Rancune; mais il y va d'une affaire de grande importance pour un homme de condition, à qui j'aimerais moins avoir manqué qu'à mon propre père; et si je trouvais les plus méchantes bottes du monde à vendre, j'en donnerais plus qu'on ne m'en demanderait. La Rancune, qui s'était mis le corps hors du lit, haussait les épaules de temps en temps et ne lui répondait rien, se repaissant les yeux de l'hôte et de la servante, qui cherchaient inutilement les bottes; et du malheureux qui les avait perdues, qui cependant maudissait sa vie et méditait peut-être quelque chose de funeste, quand la Rancune, par une générosité sans exemple et qui ne lui était pas ordinaire, dit tout haut, en s'enfonçant dans son lit comme un homme qui meurt d'envie de dormir : Morbleu! monsieur, ne faites plus tant de bruit pour vos bottes, et prenez les miennes, à condition que vous nous laisserez dormir, comme vous voulûtes hier que j'en fisse autant. Le malheureux, qui ne l'était plus puisqu'il retrouvait des bottes, eut peine à croire ce qu'il entendait; il fit un grand galimatias de mauvais remercîments d'un ton de voix si passionné, que la Rancune eut peur qu'à la fin il ne vînt l'embrasser dans son lit. Il s'écria donc en colère, et jurant dotement : Eh, morbleu! monsieur, que vous êtes fâcheux, et quand vous perdez vos bottes, et quand vous remerciez ceux qui vous en donnent! Au nom de Dieu! prenez les miennes encore un coup, et je ne vous demande autre chose, sinon que vous me laissiez dormir, ou bien rendez-moi mes bottes, et faites tant de bruit que vous voudrez. Il ouvrait la bouche pour répliquer, quand la Rancune s'écria : Ah, mon Dieu! que je dorme ou que mes bottes me demeurent! Le maître du logis, à qui une façon de parler si absolue avait donné beaucoup de respect pour la Rancune, poussa hors de la chambre son hôte, qui n'en fût pas demeuré là, tant il avait de ressentiment d'une paire de bottes si généreusement donnée.

Il fallut pourtant sortir de la chambre, et s'aller botter dans la cuisine : alors la Rancune se laissa aller au sommeil plus tranquillement qu'il n'avait fait la nuit, sa faculté de dormir n'étant plus combattue du désir violent des bottes, et de la crainte d'être pris sur le fait. Pour l'Olive, qui avait mieux employé la nuit que lui, il se leva de grand matin, et, s'étant fait tirer du vin, il s'amusa à boire, n'ayant rien de meilleur à faire. La Rancune dormit jusqu'à onze heures. Comme il s'habillait, Ragotin entra dans la chambre. Le matin il avait visité les comédiennes, et mademoiselle de l'Etoile lui ayant reproché qu'elle ne le croyait guère de ses amis, puisqu'il n'était pas de ceux qui couraient après sa compagne, il lui promit de ne retourner point dans le Mans qu'il n'en eût appris des nouvelles; mais n'ayant pu trouver de cheval ni à louer, ni à emprunter, il n'eût pu tenir sa promesse, si son meunier ne lui eût prêté un mulet sur lequel il monta sans bottes et arriva, comme je viens de vous le dire, dans le bourg où avaient couché les deux comédiens. La Rancune avait l'esprit fort présent; il ne vit pas plus tôt Ragotin en souliers, qu'il crut que le hasard lui fournissait un beau moyen de cacher son larcin, dont il n'était pas peu en peine. Il lui dit donc d'abord qu'il le priait de lui prêter ses souliers et de vouloir prendre ses bottes qui le blessaient à un pied, à cause qu'elles étaient neuves. Ragotin prit ce parti avec grande joie; car, en montant son mulet, un ardillon qui avait percé son bas lui avait fait regretter de n'être pas botté. Il fut question de dîner; Ragotin paya pour les comédiens et pour son mulet. Depuis sa chute, quand la carabine tira entre ses jambes, il avait fait serment de ne se mettre jamais sur un animal de monture, sans prendre toutes ses sûretés. Il prit donc avantage pour monter sur sa bête ; mais avec toute sa précaution, il eut bien de la peine à se placer dans le bât du mulet. Son esprit vif ne lui permettait pas d'être judicieux, et il avait inconsidérément relevé les bottes de la Rancune, qui lui venaient jusqu'à la ceinture, et l'empêchaient de plier son petit jarret, qui n'était pas le plus vigoureux de la province. Enfin donc, Ragotin sur son mulet, et les comédiens à pied, suivirent le premier chemin qu'ils trouvèrent, et chemin faisant, Ragotin découvrit aux comédiens le dessein qu'il avait de faire la comédie avec eux, leur protestant qu'encore qu'il fût assuré d'être bientôt le meilleur comédien de France, il ne prétendait tirer aucun profit de son métier, qu'il voulait le faire seulement par curiosité, et pour faire voir qu'il était né pour tout ce qu'il voulait entreprendre. La Rancune et l'Olive le fortifièrent dans sa noble envie, et à force de le louer et de lui donner courage, le mirent en si belle humeur, qu'il se prit à réciter de dessus son mulet des vers de Pyrame et Thisbé du poète Théophile. Quelques paysans qui accompagnaient une charrette chargée, et qui faisaient le même chemin, crurent qu'il prêchait la parole de Dieu, le voyant déclamer là comme un forcené. Tandis qu'il récita, ils eurent toujours la tête nue et le respectèrent comme un prédicateur de grands chemins.

CHAPITRE III.

Histoire de la Caverne.

Les deux comédiennes que nous avons laissées dans la maison où Angélique avait été enlevée, n'avaient pas plus dormi que Destin. Mademoiselle de l'Etoile s'était mise dans le même lit que la Caverne, pour ne la laisser pas seule avec son désespoir, et pour tâcher de lui persuader de ne s'affliger pas tant qu'elle faisait. Enfin, jugeant qu'une affliction si juste ne manquait pas de raisons pour se défendre, elle ne les combattait plus par les siennes ; mais pour faire diversion, elle se mit à se

Grand succès oratoire de Ragotin.

plaindre de sa mauvaise fortune aussi fort que sa compagne faisait de la sienne ; et ainsi l'engagea adroitement à lui conter ses aventures, et d'autant plus aisément, que la Caverne ne pouvait souffrir alors que quelqu'un se dit plus malheureux qu'elle. Elle essuya donc les larmes qui lui mouillaient le visage en grande abondance, et, soupirant une bonne fois pour n'avoir pas à y retourner sitôt, elle commença ainsi son histoire. Je suis née comédienne, fille d'un comédien, à qui je n'ai jamais entendu dire qu'il eût des parents d'autre profession que de la sienne. Ma mère était fille d'un marchand de Marseille, qui la donna à mon père en mariage, pour le récompenser d'avoir exposé sa vie pour sauver la sienne qu'avait attaquée à son avantage un officier des galères, aussi amoureux de ma mère qu'il en était haï. Ce fut une bonne fortune pour mon père, car on lui donna, sans qu'il la demandât, une femme jeune, belle, et plus riche qu'un comédien de campagne ne la pouvait espérer. Son beau-père fit ce qu'il put pour lui faire quitter sa profession, lui proposant et plus d'honneur, et plus de profit dans celle de marchand ; mais ma mère, qui était charmée de la comédie, empêcha mon père de la quitter. Il n'avait point de répugnance à suivre l'avis que lui donnait le père de sa femme, sachant mieux qu'elle que la vie comique n'est pas si heureuse qu'elle le paraît.

Mon père sortit de Marseille un peu après ses noces, emmenant ma mère faire sa première campagne, qui en avait plus grande impatience que lui, et en fit en peu de temps une excellente comédienne. Elle fut grosse dès la première année de son mariage, et accoucha de moi derrière le théâtre. J'eus un frère un an après, que j'aimais beaucoup, et qui m'aimait aussi. Notre troupe était composée de notre famille et de trois comédiens, dont l'un était marié avec une comédienne qui jouait les seconds rôles. Nous passions un jour de fête par un bourg de Périgord, et ma mère, l'autre comédienne et moi, étions sur la charrette qui portait notre bagage et nos hommes nous escortaient à pied, quand notre petite caravane fut attaquée par sept ou huit vilains hommes si ivres, qu'ayant fait dessein de tirer en l'air un coup d'arquebuse pour nous faire peur, j'en fus toute couverte de dragées, et ma mère en fut blessée au bras. Ils saisirent mon père et deux de ses camarades avant qu'ils pussent se mettre en défense, et les battirent cruellement. Mon frère et le plus jeune des comédiens s'enfuirent, et depuis ce temps-là je n'ai pas entendu parler de mon frère. Les habitants du bourg se joignirent à ceux qui nous faisaient si grande violence, et firent retourner notre charrette sur ses pas. Ils marchaient fièrement et à la hâte comme des gens qui ont fait un grand butin qu'ils veulent mettre en sûreté, et ils faisaient un bruit à ne s'entendre pas les uns les autres. Après une heure de chemin, ils nous firent entrer dans un château, où, aussitôt que nous fûmes entrés, nous entendîmes plusieurs personnes crier avec grande joie que les Bohémiens étaient pris. Nous reconnûmes par là qu'on nous prenait pour ce que nous n'étions pas, et cela nous donna quelque consolation. La jument qui traînait notre chariot tomba morte de lassitude, ayant été trop pressée et trop battue. La comédienne à qui elle appartenait, et qui la louait à la troupe, en fit des cris aussi pitoyables que si elle eût vu mourir son mari : ma mère en même temps s'évanouit de la douleur qu'elle sentait au bras, et les cris que je fis pour elle, furent encore plus grands que ceux que la comédienne avaient faits pour sa jument. Le bruit que que nous faisions et que faisaient les brutaux et les ivrognes qui nous avaient amenés, fit sortir d'une salle basse le seigneur du château, suivi de quatre ou cinq casaques ou manteaux rouges de fort mauvaise mine. Il demanda d'abord où étaient les voleurs de Bohémiens, et nous fit grand'peur; mais, ne voyant entre nous que des personnes blondes, il demanda à mon père qui il était; et n'eut pas plus tôt appris que nous étions de malheureux comédiens, qu'avec une impétuosité qui nous surprit, et jurant de la plus furieuse façon que j'aie jamais entendu jurer, il chargea à coups d'épée ceux qui nous avaient pris, qui disparurent en un moment, les uns blessés, les autres fort effrayés. Il fit délier mon père et ses compagnons, commanda qu'on emmenât les femmes dans une chambre, et qu'on mît nos hardes en lieu sûr. Des servantes se présentèrent pour nous servir, et dressèrent un lit à ma mère, qui se trouvait fort mal de sa blessure au bras. Un homme qui avait la mine d'un maître d'hôtel, nous vint faire des excuses de la part de son maître de ce qui s'était passé. Il nous dit que les coquins qui s'étaient si malheureusement mépris étaient chassés, la plupart battus ou estropiés;

qu'on allait envoyer quérir un chirurgien dans le prochain bourg pour panser le bras de ma mère, et nous demanda instamment si l'on ne nous avait rien pris, nous conseillant de faire visiter nos hardes pour savoir s'il y manquait quelque chose. A l'heure du souper, on nous apporta à manger dans notre chambre : le chirurgien qu'on avait envoyé chercher arriva ; ma mère fut pansée et se coucha avec une violente fièvre. Le jour suivant, le seigneur du château fit venir devant lui les comédiens, il s'informa de la santé de ma mère, et dit qu'il ne voulait pas la laisser sortir de chez lui qu'elle ne fût guérie. Il eut la bonté de faire chercher dans les lieux d'alentour mon frère et le jeune comédien, qui s'étaient sauvés ; ils ne se trouvèrent point, et cela augmenta la fièvre de ma mère. On fit venir d'une petite ville prochaine un médecin et un chirurgien plus expérimentés que celui qui l'avait pansée la première fois ; et enfin tous les bons traitements qu'on nous fit, nous firent bientôt oublier la violence qu'on nous avait faite. Ce gentilhomme, chez qui nous étions, était fort riche, plus craint qu'aimé dans tout le pays, violent dans toutes ses actions comme un gouverneur de place de frontière, et il avait la réputation d'être vaillant autant qu'on pouvait l'être. Il s'appelait le baron de Sigognac : au temps où nous sommes il serait pour le moins un marquis, et en ce temps-là il était un vrai tyran de Périgord. Une compagnie de Bohémiens qui avaient logé sur ses terres, avaient volé les chevaux d'un haras qu'il avait à une lieue de son château, et ses gens qu'il avait envoyés après s'étaient mépris à nos dépens, comme je vous l'ai déjà dit. Ma mère se guérit parfaitement ; et mon père et ses camarades, pour se montrer reconnaissants, autant que de pauvres comédiens le pouvaient faire, du bon traitement qu'on leur avait fait, offrirent de jouer la comédie dans le château, tant que le baron de Sigognac l'aurait pour agréable. Un grand page, âgé pour le moins de vingt-quatre ans, et qui devait être sans doute doyen des pages du royaume, et une manière de gentilhomme suivant, apprirent les rôles de mon frère et du comédien qui s'était enfui avec lui. Le bruit se répandit dans le pays qu'une troupe de comédiens devait représenter une comédie chez le baron de Sigognac.

Force noblesse périgourdine y fut conviée ; et, lorsque le page sut son rôle, qui lui fut si difficile à apprendre qu'on fut contraint d'en couper et de le réduire à deux vers, nous représentâmes *Roger et Bradamante*, du poète Garnier. L'assemblée était fort belle, la salle bien éclairée, le théâtre fort commode, et la décoration accommodée au sujet. Nous nous efforçâmes tous à bien faire, et nous y réussîmes. Ma mère parut belle comme un ange, armée en Amazone; et, sortant d'une maladie qui l'avait un peu pâlie, son teint éclata plus que toutes les lumières dont la salle était éclairée. Quelque grand sujet que j'aie d'être fort triste, je ne puis songer à ce jour-là que je ne rie de la plaisante façon dont le grand page s'acquitta de son rôle. Il ne faut pas que ma mauvaise humeur vous cache une chose si plaisante; peut-être ne la trouverez-vous pas telle; mais je vous assure qu'elle fit bien rire toute la compagnie, et que j'en ai bien ri depuis, soit qu'il y eût véritablement de quoi en rire, ou que je sois de celles qui rient de peu de chose. Il jouait le rôle du page du vieux duc Aymond, et n'avait que deux vers à réciter dans la pièce : c'est alors que ce vieillard s'emporte terriblement contre sa fille Bradamante, de ce qu'elle ne veut point épouser le fils de l'empereur, étant amoureuse de Roger. Le page dit à son maître :

> Monsieur, rentrons dedans; je crains que vous tombiez :
> Vous n'êtes pas trop bien assuré sur vos pieds.

Ce grand sot de page, quoique son rôle fût aisé à retenir, ne laissa pas de le gâter, et dit de fort mauvaise grâce, et tremblant comme un criminel :

> Monsieur, rentrons dedans; je crains que vous tombiez :
> Vous n'êtes pas trop bien assuré sur vos jambes.

Cette mauvaise rime surprit tout le monde. Le comédien qui faisait le personnage d'Aymond éclata de rire, et ne put plus représenter un vieillard en colère. Toute l'assistance n'en rit pas moins; et pour moi, qui avais la tête passée dans l'ouverture de la tapisserie pour voir le monde et pour me faire voir, je pensai me laisser choir à force de rire. Le maître de la maison, qui était de ces mélancoliques qui ne rient que rarement, et ne rient pas pour peu de chose, trouva tant de quoi rire dans le défaut de mémoire de son page et dans sa mauvaise manière de réciter des vers, qu'il pensa crever à force de se contraindre à garder un peu de gravité; mais enfin il fallut rire aussi fort que les autres, et ses gens nous avouèrent qu'ils ne lui en avaient jamais vu tant faire; et, comme il s'était acquis une grande autorité dans le pays, il n'y eut personne qui ne rît autant ou plus que lui, ou par complaisance ou de bon courage. J'ai grand'peur, ajouta alors la Caverne, d'avoir fait ici comme ceux qui disent : je vais vous faire un conte qui vous fera mourir de rire, et qui ne tiennent pas leur parole, car j'avoue que je vous ai fait trop de fête de celui de mon page. Non, lui répondit l'Étoile, je l'ai trouvé tel que vous me l'aviez fait espérer. Il est bien vrai que la chose peut avoir paru plus plaisante à ceux qui la virent qu'elle ne le sera à ceux à qui on en fera le récit, la mauvaise action du page servant beaucoup à la rendre telle, outre que le temps, le lieu et la pente naturelle que nous avons à nous laisser aller au rire des autres, peuvent lui avoir donné des avantages qu'elle n'a pu avoir depuis. La Caverne ne fit pas davantage d'excuses pour son conte; et, reprenant son histoire où elle l'avait laissée : Après, continua-t-elle, que les acteurs et les auditeurs eurent ri de toutes les forces de leur faculté risible, le baron de Sigognac voulut que son page reparût sur le théâtre pour y réparer sa faute, ou plutôt pour faire rire encore la compagnie; mais le page, le plus grand brutal que j'aie jamais vu, n'en voulut rien faire, quelque commandement que lui fît un des plus rudes maîtres du monde. Il prit la chose comme il était capable de la prendre, c'est-à-dire fort mal; et son déplaisir, qui ne devait être que très léger s'il eût été raisonnable, nous causa depuis le plus grand malheur qui pouvait nous arriver. Notre comédie eut l'applaudissement de toute l'assemblée. La farce divertit encore plus que la comédie, comme il arrive d'ordinaire partout ailleurs hors de Paris. Le baron de Sigognac et les autres gentilshommes ses voisins y prirent tant de plaisir, qu'ils eurent envie de nous voir jouer encore. Chaque gentilhomme se cotisa pour les comédiens, selon sa libéralité : le baron se cotisa le premier pour donner l'exemple aux autres, et la comédie fut annoncée pour la première fête. Nous jouâmes un mois durant devant cette noblesse périgourdine, régalés à l'envi des hommes et des femmes, et même la troupe en profita de quelques habits demi-usés. Le baron nous faisait manger à table, ses gens nous servaient avec empressement, et nous disaient souvent qu'ils nous étaient bien obligés de la bonne humeur de leur maître, qu'ils trouvaient tout changé depuis que la comédie l'avait humanisé. Le page seul nous regardait comme ceux qui l'avaient perdu d'honneur, et le vers qu'il avait gâté, et que tout le monde de la maison, jusqu'au moindre marmiton, lui récitait à toute heure, lui était, toutes les fois qu'il en était persécuté, un cruel coup de poignard, dont enfin il résolut de se venger sur quelqu'un de notre troupe. Un jour le baron de Sigognac avait fait une assemblée de ses voisins et de ses paysans, pour délivrer ses bois d'une grande quantité de loups qui y avaient planté le piquet, et dont le pays avait été fort incommodé; mon père et ses camarades y portèrent chacun une arquebuse, comme firent aussi tous les domestiques du baron. Le méchant page en fut aussi; et, croyant avoir trouvé l'occasion qu'il cherchait d'exécuter le mauvais dessein qu'il avait contre nous, il ne vit pas plus tôt mon père et ses camarades séparés des autres, qui rechargeaient leurs arquebuses et s'entrefournissaient l'un à l'autre de la poudre et du plomb, qu'il leur tira la sienne de derrière un arbre, et perça mon malheureux père de deux balles. Ses compagnons, bien empêchés de le soutenir, ne songèrent point d'abord à courir après cet assassin, qui s'enfuit, et depuis quitta le pays. A deux jours de là mon père mourut de sa blessure. Ma mère en pensa mourir de déplaisir et retomba malade, et j'en fus affligée autant qu'une fille de mon âge le pouvait être. La maladie de ma mère tirant en longueur, les comédiens et les comédiennes de notre troupe prirent congé du baron de Sigognac, et allèrent quelque part ailleurs chercher à se remettre dans une autre troupe. Ma mère fut malade plus de deux mois, et enfin elle se guérit; après avoir reçu du baron de Sigognac des marques de générosité et de bonté, qui ne s'accordaient pas avec la réputation qu'il avait dans le pays d'être le plus grand tyran qui se soit jamais fait craindre dans un pays où la plupart des gentilshommes se mêlent de l'être. Ses valets, qui l'avaient toujours vu sans humanité et sans civilité, étaient étonnés de le voir vivre avec nous de la manière la plus obligeante du monde. On eût pu croire qu'il était amoureux de ma mère; mais il ne lui parlait presque point, et n'entrait jamais dans notre chambre, où il nous faisait servir à manger depuis la mort de mon père. Il est bien vrai qu'il envoyait souvent demander de ses nouvelles. On ne laissa pas d'en médire dans le pays; ce que nous sûmes depuis. Mais ma mère, ne pouvant rester plus longtemps avec bienséance dans le château d'un homme de cette condition, avait déjà songé à en sortir, et conçu le dessein de se retirer à Marseille chez son père. Elle le fit donc savoir au baron de Sigognac, le remercia de tous les bienfaits que nous en avions reçus, et le pria d'ajouter à toutes les obligations qu'elle lui avait déjà, celle de lui faire avoir des montures pour elle et pour moi, jusqu'à je ne sais quelle ville, et une charrette pour porter notre petit bagage, qu'elle voulait tâcher de vendre au premier marchand qu'elle trouverait, quelque peu qu'on lui en voulût donner. Le baron parut fort surpris du dessein de ma mère, et elle ne fut pas peu surprise de n'avoir pu tirer de lui ni un consentement ni un refus. Le jour d'après, le curé d'une des paroisses dont il était seigneur nous vint voir dans notre chambre. Il était accompagné de sa nièce, une bonne et agréable fille, avec qui j'avais fait une intime connaissance. Nous laissâmes son oncle et ma mère ensemble, et allâmes nous promener dans le jardin du château. Le curé fut longtemps en conversation avec ma mère, et ne la quitta qu'à l'heure du souper. Je la trouvai fort rêveuse; je lui demandai deux ou trois fois ce qu'elle avait, sans qu'elle me répondît; je la vis pleurer et me mis à pleurer aussi. Enfin, après m'avoir fait fermer la porte de la chambre, elle me dit, pleurant encore plus fort qu'elle n'avait fait, que ce curé lui avait appris que le baron de Sigognac était éperdument amoureux d'elle, et lui avait de plus assuré qu'il l'estimait si fort, qu'il n'avait jamais osé lui dire, ou lui faire dire qu'il l'aimât, qu'en même temps il ne lui offrît de l'épouser. En achevant de parler, ses soupirs et ses sanglots pensèrent la suffoquer. Je lui demandai encore une fois ce qu'elle avait. Quoi! ma fille, me dit-elle, ne vous en ai-je pas assez dit pour vous faire voir que je suis la plus malheureuse personne du monde? Je lui dis que ce n'était pas un si grand malheur à une comédienne que de devenir femme de condition. Ah! pauvre petite, me dit-elle, que tu parles bien comme une jeune fille sans expérience! s'il trompe ce bon curé pour me tromper, ajouta-t-elle, s'il n'a pas dessein de m'épouser, comme il me le veut faire accroire, quelles violences ne dois-je pas craindre d'un homme tout-à-fait esclave de ses passions? et, s'il veut véritablement m'épouser, et que j'y consente, quelle misère dans le monde approchera de la mienne, quand sa fantaisie sera passée? et combien pourra-t-il me haïr s'il se repent un jour de m'avoir aimée? Non, non, ma fille, la bonne fortune ne me vient point chercher comme tu penses; mais un effroyable malheur, après m'avoir ôté un mari qui m'aimait et que j'aimais, m'en veut donner un par force, qui peut-être me haïra et m'obligera à le haïr. Son affliction, que je trouvais sans raison, augmenta si fort sa violence, qu'elle pensa l'étouffer pendant que je lui aidai à se déshabiller. Je la consolais du mieux que je pouvais, et me servais, contre son déplaisir, de toutes les raisons dont une fille de mon âge était capable, n'oubliant pas de lui dire que la manière obligeante et respectueuse dont le moins caressant de tous les hommes avait toujours vécu avec nous, me semblait de bon présage, et surtout le peu de hardiesse qu'il avait eue à déclarer sa passion à une femme d'une profession qui n'inspire pas toujours le respect. Ma mère, me laissant dire tout ce que je voulus, se mit au lit fort affligée, et s'y affligea toute la nuit au lieu de dormir. Je voulus résister au sommeil; mais il fallut se rendre, et je dormis autant qu'elle dormit peu. Elle se leva de bonne heure, et, quand je m'éveillai, je la trouvai habillée et assez tranquille.

J'étais bien en peine pour savoir quelle résolution elle avait prise; car pour vous dire la vérité, je flattais mon imagination de la future grandeur où j'espérais voir arriver ma mère, si le baron de Sigognac parlait selon ses véritables sentiments, et si ma mère pouvait réduire les siens à lui accorder ce qu'il voulait obtenir d'elle. La pensée d'ouïr appeler ma mère madame la baronne occupait agréablement mon esprit, et l'ambition s'emparait peu à peu de ma jeune tête.

La Caverne contait ainsi son histoire, et l'Etoile l'écoutait attentivement, quand elles ouïrent marcher dans leur chambre, ce qui leur sembla d'autant plus étrange, qu'elles se souvenaient fort bien d'avoir fermé leur porte au verrou. Cependant elles entendaient toujours marcher: elles demandèrent qui était là. On ne leur répondit rien; et un moment après la Caverne vit au pied du lit qui n'était point fermé, la figure d'une personne qu'elle entendit soupirer, et qui, s'appuyant sur le pied du lit, lui pressa les pieds. Elle se leva à demi, pour voir de plus près ce qui commençait à lui faire peur, et, résolue à lui parler, elle avança la tête dans la chambre, et ne vit plus rien. La moindre compagnie donne quelquefois de l'assurance, mais quelquefois aussi la peur ne diminue pas pour être partagée. La Caverne s'effraya de n'avoir rien vu, et l'Etoile s'effraya de ce que la Caverne s'effrayait. Elles s'enfoncèrent dans leur lit, se couvrirent la tête de leur couverture, et se serrèrent l'une contre l'autre, ayant grand'-peur, et n'osant presque se parler. Enfin la Caverne dit à l'Etoile, que sa pauvre fille était morte, et que c'était son âme qui était venue soupirer auprès d'elle. L'Etoile allait peut-être lui répondre, quand elles entendirent encore marcher dans la chambre. L'Etoile s'enfonça encore plus avant dans le lit qu'elle n'avait fait; et la Caverne, devenue plus hardie par la pensée qu'elle avait que c'était l'âme de sa fille, se leva encore sur son lit, comme elle avait fait, et, voyant reparaître la même figure qui soupirait encore et s'appuyait sur ses pieds, elle avança la main, et en toucha une fort velue, qui lui fit faire un cri effroyable et la fit tomber sur le lit à la renverse. Dans le même temps elles ouïrent aboyer dans leur chambre, comme quand un chien a peur la nuit de ce qu'il rencontre. La Caverne fut encore assez hardie pour regarder ce que c'était, et elle vit un grand lévrier qui aboyait contre elle. Elle le menaça d'une voix forte, et il s'enfuit en aboyant vers un coin de la chambre, où il disparut. La courageuse comédienne sortit du lit, et, à la clarté de la lune qui perçait les fenêtres, elle découvrit au coin de la chambre, où le fantôme lévrier avait disparu, une petite porte d'un escalier dérobé. Il lui fut aisé de juger que c'était un lévrier de la maison qui était entré par là dans leur chambre. Il avoit eu envie de se coucher sur leur lit, et, n'osant le faire sans le consentement de ceux qui y étaient couchés, avait soupiré en chien, et s'était appuyé les jambes de devant sur le lit qui était haut sur les siennes, comme sont tous les lits à l'antique, et s'était caché dessous quand la Caverne avança la tête dans la chambre la première fois. Elle n'ôta pas d'abord à l'Etoile la croyance qu'elle avait que c'était un esprit, et fut longtemps à lui faire comprendre que c'était un lévrier. Tout affligée qu'elle était, elle railla sa compagne de sa poltronnerie, et remit la fin de son histoire à quelque autre temps, que le sommeil ne leur serait pas si nécessaire qu'il leur était alors. La pointe du jour commençait à paraître; elles s'endormirent, et se levèrent sur les dix heures, qu'on les vint avertir que le carrosse, qui les devait mener au Mans, était prêt à partir quand elles voudraient.

CHAPITRE IV.

Destin trouve Léandre.

Destin cependant allait de village en village, s'informant de ce qu'il cherchait, et n'en apprenant aucune nouvelle. Il battit un grand pays, et ne s'arrêta que sur les deux ou trois heures, que sa faim et la lassitude de son cheval le firent retourner dans un gros bourg qu'il venait de quitter. Il y trouva une assez bonne hôtellerie, parce qu'elle était sur le grand chemin, et n'oublia pas de s'informer si on n'avait point ouï parler d'une troupe de gens de cheval qui enlevaient une femme. Il y a un gentilhomme là-haut qui vous en peut dire des nouvelles, dit le chirurgien du village qui se trouvait là. Je crois, ajouta-t-il, qu'il a eu quelque démêlé avec eux, et en a été maltraité. Je viens de lui appliquer un cataplasme anodin et résolutif sur une tumeur livide qu'il a sur les vertèbres du cou, et je lui ai pansé une grande plaie qu'on lui a faite à l'occiput. Je l'ai voulu saigner, parce qu'il a le corps tout couvert de contusions; mais il ne l'a pas voulu, il en a pourtant bien besoin. Il faut qu'il ait fait quelque lourde chute, et qu'il ait été excédé de coups. Ce chirurgien de village prenait tant de plaisir à débiter les termes de son art, qu'encore que Destin l'eût quitté, et qu'il ne fût écouté de personne, il continua longtemps le discours qu'il avait commencé, jusqu'à ce qu'on le vînt quérir pour saigner une femme qui se mourait d'une apoplexie. Cependant Destin monta dans la chambre de celui dont le chirurgien lui avait parlé. Il y trouva un jeune homme bien vêtu, qui avait la tête bandée et qui s'était couché sur un lit pour se reposer. Destin voulut lui faire des excuses de ce qu'il était entré dans sa chambre avant que d'avoir su s'il l'aurait pour agréable; mais il fut bien surpris, quand, aux premières paroles de son compliment, l'autre se leva de son lit, et vint l'embrasser, se faisant connaître à lui pour son valet Léandre, qui l'avait quitté depuis quatre ou cinq jours sans prendre congé de lui, et que la Caverne croyait être le ravisseur de sa fille. Destin ne savait de quelle façon il devait lui parler, le voyant bien vêtu et de fort bonne mine. Pendant qu'il le considéra, Léandre eut le temps de se rassurer; car il avait paru d'abord fort interdit. J'ai beaucoup de confusion, dit-il à Destin, de n'avoir pas eu pour vous toute la sincérité que je devais avoir, vous estimant comme je fais; mais vous excuserez un jeune homme sans expérience, qui, avant que de vous bien connaître, vous croyait fait comme le sont d'ordinaire ceux de votre profession, et qui n'osait pas vous confier un secret d'où dépend tout le bonheur de sa vie. Destin lui dit qu'il ne pouvait savoir que de lui-même en quoi il lui avait manqué de sincérité. J'ai bien d'autres choses à vous apprendre, si peut-être vous ne les savez déjà, lui répondit Léandre; mais avant il faut que je sache ce qui vous amène ici.

Destin lui conta de quelle façon Angélique avait été enlevée. Il lui dit qu'il courait après ses ravisseurs; qu'il avait appris en entrant dans l'hôtellerie qu'il les avait trouvés, et lui en pourrait apprendre des nouvelles. Il est vrai que je les ai trouvés, lui répondit Léandre en soupirant, et que j'ai fait contre eux ce qu'un homme seul pouvait faire contre plusieurs; mais mon épée s'étant rompue dans le corps du premier que j'ai blessé, je n'ai pu rien faire pour le service de mademoiselle Angélique, ni mourir en la servant, comme j'étais résolu à l'un ou à l'autre événement. Ils m'ont mis en l'état où vous me voyez. J'ai été étourdi du coup d'estramaçon que j'ai reçu sur la tête. Ils m'ont cru mort, et ont passé outre en grande hâte. Voilà tout ce que je sais de mademoiselle Angélique. J'attends ici un valet, qui vous en apprendra davantage. Il les a suivis de loin, après m'avoir aidé à reprendre mon cheval, qu'ils m'ont peut-être laissé à cause qu'il ne valait pas grand'chose. Destin lui demanda pourquoi il l'avait quitté sans l'en avertir, d'où il venait et qui il était, ne doutant plus qu'il ne lui eût caché son nom et sa condition. Léandre lui avoua qu'il en était quelque chose, et s'étant recouché, à cause que les coups qu'il avait reçus, lui faisaient beaucoup de douleur, Destin s'assit sur le pied du lit, et Léandre lui dit ce que vous allez lire dans le chapitre suivant.

CHAPITRE V.

Histoire de Léandre.

Je suis un gentilhomme d'une maison assez connue dans la province. J'espère un jour d'avoir pour le moins douze mille livres de rente, pourvu que mon père meure; car, encore qu'il y ait quatre-vingts ans qu'il fait enrager tous ceux qui dépendent de lui ou qui ont affaire à lui, il se porte si bien, qu'il y a plus à craindre pour moi qu'il ne meure jamais, qu'à espérer que je lui succède un jour en trois fort belles terres qui sont tout son bien. Il veut me faire conseiller au parlement de Bretagne contre mon inclination, et c'est pour cela qu'il m'a fait étudier de bonne heure. J'étais écolier à La Flèche quand votre troupe y vint représenter. Je vis mademoiselle Angélique, et j'en devins tellement amoureux, que je ne pus plus faire autre chose que de l'aimer. Je fis bien davantage : j'eus l'assurance de lui dire que je l'aimais; elle ne s'en offensa point. Je lui écrivis; elle reçut ma lettre, et ne m'en fit pas plus mauvais visage. Depuis ce temps-là, une maladie qui fit garder la chambre à mademoiselle de la Caverne pendant que vous fûtes à La Flèche, facilita beaucoup les conversations que sa fille et moi cûmes ensemble. Elle les aurait sans doute empêchées, trop sévère comme elle est pour être d'une profession qui semble dispenser du scrupule et de la sévérité ceux qui la suivent. Depuis que je devins amoureux de sa fille, je n'allai plus au collège, et je ne manquai pas un jour d'aller à la comédie. Les pères jésuites me voulurent remettre dans mon devoir; mais je ne voulus plus obéir à de si malplaisants maîtres, après avoir choisi la plus charmante maîtresse du monde.

Votre valet fut tué à la porte de la comédie par des écoliers bretons, qui firent cette année-là beaucoup de désordre à la Flèche, parce qu'ils y étaient en grand nombre, et que le vin y était à bon marché. Cela fut cause en partie que vous quittâtes la Flèche pour aller à Angers. Je ne dis point adieu à mademoiselle Angélique, sa mère ne la perdant point de vue. Tout ce que je pus faire, ce fut de paraître devant elle, en la voyant partir, le désespoir peint sur le visage, les yeux mouillés de larmes. Un regard triste qu'elle me jeta pensa me faire mourir. Je m'enfermai dans ma chambre; je pleurai le reste du jour et toute la nuit; et, dès le matin, changeant mon habit en celui de mon valet, qui était de ma taille, je le laissai à la Flèche pour vendre mon équipage d'écolier, et lui laissai une lettre pour un fermier de mon père, qui me donne de l'argent quand je lui en demande, avec ordre de venir me trouver à Angers. J'en pris le chemin après vous, et vous attrapai à Duretail, où plusieurs personnes de condition qui y couraient le cerf, vous arrêtèrent sept ou huit jours. Je vous offris mon service, et vous me prîtes pour votre valet, soit que vous fussiez incommodé de n'en point avoir, ou que ma mine et mon visage, qui peut-être ne vous déplurent pas, vous obligeassent à me prendre. Mes cheveux, que j'avais fait couper fort courts, me rendirent méconnaissable à ceux qui m'avaient vu souvent auprès de mademoiselle Angélique; outre que le méchant habit de mon valet, que j'avais pour me déguiser, me rendait bien différent de ce que je paraissais avec le mien, qui était plus beau que ne l'est d'ordinaire celui d'un écolier. Je fus d'abord reconnu de mademoiselle Angélique, qui m'avoua depuis qu'elle n'avait point douté que la passion que j'avais pour elle ne fût très violente, puisque je quittais tout pour la suivre. Elle fut assez généreuse pour m'en vouloir dissuader et pour me faire retrouver ma raison, qu'elle voyait bien que j'avais perdue. Elle me fit longtemps éprouver des rigueurs qui eussent refroidi un moins amoureux que moi, mais enfin, à force de l'aimer, je l'engageai à m'aimer, autant que je l'aimais. Comme vous avez l'âme d'une personne de condition qui l'aurait fort belle, vous reconnûtes bientôt que je n'avais pas celle d'un valet. Je gagnai vos bonnes grâces; je me mis bien dans l'esprit de tous les messieurs de votre troupe, et même je ne fus pas haï de la Rancune, qui passe parmi vous pour n'aimer personne et pour haïr tout le monde. Je ne perdrai point le temps à vous rendre tout ce que deux personnes qui s'entr'aiment se sont pu dire toutes les fois qu'elles se sont trouvées ensemble : vous le savez assez par vous-même. Je vous dirai seulement que mademoiselle de la Caverne, se doutant de notre intelligence, ou plutôt n'en doutant plus, défendit à sa fille de me parler; que sa fille ne lui obéit pas, et que, l'ayant surprise qu'elle m'écrivait, elle la traita si cruellement, et en public et en particulier, que je n'eus pas depuis grand'peine à la faire résoudre à se laisser enlever. Je ne crains point de vous l'avouer, vous connaissant généreux autant qu'on peut l'être, et amoureux pour le moins autant que moi.

Destin rougit à ces dernières paroles de Léandre, qui continua son discours, et dit à Destin qu'il n'avait quitté la compagnie que pour s'aller mettre en état d'exécuter son dessein; qu'un fermier de son père lui avait promis de lui donner de l'argent, et qu'il espérait encore d'en recevoir à Saint-Malo du fils d'un marchand, de qui l'amitié lui était assurée, et qui était depuis peu maître de son bien par la mort de ses parents. Il ajouta que, par le moyen de son ami, il espérait de passer facilement en Angleterre, et là de faire sa paix avec son père, sans exposer à sa colère mademoiselle Angélique, contre laquelle vraisemblablement, aussi bien que contre sa mère, il aurait exercé toutes sortes d'actes d'hostilités, avec tout l'avantage qu'un homme riche et de condition peut avoir sur deux pauvres comédiennes. Destin fit avouer à Léandre qu'à cause de sa jeunesse et de sa condition, son père n'aurait pas manqué d'accuser de rapt mademoiselle de la Caverne. Il ne tâcha point de lui faire oublier son amour, sachant bien que les personnes qui aiment ne sont pas capables de croire d'autres conseils que ceux de leur passion, et sont plus à plaindre qu'à blâmer; mais il désapprouva fort le dessein qu'il avait eu de se rendre en Angleterre, et lui représenta ce qu'on pourrait s'imaginer de deux jeunes personnes qui seraient ensemble dans un pays étranger; les fatigues et les hasards d'un voyage par mer; la difficulté de trouver de l'argent s'il leur arrivait d'en manquer; et enfin les entreprises que feraient faire sur eux, et la beauté de mademoiselle Angélique, et la jeunesse de l'un et de l'autre.

Léandre ne défendit point une mauvaise cause; il demanda encore une fois pardon à Destin de s'être si longtemps caché de lui, et Destin lui promit qu'il se servirait de tout le pouvoir qu'il croyait avoir sur l'esprit de mademoiselle de la Caverne, pour la lui rendre favorable. Il lui dit encore que, s'il était tout-à-fait résolu à n'avoir jamais d'autre femme que mademoiselle Angélique, il ne devait point quitter la troupe. Il lui représenta qu'en attendant son père pouvait mourir, ou sa passion se ralentir ou peut-être se passer. Léandre s'écria là-dessus, que cela n'arriverait jamais. Hé bien donc ! dit Destin, de peur que cela n'arrive à votre maîtresse, ne la perdez point de vue. Faites la comédie avec nous : vous n'êtes pas seul qui la ferez et qui pourriez faire quelque chose de meilleur. Écrivez à votre père ; faites-lui croire que vous êtes à la guerre, et tâchez d'en tirer de l'argent. Cependant je vivrai avec vous comme avec un frère, et tâcherai par là de vous faire oublier les mauvais traitements que vous pouvez avoir reçus de moi tandis que je n'ai pas connu ce que vous étiez. Léandre se fût jeté à ses pieds, si la douleur que les coups qu'il avait reçus lui faisaient sentir par tout son corps, lui eût permis de le faire. Il le remercia au moins en des termes si obligeants, et lui fit des protestations d'amitié si tendres, qu'il en fut aimé dès ce temps-là, autant qu'un honnête homme peut l'être d'un autre. Ils parlèrent ensuite de chercher mademoiselle Angélique; mais une grande rumeur qu'ils entendirent interrompit leur conversation, et fit descendre Destin dans la cuisine de l'hôtellerie, où se passait ce que vous allez voir dans le chapitre suivant.

CHAPITRE VI.

Combat à coups de poing, mort de l'hôte, et autres choses mémorables.

Deux hommes, l'un vêtu de noir comme un magister de village, et l'autre de gris, qui avait bien la mine d'un sergent, se tenaient aux cheveux et à la barbe, et s'entre-donnaient de temps en temps des coups de poing d'une très cruelle manière. L'un et l'autre étaient ce que leurs habits et leurs mines voulaient qu'ils fussent. Le vêtu de noir, magister de village, était frère du curé ; et le vêtu de gris, sergent du même village, était frère de l'hôte. Cet hôte était alors dans une chambre à côté de la cuisine, prêt à rendre l'âme d'une fièvre chaude qui lui avait si fort troublé l'esprit, qu'il s'était cassé la tête contre une muraille : et sa blessure, jointe à sa fièvre, l'avait mis si bas, que, lorsque sa frénésie le quitta, il se vit contraint de quitter la vie, qu'il regrettait peut-être moins que son argent mal acquis. Il avait porté les armes longtemps, et était enfin revenu dans son village, chargé d'ans et de si peu de probité, qu'on pouvait dire qu'il en avait encore moins que d'argent, quoiqu'il fût extrêmement pauvre. Mais comme les femmes se prennent souvent par où elles devraient le moins se laisser prendre, ses cheveux de drille, plus longs que ceux des autres paysans du village, ses serments à la soldate, une plume hérissée qu'il mettait les fêtes quand il ne pleuvait point, et une épée rouillée qui lui battait de vieilles bottes quoiqu'il n'eût point de cheval, tout cela donna dans la vue d'une vieille veuve qui tenait hôtellerie. Elle avait été recherchée par les plus riches fermiers du pays, non tant pour sa beauté, que pour le bien qu'elle avait amassé avec son défunt mari, à vendre bien cher et à faire mauvaise mesure de vin et d'avoine. Elle avait constamment résisté à tous ses prétendants; mais enfin un vieux soldat avait triomphé d'une vieille hôtesse. Le visage de cette nymphe tavernière était le plus petit, et son ventre était le plus grand du Maine, quoique cette province abonde en personnes ventrues. Je laisse aux naturalistes le soin d'en chercher la raison, aussi bien que de la graisse des chapons du pays. Pour revenir à cette grosse petite femme, qu'il me semble que je vois toutes les fois que j'y songe, elle se maria avec son soldat sans en parler à ses parents; et après avoir achevé de vieillir avec lui, et bien souffert aussi, elle eut le plaisir de le voir mourir la tête cassée : ce qu'elle attribuait à un juste jugement de Dieu, parce qu'il avait souvent joué à casser la sienne. Quand Destin entra dans la cuisine de l'hôtellerie, cette hôtesse et sa servante aidaient le vieux curé du bourg à séparer les combattants, qui s'étaient cramponnés comme deux vaisseaux; mais les menaces de Destin et l'autorité avec laquelle il parla achevèrent ce que les exhortations du bon pasteur n'avait pu faire, et les deux mortels ennemis se séparèrent, crachant la moitié de leurs dents sanglantes, saignant du nez, le menton et la tête pelés. Le curé était honnête homme, et savait bien son monde. Il remercia Destin fort civilement ; et Destin, pour lui faire plaisir, fit embrasser de bonne amitié ceux qui un

moment auparavant ne s'embrassaient que pour s'étrangler.
Pendant l'accommodement l'hôte acheva son obscure destinée
sans en avertir ses amis, tellement qu'on trouva qu'il n'y avait
plus qu'à l'ensevelir quand on entra dans sa chambre après que
la paix fut conclue.

Le curé fit des prières sur le mort, et les fit bonnes, car il les
fit courtes. Son vicaire le vint relayer; et cependant la veuve s'avisa de hurler, et le fit avec beaucoup d'ostentation et de vanité.
Le frère du mort fit semblant d'être triste ou le fut véritablement, et les valets et servantes s'en acquittèrent presque aussi
bien que lui. Le curé suivit Destin dans sa chambre, lui faisant
des offres de services; il en fit autant à Léandre, et ils le retinrent à manger avec eux. Destin, qui n'avait pas mangé de tout
le jour, et qui avait fait beaucoup d'exercice, mangea très avidement. Léandre se reput d'amoureuses pensées plus que de
viande, et le curé parla plus qu'il ne mangea. Il leur fit cent
contes plaisants de l'avarice du défunt, et leur apprit les plaisants différends que cette passion dominante lui avait fait avoir,
tant avec sa femme qu'avec ses voisins. Il leur fit entre autres
le récit d'un voyage qu'il avait fait à Laval avec sa femme, au
retour duquel le cheval qui les portait tous deux s'étant déferré
de deux pieds, et, qui pis est, les fers s'étant perdus, il laissa sa
femme tenant son cheval par la bride au pied d'un arbre, et retourna jusqu'à Laval, cherchant exactement ses fers partout où
il crut avoir passé; mais il perdit sa peine, tandis que sa femme
pensa perdre patience à l'attendre; car il était retourné sur ses
pas de deux grandes lieues, et elle commençait d'en être en peine,
quand elle le vit revenir les pieds nus, tenant ses bottes et ses
chaussures dans ses mains. Elle s'étonna fort de cette nouveauté;
mais elle n'osa lui en demander la raison, tant, à force d'obéir à
la guerre, il s'était rendu capable de bien commander dans sa
maison. Elle n'osa pas même repartir quand il la fit déchausser
aussi, ni lui en demander le sujet. Elle se douta seulement que
ce pouvait être par dévotion. Il fit prendre à sa femme son cheval par la bride, marchant derrière pour le faire hâter; et ainsi
l'homme et la femme sans chaussure, et le cheval déferré des
deux pied, après avoir bien souffert, gagnèrent la maison bien
avant dans la nuit, les uns et les autres fort las, et l'hôte et l'hô-

tesse ayant les pieds si écorchés, qu'ils furent près de quinze jours sans pouvoir presque marcher. Jamais il ne se sut si bon gré de quelque autre chose qu'il eût faite ; et, quand il y songeait, il disait en riant à sa femme que s'ils ne se fussent déchaussés en revenant de Laval, ils en eussent eu pour deux paires de souliers, outre deux fers d'un cheval. Destin et Léandre ne s'émurent pas beaucoup du conte que le curé leur donnait pour bon, soit qu'ils ne le trouvassent pas si plaisant qu'il le leur avait annoncé, ou qu'ils ne fussent pas alors en humeur de rire. Le curé, qui était grand parleur, n'en demeura pas là, et, s'adressant à Destin, il lui dit que ce qu'il venait d'entendre ne valait pas ce qu'il avait encore à lui dire de la manière dont le défunt s'était préparé à la mort. Il y a quatre ou cinq jours, ajouta-t-il, qu'il sait bien qu'il n'en peut échapper. Il ne s'est jamais plus tourmenté de son ménage. Il a eu regret à tous les œufs frais qu'il a mangés pendant sa maladie. Il a voulu savoir à quoi monterait son enterrement, et même l'a voulu marchander avec moi le jour que je l'ai confessé. Enfin, pour achever comme il avait commencé, deux heures avant de mourir il ordonna devant moi à sa femme de l'ensevelir dans un certain vieux drap qui avait plus de cent trous. Sa femme lui représenta qu'il y serait fort mal enseveli ; il s'opiniâtra à n'en vouloir point d'autre. Sa femme ne pouvait y consentir ; et, parce qu'elle le voyait en état de ne la pouvoir combattre, elle soutint son opinion plus vigoureusement qu'elle n'avait jamais fait avec lui, sans pourtant sortir du respect qu'une honnête femme doit à un mari, fâcheux ou non. Elle lui demanda enfin comment il pourrait paraître dans la vallée de Josaphat, un méchant drap tout troué sur les épaules, et en quel équipage il pensait ressusciter. Le malade s'en mit en colère ; et jurant comme il avait accoutumé en sa santé : Morbleu ! vilaine, s'écria-t-il, je ne veux pas ressusciter ! J'eus autant de peine à m'empêcher de rire qu'à lui faire comprendre qu'il avait offensé Dieu en se mettant en colère, et plus encore parce qu'il avait dit à sa femme, qui était en quelque façon une impiété. Il en fit un acte de contrition tel que tel, et encore lui fallut-il donner parole qu'il ne serait point enseveli dans un autre drap que celui qu'il avait choisi. Mon frère, qui avait éclaté de rire de l'entendre renoncer si hautement et si clairement à sa résurrection, ne pouvait s'empêcher d'en rire encore toutes les fois qu'il y songeait. Le frère du défunt s'en était formalisé; et, de paroles en paroles, mon frère et lui, tous deux aussi brutaux l'un que l'autre, s'étaient entre-harpés, après s'être donné mille coups de poing, et se battraient peut-être encore, si on ne les avait séparés. Le curé acheva ainsi sa relation, adressant la parole à Destin, parce que Léandre ne lui donnait pas grande attention. Il prit congé des comédiens, après leur avoir encore offert ses services, et Destin tâcha de consoler l'affligé Léandre, lui donnant les meilleures espérances dont il put s'aviser. Tout brisé qu'était le pauvre garçon, il regardait de temps en temps par la fenêtre, pour voir si son valet ne venait point, comme s'il en eût dû venir plus tôt. Mais quand on attend quelqu'un avec impatience, les plus sages sont assez sots pour regarder souvent du côté qu'il doit venir. Je finis par là mon sixième chapitre.

CHAPITRE VII.

Terreur panique de Ragotin, suivie de disgrâces. Aventures du corps mort. Orage de coups de poing et autres accidents surprenants, dignes d'avoir place en cette véritable histoire.

Léandre regardait donc par la fenêtre de sa chambre, du côté qu'il attendait son valet, quand, tournant la tête de l'autre côté, il vit arriver le petit Ragotin, botté jusqu'à la ceinture, monté sur un petit mulet, et ayant à ses étriers, comme deux estafiers, la Rancune d'un côté et l'Olive de l'autre. Ils avaient appris de village en village des nouvelles de Destin, et, à force de l'avoir suivi, ils l'avaient enfin trouvé. Destin descendit en bas au devant d'eux, et les fit monter dans la chambre. Ils ne reconnurent point d'abord le jeune Léandre, qui avait changé de mine aussi bien que d'habit, afin qu'on ne le connût pas pour ce qu'il était. Destin lui commanda d'aller faire apprêter le souper, avec la même autorité dont il avait coutume de lui parler; et les comédiens, qui le reconnurent par là, ne lui eurent pas plus tôt dit qu'il était bien brave, que Destin répondit pour lui, et leur dit qu'un oncle riche qu'il avait au Bas-Maine l'avait équipé de pied en cap, comme ils le voyaient, et même lui avait donné de l'argent pour l'obliger à quitter la comédie, ce qu'il n'avait pas voulu faire; et ainsi l'avait laissé sans lui dire adieu. Destin et les autres s'entre-demandèrent des nouvelles de leur quête, et ne s'en dirent point. Ragotin assura Destin qu'il avait laissé les comédiennes en bonne santé, quoique fort affligées de l'enlèvement de mademoiselle Angélique. La nuit vint, on soupa, et les nouveau-venus burent autant que les autres burent peu. Ragotin se mit en bonne humeur, défia tout le monde à boire, comme un fanfaron de taverne qu'il était, fit le plaisant et chanta des chansons en dépit de tout le monde; mais n'étant pas secondé, et le beau-frère de l'hôtesse ayant représenté à la compagnie que ce n'était pas bien de faire la débauche auprès d'un mort, Ragotin en fit moins de bruit et en but plus de vin. On se coucha; Destin et Léandre, dans la chambre qu'ils avaient déjà occupée; Ragotin, la Rancune et l'Olive, dans une petite chambre qui était auprès de la cuisine, et à côté de celle où était le corps du défunt, qu'on n'avait pas encore commencé d'ensevelir. L'hôtesse coucha dans une chambre haute, qui était voisine de celle où couchaient Destin et Léandre; et elle s'y mit pour n'avoir pas devant les yeux l'objet funeste d'un mari mort, et pour recevoir les consolations de ses amis, qui la vinrent visiter en grand nombre; car elle était une des plus grosses dames du bourg, et y avait toujours été autant aimée de tout le monde, que son mari y avait toujours été haï. Le silence régnait dans l'hôtellerie; les chiens y dormaient, puisqu'ils n'aboyaient point; tous les autres animaux y dormaient aussi ou le devaient faire; et cette tranquillité-là durait encore entre deux ou trois heures du matin, quand tout-à-coup Ragotin se mit à crier de toute sa force que la Rancune était mort. Tout d'un temps il éveilla l'Olive, alla faire lever Destin et Léandre, et les fit descendre dans sa chambre pour venir pleurer ou du moins voir la Rancune qui venait de mourir subitement à son côté, à ce qu'il disait. Destin et Léandre le suivirent, et la première chose qu'ils virent en entrant dans la chambre, ce fut la Rancune qui se promenait dans la chambre en homme qui se porte bien, quoique cela soit assez difficile après une mort subite. Ragotin qui entrait le premier ne l'eut pas plus tôt aperçu qu'il se rejeta en arrière, comme s'il eût été près de marcher sur un serpent, ou de mettre le pied dans un trou. Il fit un grand cri, devint pâle comme un mort, et heurta si rudement Destin et Léandre, quand il se jeta hors de la chambre à corps perdu, qu'il s'en fallut bien peu qu'il ne les portât par terre. Pendant que sa peur le fait fuir jusque dans le jardin de l'hôtellerie, où il hasarde de se morfondre, Destin et Léandre demandent à la Rancune des particularités de sa mort. La Rancune leur dit qu'il n'en savait pas tant que Ragotin, et ajouta qu'il n'était pas sage. L'Olive cependant riait comme un fou; la Rancune demeurait froid sans parler, selon sa coutume, et l'Olive et lui ne se déclaraient pas davantage. Léandre alla après Ragotin et le trouva caché derrière un arbre, tremblant plus de peur que de froid, quoiqu'il fût en chemise. Il avait l'imagination si pleine de la Rancune mort, qu'il prit d'abord Léandre pour un fantôme, et pensa s'enfuir quand il approcha de lui. Là-dessus Destin arriva, qui lui parut un autre fantôme. Ils n'en purent tirer la moindre parole, quelque chose qu'ils lui pussent dire; et enfin ils le prirent sous le bras pour le ramener dans sa chambre : mais dans le temps qu'ils allaient sortir du jardin, la Rancune s'étant présenté pour y entrer, Ragotin se défit de ceux qui le tenaient et s'alla jeter, regardant derrière lui d'un œil égaré, dans une grande touffe de rosiers, où il s'embarrassa depuis les pieds jusqu'à la tête, et ne put s'en tirer assez vite pour s'empêcher d'être joint par la Rancune, qui l'appela cent fois fou, et lui dit qu'il fallait l'enchaîner. Ils le tirèrent à trois hors de la touffe de rosiers où il s'était fourré. La Rancune lui donna une claque sur la peau nue, pour lui faire voir qu'il n'était pas mort; et enfin le petit homme effrayé fut ramené dans sa chambre et remis dans son lit; mais à peine y fut-il, qu'une clameur de voix féminines qu'ils entendirent dans la chambre voisine, leur donna à deviner ce que ce pouvait être. Ce n'étaient point les plaintes d'une femme affligée, c'étaient des cris effroyables de plusieurs femmes ensemble, comme quand elles ont peur.

Destin y alla et trouva quatre ou cinq femmes avec l'hôtesse qui cherchaient sous les lits, regardaient dans la cheminée, et paraissaient fort effrayées. Il leur demanda ce qu'elles avaient; et l'hôtesse, moitié hurlant, moitié parlant, lui dit qu'elle ne savait ce qu'était devenu le corps de son pauvre mari. En achevant de parler, elle se mit à hurler; et les autres femmes, comme de concert, lui répondirent en chœur, et toutes ensemble firent un bruit si grand et si lamentable, que tout ce qu'il y avait de gens dans l'hôtellerie entra dans la chambre, et ce qu'il y avait de voisins et de passants entra dans l'hôtellerie. Dans ce temps-là un maître chat s'était saisi d'un pigeon qu'une servante avait laissé demi-lardé sur la table de la cuisine; et se sauvant avec sa proie dans la chambre de Ragotin, s'était caché sous le lit où il avait couché avec la Rancune. La servante le suivit, un bâton de fagot à la main, et regardant sous le lit pour voir ce qu'était devenu son pigeon, elle se mit à crier tant qu'elle put, qu'elle avait trouvé son maître; et le répéta si souvent, que l'hôtesse et les autres femmes vinrent à elle. La servante sauta au cou de sa maîtresse, lui disant qu'elle avait trouvé son maître, avec un si grand transport de joie, que la pauvre veuve eut peur que son mari ne fût ressuscité; car on remarqua qu'elle devint pâle comme un criminel qu'on juge. Enfin la servante les fit regarder sous le lit, où ils aperçurent le corps mort dont ils étaient tant en peine. La difficulté ne fut pas si grande à le tirer de là, quoiqu'il fût bien pesant, qu'à savoir qui l'y avait mis. On le rapporta dans la chambre, où l'on commença de l'ensevelir. Les comédiens se retirèrent dans celle où avait couché Destin, qui ne pouvait rien comprendre dans ces bizarres accidents. Pour Léandre, il n'avait dans la tête que sa chère Angélique, ce qui le rendait rêveur. Ragotin était fâché de ce que la Rancune n'était pas mort, dont les railleries l'avaient si fort mortifié, qu'il ne parlait plus, contre sa coutume de parler incessamment, et de se mêler en toutes sortes de conversations, à propos ou non. La Rancune et l'Olive s'étaient si peu étonnés, et de la terreur panique de Ragotin, et de la transmigration d'un corps mort d'une chambre à l'autre sans aucun secours humain, au moins dont on eût connaissance, que Destin se douta qu'ils avaient beaucoup de part au prodige. Cependant l'affaire s'éclaircissait dans la cuisine de l'hôtellerie. Un valet de charrue, revenu des champs pour dîner, ayant entendu conter par une servante avec grande frayeur, que le corps de son maître s'était levé de lui-même et avait marché, lui dit qu'en passant par la cuisine à la pointe du jour, il avait vu deux hommes en chemise qui le portaient sur leurs épaules dans la chambre où on l'avait trouvé. Le frère du mort entendit ce que disait le valet, et trouva l'action fort mauvaise. La veuve le sut aussitôt et ses amies aussi ; les uns et les autres s'en scandalisèrent bien fort, et conclurent tout d'une voix qu'il fallait que ces hommes-là fussent des sorciers, qui voulaient faire quelque méchanceté de ce corps mort. Dans le temps que l'on jugeait si mal de la Rancune, il entra dans la cuisine pour faire porter à déjeuner dans leur chambre. Le frère du défunt lui demanda pourquoi il avait porté le corps de son

Le coffre à linge sale.

frère dans sa chambre? La Rancune, bien loin de lui répondre, ne le regarda pas seulement. La veuve lui fit la même question, il eut la même indifférence pour elle, ce que la bonne dame n'eut pas pour lui. Elle lui sauta aux yeux, furieuse comme une lionne à qui l'on a ravi ses petits (j'ai peur que la comparaison ne soit ici trop magnifique). Son beau-frère donna un coup de poing à la Rancune, les amies de l'hôtesse ne l'épargnèrent pas : les servantes s'en mêlèrent et les valets aussi : mais il n'y avait pas place en un homme seul pour tant de frappeurs, et ils s'entrenuisaient les uns aux autres. La Rancune seul contre plusieurs, et par conséquent plusieurs contre lui, ne s'étonna pas du nombre de ses ennemis, et, faisant de nécessité vertu, commença à jouer des bras de toute la force que Dieu lui avait donnée, laissant le reste au hasard. Jamais combat inégal ne fut plus disputé. Mais aussi la Rancune, conservant son jugement dans le péril, se servait de son adresse aussi bien que de sa force, ménageait ses coups et les faisait profiter le plus qu'il pouvait. Il donna tel soufflet qui, ne portant pas à plomb sur la première joue qu'il rencontrait, et ne faisant que glisser, s'il faut ainsi dire, allait jusqu'à la seconde, même la troisième joue, parce qu'il donnait la plupart de ses coups en faisant la demi-pirouette, et tel soufflet tira trois sons différents de trois différentes mâchoires. Au bruit des combattants, l'Olive descendit dans la cuisine; et à peine eut-il le temps de discerner son compagnon d'entre tous ceux qui le battaient, qu'il se vit battre, et même plus que lui de qui la vigoureuse résistance commençait à se faire craindre. Deux ou trois donc des plus maltraités par la Rancune se jetèrent sur l'Olive, peut-être pour se racquitter. Le bruit en augmenta; et en même temps l'hôtesse reçut dans son petit œil un coup de poing qui lui fit voir cent mille chandelles (c'est un nombre certain pour un incertain) et la mit hors de combat. Elle hurla plus fort et plus franchement qu'elle n'avait fait à la mort de son mari. Ses hurlements attirèrent les voisins dans la maison, et firent descendre dans la cuisine Destin et Léandre. Quoiqu'ils y vinssent avec un esprit de pacification, on leur fit d'abord la guerre sans la leur déclarer. Les coups de poing ne leur manquèrent pas, et ils n'en laissèrent point manquer ceux qui leur en donnèrent. L'hôtesse, ses amies et ses servantes, criaient aux voleurs et n'étaient plus que les spectatrices du combat; les unes les yeux pochés, les autres le nez sanglant, les autres les mâchoires brisées et toutes décoiffées. Les voisins avaient pris parti pour la voisine contre ceux qu'elle appelait voleurs. Il faudrait une meilleure plume que la mienne pour bien représenter les beaux coups de poing qui s'y donnèrent. Enfin, l'animosité et la fureur se rendant maîtresses des uns et des autres, on commençait à se saisir des meubles qui se peuvent jeter à la tête, quand le curé entra dans la cuisine et tâcha de faire cesser le combat. En vérité, quelque respect que l'on eût pour lui, il eût eu bien de la peine à séparer les combattants, si leur lassitude ne s'en fût mêlée. Tous actes d'hostilité cessèrent donc de part et d'autre, mais non pas le bruit : car chacun voulant parler le premier, et les femmes plus que les hommes, avec leurs voix de fausset, le pauvre bonhomme fut contraint de se boucher les oreilles et de gagner la porte. Cela fit taire les plus tumultueux. Il rentra dans le champ de bataille, et le frère de l'hôte ayant pris la parole par son ordre, lui fit des plaintes du corps mort transporté d'une chambre à l'autre. Il eût exagéré la méchante action plus qu'il ne fit, s'il eût eu moins de sang à cracher, outre celui qui sortait de son nez, qu'il ne pouvait arrêter. La Rancune et l'Olive avouèrent ce qu'on leur imputait, et protestèrent qu'ils ne l'avaient pas fait à mauvaise intention, mais seulement pour faire peur à un de leurs camarades, comme ils avaient fait. Le curé les en blâma fort, et leur fit comprendre la conséquence d'une telle entreprise, qui passait la raillerie; et comme il était homme d'esprit et avait grand crédit parmi ses paroissiens, il n'eut pas grand'peine à pacifier le différend, et qui plus y mit, plus y perdit. Mais la Discorde aux crins de couleuvre n'avait pas encore fait dans cette maison-là tout ce qu'elle avait envie d'y faire. On entendit dans la chambre haute des hurlements fort peu différents de ceux que fait un pourceau qu'on égorge; et celui qui les faisait n'était autre que le petit Ragotin. Le curé, les comédiens et plusieurs autres coururent à lui et le trouvèrent tout le corps, à la réserve de la tête, enfoncé dans un grand coffre de bois qui servait à serrer le linge de l'hôtellerie; et ce qu'il y avait de plus fâcheux pour le pauvre encoffré, le dessus du coffre, fort pesant et massif, était tombé sur ses jambes, et les pressait d'une manière fort douloureuse à voir. Une puissante servante, qui n'était pas loin du coffre quand ils entrèrent, et qui leur paraissait fort émue, fut soupçonnée d'avoir si mal placé Ragotin. La chose était vraie et elle en était toute fière, si bien que, s'occupant à faire un des lits de la chambre, elle ne daigna pas regarder de quelle façon on tirait Ragotin du coffre, ni même répondre à ceux qui lui demandèrent d'où venait le bruit qu'on avait entendu. Cependant le demi-homme fut tiré de la chausse-trappe, et ne fut pas plus tôt sur ses pieds qu'il courut à une épée. On l'empêcha de la prendre, mais on ne put l'empêcher de joindre la grande servante, qu'il ne put aussi empêcher de lui donner un si grand coup sur la tête, que tout le vaste siège de son étroite raison en fut ébranlé. Il en fit trois pas en arrière; mais c'eût été reculer pour mieux sauter, si l'Olive ne l'eût pas retenu par ses chausses, comme il allait s'élancer comme un serpent contre sa redoutable ennemie. L'effort qu'il fit, quoique vain, fut fort violent; la ceinture de ses chausses s'en rompit, et le silence aussi de l'assistance qui se mit à rire. Le curé en oublia sa gravité, et le frère de l'hôte de faire le triste. Le seul Ragotin n'avait pas envie de rire, et sa colère s'était tournée contre l'Olive, qui, s'en sentant injurié, le porta tout brandi, comme on dit à Paris, sur le lit que faisait la servante, et là, d'une force d'Hercule, il acheva de faire tomber ses chausses dont la ceinture était déjà rompue, et haussant et baissant les mains dru et menu sur les cuisses et sur les lieux voisins, en moins de rien les rendit rouges comme de l'écarlate. Le hasardeux Ragotin se précipita courageusement du lit en bas; mais un coup si hardi n'eut pas le succès qu'il méritait. Son pied entra dans un pot de chambre que l'on avait laissé dans la ruelle du lit pour son grand malheur, et y entra si avant, que, ne l'en pouvant retirer à l'aide de son autre pied, il n'osa sortir de la ruelle du lit où il était, de peur de divertir davantage la compagnie et d'attirer sur soi la raillerie qu'il entendait moins que personne au monde. Chacun s'étonnait fort de le voir si tranquille après avoir été si ému. La Rancune se douta que ce n'était pas sans cause. Il le fit sortir de la ruelle du lit, moitié bon gré, moitié par force; et lors tout le monde vit où était l'enclouûre, et personne ne put s'empêcher de rire, voyant le pied de métal que s'était fait le petit homme. Nous le laisserons foulant l'étain d'un pied superbe, pour aller recevoir un train qui entra en même temps dans l'hôtellerie.

CHAPITRE VIII.

Ce qui arriva du pied de Ragotin.

Si Ragotin n'eût pu, de son chef et sans l'aide de ses amis, se dépoter le pied, je veux dire le tirer hors du méchant pot de chambre où il était si malheureusement entré, sa colère eût pour le moins duré le reste du jour ; mais il fut contraint de rabattre quelque chose de son orgueil naturel et de filer doux, priant

Le pot de chambre.

humblement Destin et la Rancune de travailler à la liberté de son pied droit ou gauche, car je n'ai pas su lequel. Il ne s'adressa pas à l'Olive, à cause de ce qui s'était passé entre eux ; mais l'Olive vint à son secours sans se faire prier, et ses deux camarades et lui firent ce qu'ils purent pour le soulager. Les efforts que le petit homme avait faits pour tirer son pied hors du pot l'avaient enflé, et ceux que faisaient Destin et l'Olive l'enflaient encore davantage. La Rancune y avait d'abord mis la main; mais si maladroitement, ou plutôt si malicieusement, que Ragotin crut qu'il voulait l'estropier à perpétuité. Il l'avait prié de ne s'en mêler plus; il pria les autres de la même chose, et se coucha sur un lit, en attendant qu'on lui eût fait venir un serrurier pour lui limer le pot de chambre sur le pied. Le reste du jour se passa assez pacifiquement dans l'hôtellerie et assez tristement entre Destin et Léandre; l'un fort en peine de son valet, qui ne revenait point lui apprendre des nouvelles de sa maîtresse, comme il le lui avait promis, et l'autre ne pouvant se réjouir éloigné de sa chère mademoiselle de l'Étoile, outre qu'il prenait part à l'enlèvement de mademoiselle Angélique, et que Léandre lui faisait pitié, sur le visage duquel il voyait toutes les marques d'une extrême affliction. La Rancune et l'Olive prirent bientôt parti avec quelques habitants du bourg qui jouaient à la boule, et Ragotin, après avoir fait travailler à son pied, dormit le reste du jour, soit qu'il en eût envie, ou qu'il fût bien aise de ne pas paraître en public, après les mauvaises affaires qui lui étaient arrivées. Le corps de l'hôte fut porté à sa dernière demeure; et l'hôtesse, nonobstant les belles pensées de la mort que lui devait avoir données celle de son mari, ne laissa pas de faire payer en Arabe deux Anglais qui allaient de Bretagne à Paris. Le soleil venait de se coucher quand Destin et Léandre, qui ne pouvaient quitter la fenêtre de leur chambre, virent arriver dans l'hôtellerie un carrosse à quatre chevaux, suivi de trois hommes à cheval et de quatre ou cinq laquais. Une servante les vint prier de vouloir céder leur chambre au train qui venait d'arriver et ainsi Ragotin fut obligé de se faire voir, quoiqu'il eût envie de garder la chambre, et suivit Destin et Léandre dans celle où le jour précédent il avait cru avoir vu mourir la Rancune. Destin fut reconnu dans l'hôtellerie par un des messieurs du carrosse, ce même conseiller du parlement de Rennes avec qui il avait fait connaissance pendant les noces qui furent si malheureuses à la pauvre la Caverne. Ce sénateur breton demanda à Destin des nouvelles d'Angélique, et lui témoigna d'avoir du déplaisir de ce qu'elle n'était point retrouvée; il se nommait la Garouflière, ce qui me fait croire qu'il était plutôt Angevin que Breton ; car on ne voit pas plus de noms bas-bretons commencer par *ker*, que l'on n'en voit d'angevins se terminer en *ière*, de normands en *ville*, de picards en *cour*, et des peuples voisins de la Garonne en *ac*. Pour revenir à M. de la Garouflière, il avait de l'esprit, comme je vous l'ai déjà dit, et ne se croyait point homme de province en aucune manière, venant d'ordinaire, hors de son semestre, manger quelque argent dans les auberges de Paris, et prenant le deuil quand la cour le prenait ; ce qui, bien vérifié et enregistré, devait être une lettre, non pas de noblesse tout-à-fait, mais de non-bourgeoisie, si j'ose ainsi parler. De plus il était bel esprit, par la raison que tout le monde presque se pique d'être sensible aux divertissements de l'esprit, tant ceux qui les connaissent que les ignorants présomptueux ou brutaux qui jugent témérairement des vers et de la prose, encore qu'ils croient qu'il y a du déshonneur à bien écrire, et qu'ils reprocheraient, en cas de besoin, à un homme *qu'il fait des livres*, comme ils lui reprocheraient *qu'il fait de la fausse monnaie*. Les comédiens s'en trouvent bien ; ils en sont caressés davantage dans les villes où ils représentent ; car, étant les perroquets ou sansonnets des poëtes, et même quelques-uns d'entre eux qui sont nés avec de l'esprit se mêlant quelquefois de faire des comédies, ou de leur propre fonds, ou de parties empruntées, il y a quelque sorte d'ambition à les connaître ou à les hanter. De nos jours, on a rendu en quelque façon justice à leur profession, et on les estime plus que l'on ne faisait autrefois. Aussi est-il vrai que le peuple trouve dans la comédie un divertissement des plus innocents et qui peut à la fois instruire et plaire. Elle est aujourd'hui purgée, au moins à Paris, de tout ce qu'elle avait de licencieux. Il serait à souhaiter qu'elle le fût aussi des filous, des pages et des laquais et autres ordures du genre humain, que la facilité de prendre des manteaux y attire encore plus que ne le faisaient autrefois les mauvaises plaisanteries des farceurs : mais aujourd'hui la farce est comme abolie, et j'ose dire qu'il y a des compagnies particulières où l'on rit de bon cœur des équivoques basses et sales qu'on y débite, desquelles on se scandaliserait dans les premières loges de l'hôtel de Bourgogne.

Finissons la digression. M. de la Garouflière fut ravi de trouver Destin dans l'hôtellerie, et lui fit promettre de souper avec la compagnie du carrosse, qui était composée du nouveau marié du Mans et de la nouvelle mariée qu'il menait en son pays de Laval, de madame sa mère, j'entends du marié, d'un gentilhomme de la province, d'un avocat du conseil et de M. de la Garouflière, tous parents des uns et des autres, et que Destin avait vus à la noce où mademoiselle Angélique avait été enlevée. Ajoutez à tous ceux que je viens de nommer une servante ou femme de chambre, et vous trouverez que le carrosse qui les portait était bien plein : outre que madame Bouvillon (c'est ainsi que s'appelait la mère du marié) était une des plus grosses femmes de France, quoique des plus courtes, et l'on m'a assuré qu'elle portait d'ordinaire sur elle, bon an mal an, trente quintaux de chair, sans les autres matières pesantes ou solides qui entrent dans la composition d'un corps humain. Après ce que je viens de vous dire, vous n'aurez pas de peine à croire qu'elle était très succulente, comme sont toutes les femmes ragotes. On servit à souper. Destin y parut avec sa bonne mine qui ne le quittait point et qui n'était point altérée alors par du linge sale, Léandre lui en ayant prêté du blanc. Il parla peu, selon sa coutume; et, quand il eût parlé autant que les autres qui parlèrent beaucoup, il n'eût peut-être pas tant dit de choses inutiles qu'ils en dirent. La Garouflière lui servit de tout ce qu'il y avait de meilleur sur la table. Madame Bouvillon en fit de même, à l'envi de la Garouflière, avec si peu de discrétion, que tous les plats de la table se trouvèrent vides en un moment, et l'assiette de Destin si pleine d'ailes et de cuisses de poulets, que je me suis souvent étonné depuis comment on avait pu faire par hasard une si haute pyramide de viande sur si peu de base qu'est le cul d'une assiette. La Garouflière n'y prenait pas garde, tant il était attentivement occupé à parler de vers à Destin et à lui donner bonne opinion de son esprit. Madame Bouvillon, qui avait aussi son dessein, continuait toujours ses bons offices au comédien, et, ne trouvant plus de poulets à couper, fut réduite à lui servir des tranches de gigot de mouton; il ne savait où les mettre, et en tenait une en chaque main pour leur trouver place quelque part, quand le gentilhomme, qui ne voulut pas s'en taire au préjudice de son appétit, demanda à Destin, en souriant, s'il mangerait bien tout ce qui était dans son assiette. Destin y jeta les yeux, et fut bien étonné d'y voir, presque au niveau de son menton, la pile de poulets dépecés dont la Garouffière et la Bouvillon avaient érigé un trophée à son mérite; il en rougit, et ne put s'empêcher d'en rire; la Bouvillon en fut déconcertée; la Garouffière en rit fort, et donna si bien le branle à toute la compagnie, qu'elle en éclata à quatre ou cinq reprises. Les valets reprirent où leurs maîtres avaient quitté, et rirent à leur tour; ce que la jeune mariée trouva si plaisant que, s'époufant de rire en commençant de boire, elle couvrit le visage de sa belle-mère et celui de son mari de la plus grande partie de ce qui était dans son verre, et distribua le reste sur la table et sur les habits de ceux qui y étaient assis. On recommença à rire, et la Bouvillon fut la seule qui n'en rit point, mais qui rougit beaucoup, et regarda d'un œil courroucé sa pauvre bru, ce qui rabattit un peu sa joie. Enfin on acheva de rire, parce que l'on ne peut pas rire toujours. On s'essuya les yeux, la Bouvillon et son fils essuyèrent le vin qui leur dégouttait des yeux et du visage, et la jeune mariée leur en fit des excuses, ayant encore bien de la peine à s'empêcher de rire. Destin mit son assiette au bout de la table, et chacun y reprit ce qui lui appartenait. On ne put parler d'autre chose tant que le souper dura, et la raillerie, bonne ou mauvaise, en fut poussée bien loin, quoique le sérieux dont s'arma mal à propos madame Bouvillon troublât en quelque façon la gaîté de la compagnie. Aussitôt qu'on eut desservi, les dames se retirèrent dans leurs chambres; l'avocat et le gentilhomme se firent donner des cartes, et jouèrent au piquet. La Garouffière et Destin, qui n'étaient pas de ceux qui ne savent que faire quand ils ne jouent point, s'entretinrent ensemble fort spirituellement, et firent peut-être une des plus belles conversations qui se soient jamais faites dans une hôtellerie du Bas-Maine. La Garouffière parla à dessein de tout ce qu'il croyait devoir être le plus caché à un comédien de qui l'esprit a ordinairement de plus étroites limites que la mémoire, et Destin en discourut comme un homme fort éclairé et qui savait bien son monde. Entre autres choses, il fit, avec tout le discernement imaginable, la distinction des femmes qui ont beaucoup d'esprit et qui ne le font paraître que quand elles ont à s'en servir, d'avec celles qui ne s'en servent que pour le faire paraître, et de celles qui envient aux mauvais plaisants leurs qualités de drôles et de bons compagnons, et qui rient des allusions et équivoques licencieuses, qui en font elles-mêmes, et, pour tout dire, qui sont des rieuses de quartier, d'avec celles qui font la plus aimable partie du beau monde et qui sont de la bonne cabale. Il parla aussi des femmes qui savent aussi bien écrire que les hommes qui s'en mêlent, et qui, si elles ne donnent point au public les productions de leur esprit, ne le font que par modestie. La Garouffière, qui était fort honnête homme et qui se connaissait bien en honnêtes gens, ne pouvait comprendre comment un comédien de campagne pouvait avoir une si parfaite connaissance de la véritable honnêteté.

Pendant qu'il l'admire en soi-même et que l'avocat et le gentilhomme, qui ne jouaient plus parce qu'ils s'étaient querellés sur une carte tournée, bâillaient fréquemment de trop grande envie de dormir, on vint dresser trois lits dans la chambre où ils avaient soupé, et Destin se retira dans celle de ses camarades, où il coucha avec Léandre.

CHAPITRE IX.

Autre disgrâce de Ragotin.

La Rancune et Ragotin couchèrent ensemble. Pour l'Olive, il passa une partie de la nuit à recoudre son habit, qui s'était décousu en plusieurs endroits quand il s'était harpé avec le colère Ragotin. Ceux qui ont connu particulièrement ce petit Manceau, ont remarqué que toutes les fois qu'il avait eu à se gourmer contre quelqu'un, ce qui lui arrivait souvent, il avait toujours décousu ou déchiré les habits de son ennemi, en tout ou en partie. C'était son coup sûr; et qui eût eu affaire contre lui à coups de poing en combat assigné, eût pu défendre son habit comme on défend le visage en faisant des armes. La Rancune lui demanda en se couchant s'il se trouvait mal, parce qu'il avait fort mauvais visage. Ragotin lui dit qu'il ne s'était jamais mieux porté. Ils ne furent pas longtemps à s'endormir, et bien prit à Ragotin de ce que la Rancune respecta la bonne compagnie qui était arrivée dans l'hôtellerie, et n'en voulut pas troubler le repos : sans cela le petit homme eût mal passé la nuit. L'Olive cependant travaillait à son habit; et après lui avoir fait tout ce qu'il y avait à faire, il prit les habits de Ragotin, et aussi adroitement qu'aurait fait un tailleur, il en étrécit le pourpoint et les chausses, et les remit en leurs places; et ayant passé la plus grande partie de la nuit à coudre et à découdre, se coucha dans le lit où dormaient Ragotin et la Rancune. On se leva de bonne heure comme on fait toujours dans les hôtelleries, où le bruit commence avec le jour. La Rancune dit encore à Ragotin, qu'il avait mauvais visage; l'Olive lui dit la même chose. Il commença de le croire, et, trouvant en même temps son habit trop étroit de quatre doigts, il ne douta plus qu'il n'eût enflé d'autant dans le peu de temps qu'il avait dormi, et s'effraya fort d'une enflure si subite. La Rancune et l'Olive lui exagéraient toujours son mauvais visage; et Destin et Léandre, qu'ils avaient avertis de la tromperie, lui dirent aussi qu'il était fort changé. Le pauvre Ragotin en avait la larme à l'œil; Destin ne put s'empêcher d'en sourire, dont il se fâcha bien fort. Il alla dans la cuisine de l'hôtellerie, où tout le monde lui dit ce que lui avaient dit les comédiens, même les gens du carrosse, qui, ayant une grande traite à faire, s'étaient levés de bonne heure. Ils firent déjeuner les comédiens avec eux, et tout le monde but à la santé de Ragotin malade, qui, au lieu de leur en faire civilité, s'en alla, grondant contre eux et fort désolé, chez le chirurgien du bourg, à qui il rendit compte de son enflure. Le chirurgien discourut de la cause et de l'effet de son mal, qu'il connaissait aussi peu que l'algèbre; et lui parla un quart-d'heure durant en termes de son art, qui n'était non plus à propos au sujet que s'il eût parlé du prêtre Jean. Ragotin s'en impatienta; et lui demanda, jurant Dieu admirablement pour un petit homme, s'il n'avait autre chose à lui dire. Le chirurgien voulait encore raisonner : Ragotin le voulut battre; et l'eût fait s'il ne se fût humilié devant ce colère malade, à qui il tira trois palettes de sang, et lui ventousa les épaules vaille que vaille. La cure venait d'être achevée, quand Léandre vint dire à Ragotin, que s'il lui voulait promettre de ne point se fâcher, il lui apprendrait une méchanceté qu'on lui avait faite. Il promit plus que Léandre ne voulut, et jura sur sa damnation éternelle de tenir tout ce qu'il promettait. Léandre dit qu'il voulait avoir des témoins de son serment, et le ramena dans l'hôtellerie, où en présence de tout ce qu'il y avait de maîtres et de valets, il le fit jurer de nouveau, et apprit qu'on lui avait étréci ses habits. Ragotin en rougit d'abord de honte; puis, pâlissant de colère, il allait enfreindre son horrible serment, quand sept ou huit personnes se mirent à lui faire des remontrances à la fois, avec tant de véhémence, que bien qu'il jurât de toute sa force, on n'en entendit rien. Il cessa de parler, mais les autres ne cessèrent pas de lui crier aux oreilles, et le firent si longtemps que le pauvre homme en pensa perdre l'ouïe. Enfin il s'en tira mieux qu'on ne pensait, et se mit à chanter de toute sa force les premières chansons qui lui vinrent à la bouche : ce qui changea le grand bruit de voix confuses en grands éclats de risées, qui passèrent des maîtres aux valets, et du lieu où se passa l'action dans tous les endroits de l'hôtellerie, où différents sujets attiraient différentes personnes. Tandis que le bruit de tant de personnes qui riaient ensemble, diminue peu à peu et se perd dans l'air, de la façon à peu près que fait la voix des échos, le chronologiste fidèle finira le présent chapitre sous le bon plaisir du lecteur bénévole ou malévole, ou tel que le ciel l'aura fait naître.

CHAPITRE X.

Comment madame Bouvillon ne put résister à une tentation, et eut une bosse au front.

Le carrosse qui avait à faire une grande journée, fut prêt de bonne heure. Les sept personnes qui l'emplissaient à bonne mesure s'y entassèrent. Il partit, et à dix pas de l'hôtellerie l'essieu se rompit par le milieu. Le cocher en maudit sa vie; on le gronda, comme s'il eût été responsable de la durée d'un essieu. Il fallut se tirer du carrosse un à un, et reprendre le chemin de l'hôtellerie. Les habitants du carrosse échoué furent fort embarrassés quand on leur dit que dans tout le pays il n'y avait point de charron plus près que celui d'un gros bourg à trois lieues de là. Ils tinrent conseil, et ne résolurent rien, voyant bien que leur carrosse ne serait en état de rouler que le jour suivant. La Bouvillon, qui s'était conservé une grande autorité sur son fils, parce que tout le bien de la maison venait d'elle, lui commanda de monter sur un des chevaux qui portaient les valets de chambre,

Tentation de madame Bouvillon.

et de faire monter sa femme sur l'autre, pour aller rendre visite à un vieux oncle qu'elle avait, curé du même bourg où l'on était allé chercher un charron. Le seigneur de ce bourg était parent du conseiller, et connu de l'avocat et du gentilhomme. Il leur prit envie de l'aller voir de compagnie. L'hôtesse leur fit trouver des montures, en les louant un peu cher; et ainsi la Bouvillon, seule de sa troupe, demeura dans l'hôtellerie, se trouvant un peu fatiguée, ou feignant de l'être; outre que sa taille ronde ne lui permettait pas de monter même sur un âne, quand on aurait pu en trouver d'assez fort pour la porter. Elle envoya sa servante à Destin le prier de venir dîner avec elle, et, en attendant le dîner, se recoiffa, se frisa et se poudra, se mit un tablier et un peignoir à dentelle; et d'un collet de point de Gênes de son fils, se fit une cornette. Elle tira d'une cassette une des jupes de noces de sa bru, et s'en para : enfin elle se transforma en une petite nymphe replète. Destin eût bien voulu dîner en liberté avec ses camarades : mais comment eût-il refusé sa très humble servante, madame de Bouvillon, qui l'envoya quérir pour dîner aussitôt que l'on eut servi? Destin fut surpris de la voir si gaillardement vêtue. Elle le reçut d'un visage riant, lui prit les mains pour les faire laver, et les lui serra d'une manière qui voulait dire quelque chose. Il songeait moins à dîner qu'au sujet pourquoi il en avait été prié; mais la Bouvillon lui reprocha si souvent qu'il ne mangeait point, qu'il ne put s'en défendre. Il ne savait que lui dire, outre qu'il parlait peu de son naturel. Pour la Bouvillon, elle n'était que trop ingénieuse à trouver matière de parler. Quand une personne qui parle beaucoup se rencontre tête à tête avec une autre qui ne parle guère, et qui ne lui répond pas, elle en parle davantage; car jugeant autrui par soi-même, et voyant qu'on n'a point reparti à ce qu'elle a avancé, comme elle aurait fait en pareille occasion, elle croit que ce qu'elle a dit n'a point assez plu à son indifférent auditeur; elle veut réparer sa faute par ce qu'elle dira, qui vaut le plus souvent encore moins que ce qu'elle a déjà dit, et ne déparle point tant qu'on a de l'attention pour elle. On peut s'en séparer; mais parce qu'il se trouve de ces infatigables parleurs qui continuent de parler seuls quand ils s'en sont mis en humeur en compagnie, je crois que le mieux que l'on puisse faire avec eux, c'est de parler autant et plus qu'eux, s'il se peut; car tout le monde ensemble ne retiendra pas un grand parleur auprès d'un autre qui lui aura rompu le dé, et le voudra faire auditeur par force. J'appuie cette réflexion-là sur plusieurs expériences, et je ne sais même si je ne suis point de ceux que je blâme. Pour la non pareille Bouvillon, elle était la plus grande diseuse de rien qui ait jamais été; et non-seulement elle parlait seule, mais aussi elle se répondait. La taciturnité de Destin lui donnait beau jeu, et ayant dessein de lui plaire, elle battit un grand pays. Elle lui conta tout ce qui se passait dans la ville de Laval, où elle faisait sa demeure, lui en fit l'histoire scandaleuse, et ne déchira point de particulier ou de famille entière, qu'elle ne tirât du mal qu'elle en disait matière de dire du bien d'elle; protestant, à chaque défaut qu'elle remarquait en son prochain, que pour elle, encore qu'elle eût plusieurs défauts, elle n'avait pas celui dont elle parlait. Destin en fut fort mortifié au commencement, et ne lui répondait point; mais enfin il se crut obligé de sourire de temps en temps, et de dire quelquefois, ou *Cela est fort plaisant*, ou *Cela est fort étrange*, et le plus souvent il dit l'un et l'autre fort mal à propos. On desservit quand Destin cessa de manger. Madame Bouvillon le fit asseoir auprès d'elle, sur le pied d'un lit; et sa servante qui laissa sortir celles de l'hôtellerie les premières, en sortant de la chambre tira la porte après elle. La Bouvillon, qui crut peut-être que Destin y avait pris garde : Voyez un peu cette étourdie qui a fermé la porte sur nous! J'irai l'ouvrir, s'il vous plaît, lui répondit Destin. Je ne dis pas cela, répondit la Bouvillon en l'arrêtant; mais vous savez bien que deux personnes seules de notre sexe enfermées ensemble, comme elles peuvent faire ce qui leur plaira, on en peut aussi croire ce que l'on voudra. Ce n'est pas des personnes qui vous ressemblent que l'on fait des jugements téméraires, lui repartit Destin. Je ne dis pas cela, dit la Bouvillon; mais on ne peut avoir trop de précaution contre la médisance. Il faut qu'elle ait quelque fondement, lui repartit Destin; et pour ce qui est de vous et de moi, on sait bien le peu de proportion qu'il y a entre un pauvre comédien et une femme de votre condition. Vous plaît-il donc, continua-t-il, que j'aille ouvrir la porte? Je ne dis pas cela, dit la Bouvillon, en l'allant fermer au verrou : car, ajouta-t-elle, peut-être qu'on ne prendra pas garde si elle est fermée ou non; et, fermée pour fermée, il vaut mieux qu'elle ne se puisse ouvrir que de notre consentement.

L'ayant fait comme elle l'avait dit, elle approcha de Destin son gros visage fort enflammé et ses petits yeux fort étincelants, et lui donna bien à penser de quelle façon il se retirerait à son honneur de la bataille que vraisemblablement elle allait lui présenter. La grosse sensuelle ôta son mouchoir du cou, et étala aux yeux de Destin, qui n'y prenait pas grand plaisir, dix livres de tétons pour le moins, c'est-à-dire la troisième partie de son sein, le reste étant distribué à poids égal sous ses deux aisselles. Sa mauvaise intention la faisant rougir (car elles rougissent aussi les dévergondées), sa gorge n'avait pas moins de rouge que son visage, et l'un et l'autre auraient été pris de loin pour un tapador d'écarlate. Destin rougissait aussi, mais de pudeur, au lieu que la Bouvillon, qui n'en avait plus, rougissait, je vous laisse à penser de quoi. Elle s'écria qu'elle avait quelque petite bête dans le dos; et, se remuant en son harnais comme quand on y sent quelque démangeaison, elle pria Destin d'y fourrer la main. Le pauvre garçon le fit en tremblant, et cependant la Bouvillon, lui tâtant les flancs au défaut du pourpoint, lui demanda s'il n'était point chatouilleux. Il fallait combattre ou se rendre, quand Ragotin se fit entendre de la porte, frappant des pieds et des mains comme s'il eût voulu la rompre, et criant à Destin qu'il ouvrît promptement. Destin tira sa main du dos suant de la Bouvillon, pour aller ouvrir à Ragotin, qui faisait toujours un bruit de diable; et, voulant passer entre elle et la table, assez adroitement pour ne pas la toucher, il rencontra du pied quelque chose qui le fit broncher, et se choqua la tête contre un banc, assez rudement pour en être quelque temps étourdi. La Bouvillon cependant, ayant repris son mouchoir à la hâte, alla ouvrir à l'impétueux Ragotin, qui en même temps, poussant la porte de l'autre côté de toute sa force, la fit donner si rudement contre le visage de la pauvre dame, qu'elle en eut le nez écaché, et de plus une bosse au front grosse comme le poing. Elle cria qu'elle était morte. Le petit étourdi ne lui en fit pas la moindre excuse; et, sautant, et répétant : Mademoiselle Angélique est retrouvée! mademoiselle Angélique est ici! pensa mettre en colère Destin, qui appelait tant qu'il pouvait la servante de la Bouvillon au secours de sa maîtresse, et n'en pouvait être entendu à cause du bruit de Ragotin. Cette servante enfin apporta de l'eau et une serviette blanche. Destin et elle réparèrent le mieux qu'ils purent le dommage que la porte trop rudement poussée avait fait à la pauvre dame. Quelque impatience qu'eût Destin de savoir si Ragotin disait vrai, il ne suivit point son impétuosité, et ne quitta point la Bouvillon que son visage ne fût lavé et essuyé, et la bosse de son front bandée, non sans appeler souvent Ragotin étourdi, qui, pour tout cela, ne laissa pas de le tirailler pour le faire venir où il avait envie de la conduire.

CHAPITRE XI.

Des moins divertissants du présent volume.

Il était vrai que mademoiselle Angélique venait d'arriver, conduite par le valet de Léandre. Ce valet eut assez d'esprit pour ne donner point à connaître que Léandre fût son maître; et mademoiselle Angélique fit l'étonnée de le voir si bien vêtu, et fit par adresse ce que la Rancune et l'Olive avaient fait tout de bon. Léandre demandait à mademoiselle Angélique, et à son valet qu'il faisait passer pour un de ses amis, où et comment il l'avait trouvée, lorsque Ragotin entra, menant Destin comme en triomphe, ou plutôt le traînant après soi, parce qu'il n'allait pas assez vite au gré de son esprit chaud. Destin et Angélique s'embrassèrent avec de grands témoignages d'amitié et avec cette tendresse que ressentent les personnes qui s'aiment quand, après une longue absence, ou quand, n'espérant plus de se revoir, elles se trouvent ensemble par une rencontre inopinée. Léandre et elle ne se caressèrent que de leurs yeux, qui se dirent bien des choses, si peu qu'ils se regardèrent, remettant le reste à la première entrevue particulière. Cependant le valet de Léandre commença sa narration, et dit à son maître, comme s'il eût parlé à son ami, qu'après qu'il l'eut quitté pour suivre les ravisseurs d'Angélique, comme il l'en avait prié, il ne les avait perdus de vue qu'à la couchée; et le lendemain jusqu'à un bois, à l'entrée duquel il avait été bien étonné de trouver mademoiselle Angélique seule, à pied et fort éplorée. Et il ajouta que, lui ayant dit qu'il était ami de Léandre, et que c'était à sa prière qu'il la suivait, elle s'était fort consolée, et l'avait conjuré de la conduire au Mans, ou de la mener auprès de Léandre s'il savait où le trouver. C'est, continua-t-il, à mademoiselle à vous dire pourquoi ceux qui l'enlevaient l'ont ainsi abandonnée, car je ne lui en ai osé parler, la voyant si affligée pendant le chemin que nous avons fait ensemble, que j'ai eu souvent peur que ses sanglots ne la suffoquassent.

Les moins curieux de la compagnie eurent grande impatience d'apprendre de mademoiselle Angélique une aventure qui leur semblait si étrange : car que pouvait-on se figurer d'une fille enlevée avec tant de violence, et rendue ou bien abandonnée si facilement, et sans que les ravisseurs y fussent forcés? Mademoiselle Angélique pria qu'on fit en sorte qu'elle se pût coucher; mais, l'hôtellerie se trouvant pleine, le bon curé lui fit donner une chambre chez sa sœur, qui logeait dans la maison voisine, et qui était veuve d'un des plus riches fermiers du pays. Angélique n'avait pas si grand besoin de dormir que de se reposer; c'est pourquoi Destin et Léandre l'allèrent trouver aussitôt qu'ils surent qu'elle était dans son lit. Quoiqu'elle fût bien aise que Destin fût confident de son amour, elle ne pouvait le regarder sans rougir. Destin eut pitié de sa confusion; et, pour l'occuper à autre chose qu'à se défaire, la pria de leur conter ce que le valet de Léandre n'avait pu dire, ce qu'elle fit de cette sorte : Vous pouvez bien vous figurer quelle fut la surprise de ma mère et la mienne, lorsque, nous promenant dans le parc de la maison où nous étions, nous en vîmes ouvrir une petite porte qui donnait dans la campagne, et entrer par-là cinq ou six hommes qui se saisirent de moi sans presque regarder ma mère, et m'emportèrent demi-morte de frayeur jusqu'auprès de leurs chevaux. Ma mère, que vous savez être une des plus résolues femmes du monde, se jeta toute furieuse sur le premier qu'elle trouva, et le mit en si pitoyable état, que, ne pouvant se tirer de ses mains, il fut contraint d'appeler ses compagnons à son aide. Celui qui le secourut, et qui fut assez lâche pour battre ma mère, comme je l'entendis s'en vanter par le chemin, était l'auteur de l'entreprise. Il ne s'approcha point de moi tant que la nuit dura, pendant laquelle nous marchâmes comme des gens qui fuient et que l'on suit. Si nous eussions passé par des lieux habités, mes cris étaient capables de les faire arrêter; mais ils se détournèrent autant qu'ils purent de tous les villages qu'ils trouvèrent, à la réserve d'un hameau, dont je réveillai tous les habitants par mes cris. Le jour vint; mon ravisseur s'approcha de moi, et ne m'eut pas si tôt regardée au visage, que, faisant un grand cri, il assembla ses compagnons, et tint avec eux un conseil qui dura à mon avis près d'une demi-heure. Mon ravisseur me paraissait aussi enragé que j'étais affligée. Il jurait à faire peur à ceux qui l'entendaient, et querella presque tous ses camarades. Enfin leur conseil tumultueux finit, et je ne sais ce qu'on y avait résolu. On se remit à marcher, et je commençai à n'être plus traitée si respectueusement que je l'avais été. Ils me querellaient toutes les fois qu'ils m'entendaient plaindre, et faisaient des imprécations contre moi, comme si je leur eusse fait bien du mal. Ils m'avaient enlevée, comme vous l'avez vu, avec un habit de théâtre; et, pour le cacher, ils m'avaient couverte d'une de leurs casaques. Ils trouvèrent un homme sur le chemin, de qui ils s'informèrent de quelque chose. Je fus bien étonnée de voir que c'était Léandre, et je crois qu'il fut bien surpris de me reconnaître; ce qu'il fit aussitôt que mon habit, que je découvris exprès, et qui lui était fort connu, lui frappa la vue en même temps qu'il me vit au visage. Il vous aura dit ce qu'il fit. Pour moi, voyant tant d'épées tirées sur Léandre, je m'évanouis entre les mains de celui qui me tenait embrassée sur son cheval; et quand je revins de mon évanouissement, je vis que nous marchions et ne vis plus Léandre. Mes cris en redoublèrent; et mes ravisseurs, dont il y en avait un de blessé, prirent leur chemin à travers les champs, et s'arrêtèrent hier dans un village, où ils couchèrent comme des gens de guerre. Ce matin, à l'entrée d'un bois, ils ont rencontré un homme qui conduisait une demoiselle à cheval. Ils l'ont démasquée, l'ont reconnue, et, avec toute la joie que font paraître ceux qui trouvent ce qu'ils cherchent, l'ont emmenée, après avoir donné quelques coups à celui qui la conduisait. Cette demoiselle faisait des cris autant que j'en avais fait, et il me semblait que sa voix ne m'était pas inconnue. Nous n'avions pas avancé cinquante pas dans le bois, que celui que je vous ai dit paraître le maître des autres s'approcha de l'homme qui me tenait, et lui dit, parlant de moi : Fais mettre pied à terre à cette crieuse. Il fut obéi; ils me laissèrent, se dérobèrent à ma vue, et je me trouvai seule et à pied. L'effroi que j'eus de me voir seule eût été capable de me faire mourir, si monsieur qui m'a conduite ici, et qui nous suivait de loin, comme il vous l'a dit, ne m'eût trouvée. Vous savez tout le reste. Mais, continua-t-elle, adressant la parole à Destin, je crois devoir vous dire que la demoiselle qu'ils m'ont préférée ressemble à votre sœur, ma compagne, qu'elle a le même son de voix, et je ne sais qu'en croire; car l'homme qui était avec elle ressemble au valet que vous avez pris depuis que Léandre vous a quitté; et je ne puis m'ôter de l'esprit que ce ne soit lui-même. Que me dites-vous là? dit alors Destin fort inquiet. Ce que je pense, lui répondit Angélique. On peut, continua-t-elle, se tromper à la ressemblance des personnes; mais j'ai grand'peur de ne m'être pas trompée. J'en ai grand'-peur aussi, repartit Destin, le visage tout changé; et je crois avoir un ennemi dans la province, de qui je dois tout craindre. Mais qui aurait mis à l'entrée de ce bois ma sœur, que Ragotin quitta hier au Mans? Je vais prier quelqu'un de mes camarades d'y aller en diligence, et je l'attendrai ici pour déterminer ce que j'aurai à faire, selon les nouvelles qu'il m'apprendra.

Comme il achevait ces paroles, il s'entendit appeler dans la rue : il regarda par la fenêtre, et vit M. de la Garouffière, qui était revenu de sa visite, et qui lui dit qu'il avait une affaire d'importance à lui communiquer. Il l'alla trouver, et laissa Léandre et Angélique ensemble, qui eurent ainsi la liberté de se caresser après une fâcheuse absence, et de se faire part des sentiments qu'ils avaient eus l'un pour l'autre. Je crois qu'il y eût eu bien du plaisir à les entendre; mais il vaut mieux pour eux que leur entrevue ait été secrète. Cependant Destin demandait à la Garouffière ce qu'il désirait de lui. Connaissez-vous un gentilhomme nommé Verville? Est-il de vos amis, lui dit la Garouffière? C'est la personne du monde à qui je suis le plus obligé et que j'honore le plus, et je crois n'en être pas haï, dit Destin. Je le crois, repartit la Garouffière; je l'ai vu aujourd'hui chez le gentilhomme que j'étais allé voir. En dînant on a parlé de vous, et Verville depuis n'a pu parler d'autre chose; il m'a fait cent questions à votre sujet, sur lesquelles je n'ai pu le satisfaire; et, sans la parole que je lui ai donnée que je vous enverrais le trouver (ce qu'il ne doute point que vous ne fassiez), il serait venu ici, quoiqu'il ait des affaires où il est. Destin le remercia des bonnes nouvelles qu'il lui apprenait; et, s'étant informé du lieu où il trouverait Verville, il se résolut d'y aller, espérant d'apprendre de lui des nouvelles de son ennemi Saldagne, qu'il ne doutait point être l'auteur de l'enlèvement d'Angélique, et qu'il n'eût aussi entre ses mains sa chère l'Étoile, s'il était vrai que ce fût elle qu'Angélique pensait avoir reconnue. Il pria ses camarades de retourner au Mans réjouir la Caverne des nouvelles de sa fille retrouvée, et leur fit promettre de lui envoyer un homme exprès, ou que quelqu'un d'eux reviendrait lui-même lui dire en quel état serait mademoiselle de l'Étoile. Il s'informa de la Garouffière du chemin qu'il devait prendre, et du nom du bourg où il devait trouver Verville. Il fit promettre au curé que sa sœur aurait soin d'Angélique jusqu'à ce qu'on la vînt quérir du Mans, prit le cheval de Léandre, et arriva le soir dans le bourg qu'il cherchait. Il ne jugea pas à propos d'aller chercher lui-même Verville, de peur que Saldagne, qu'il croyait dans le pays, ne se rencontrât avec lui quand il l'aborderait. Il descendit donc dans une méchante hôtellerie, d'où il envoya un petit garçon dire à monsieur Verville que le gentilhomme qu'il avait souhaité de voir le demandait. Verville le vint trouver, se jeta à son cou, et le tint longtemps embrassé sans lui pouvoir parler, de trop de tendresse. Laissez-les s'entre-caresser comme deux personnes qui s'aiment beaucoup, et qui se rencontrent après avoir cru qu'elles ne se verraient jamais, et passons au chapitre suivant.

CHAPITRE XII.

Qui divertira peut-être aussi peu que le précédent.

Verville et Destin se rendirent compte de tout ce qu'ils ignoraient des affaires de l'un et de l'autre. Verville lui dit des merveilles de la brutalité de son frère Saint-Far, et de la vertu de sa femme à la souffrir. Il exagéra la félicité dont il jouissait en possédant la sienne, et lui apprit des nouvelles du baron d'Arques et de M. de Saint-Sauveur. Destin lui conta toutes ses aventures, sans lui rien cacher ; et Verville lui avoua que Saldagne était dans le pays, toujours un fort malhonnête homme et fort dangereux, et lui promit, si mademoiselle de l'Etoile était entre ses mains, de faire tout son possible pour le découvrir, et de servir Destin, et de sa personne, et de tout ce qu'il en aurait à faire pour la délivrer. Il n'a point d'autre retraite dans le pays, lui dit Verville, que chez mon père, et chez je ne sais quel gentilhomme qui ne vaut pas mieux que lui, et qui n'est pas maître en sa maison, étant cadet des cadets. Il faut qu'il nous revienne voir, s'il demeure dans la province ; mon père et nous le souffrons à cause de l'alliance ; Saint-Far ne l'aime plus, quelque rapport qu'il y ait entre eux. Je suis donc d'avis que vous veniez demain avec moi : je sais où je vous mettrai, vous n'y serez vu que de ceux que vous voudrez voir ; et cependant je ferai observer Saldagne, et on l'éclairera de si près qu'il ne fera rien que nous ne le sachions. Destin trouva beaucoup de raison dans le conseil que lui donnait son ami, et résolut de le suivre. Verville retourna souper avec le seigneur du bourg, vieil homme, son parent, et dont il pensait hériter ; et Destin mangea ce qu'il trouva dans son hôtellerie, et se coucha de bonne heure, pour ne pas faire attendre Verville, qui faisait état de partir de grand matin pour retourner chez son père. Ils partirent à l'heure arrêtée, et, durant trois lieues qu'ils firent ensemble, s'entr'apprirent plusieurs particularités qu'ils n'avaient pas eu le temps de dire. Verville mit Destin chez un valet qu'il avait marié dans le bourg, et qui y avait une petite maison fort commode, à cinq cents pas du château du baron d'Arques. Il donna ordre qu'il y fût secrètement, et lui promit de le revenir trouver bientôt. Il n'y avait pas plus de deux heures que Verville l'avait quitté quand il le vint retrouver, et lui dit, en l'abordant, qu'il avait bien des choses à lui dire. Destin pâlit et s'affligea par avance, et Verville par avance lui fit espérer un remède au malheur qu'il allait lui apprendre. En mettant pied à terre, lui dit-il, j'ai trouvé Saldagne que l'on portait à quatre dans une chambre basse ; son cheval s'est abattu sous lui à une lieue d'ici, et l'a tout brisé. Il m'a dit qu'il avait à me parler, et m'a prié de le venir trouver dans ma chambre aussitôt qu'un chirurgien qui était présent aurait vu sa jambe qui était fort foulée de sa chute. Lorsque nous avons été seuls : Il faut, m'a-t-il dit, que je vous révèle toujours mes fautes, encore que vous soyez le moins indulgent de mes censeurs, et que votre sagesse fasse toujours peur à ma folie. Ensuite de cela, il m'a avoué qu'il avait enlevé une comédienne dont il avait été toute sa vie amoureux, et qu'il me conterait des particularités de cet enlèvement qui me surprendraient. Il m'a dit que ce gentilhomme que je vous ai dit être de ses amis, n'avait pu lui trouver de retraite en toute la province, et avait été obligé de le quitter, et d'emmener avec lui les hommes qu'il lui avait fournis pour le servir dans son entreprise, à cause qu'un de ses frères, qui se mêlait de faire des convois de faux sel, était guetté par les archers des gabelles, et avait besoin de ses amis pour se mettre à couvert. Tellement, m'a-t-il dit, que n'osant paraître dans la moindre ville, à cause que mon affaire a fait grand bruit, je suis venu ici avec ma proie. J'ai prié ma sœur, votre femme, de la retirer dans son appartement, loin de la vue du baron d'Arques, dont je redoute la sévérité; et je vous conjure, puisque je ne puis la garder céans, et que je n'ai que deux valets les plus sots du monde, de me prêter le vôtre pour la conduire avec les miens jusqu'en la terre que j'ai en Bretagne, où je me ferai porter aussitôt que je pourrai monter à cheval. Il m'a demandé si je ne lui pourrais point donner quelques hommes outre mon valet; car, tout étourdi qu'il est, il voit bien qu'il est difficile à trois hommes de mener loin une fille enlevée, sans son consentement. Pour moi, je lui ai fait la chose fort aisée, ce qu'il a cru bientôt, comme les fous espèrent facilement. Ses valets ne vous connaissent point, le mien est fort habile, et m'est fort fidèle. Je lui ferai dire à Saldagne qu'il aura avec lui un homme de résolution de ses amis, et ce sera vous : votre maîtresse en sera avertie; et cette nuit, qu'ils font état de faire grande traite à la clarté de la lune, elle se feindra malade au premier village : il faudra s'y arrêter. Mon valet tâchera d'enivrer les hommes de Saldagne, ce qui est fort aisé; il vous facilitera les moyens de vous sauver avec la demoiselle, et faisant accroire aux deux ivrognes que vous êtes déjà allé après, il les mènera par un chemin contraire au vôtre. Destin trouva beaucoup de vraisemblance dans ce que lui proposa Verville, dont le valet, qu'il avait envoyé quérir, entra à l'heure même dans la chambre. Ils concertèrent ensemble ce qu'ils avaient à faire. Verville fut enfermé le reste du jour avec Destin, ayant peine à le quitter après une si longue absence, qui possible devait être bientôt suivie d'une autre plus longue encore. Il est vrai que Destin espéra voir Verville à Bourbon où il devait aller, et où Destin lui promit de faire aller sa troupe. La nuit vint ; Destin se trouva au lieu assigné avec le valet de Verville ; les deux valets de Saldagne n'y manquèrent pas, et Verville lui-même leur mit entre les mains mademoiselle de l'Etoile. Figurez-vous la joie de deux jeunes amants qui s'aimaient autant qu'on peut s'aimer, et la violence qu'ils se firent à ne se parler point. A demi-lieue de là, l'Etoile commença de se plaindre ; on l'exhorta à avoir courage jusqu'à un bourg distant de deux lieues, où on lui fit espérer qu'elle se reposerait. Elle feignit que son mal augmentait toujours ; le valet de Verville et Destin en faisaient fort les empêchés, pour préparer les valets de Saldagne à ne trouver pas étrange que l'on s'arrêtât si près du lieu d'où ils étaient partis. Enfin on arriva dans le bourg, et on demanda à loger dans l'hôtellerie, qui heureusement se trouva pleine d'hôtes et de buveurs. Mademoiselle de l'Etoile fit encore mieux la malade à la chandelle, qu'elle ne l'avait fait dans l'obscurité ; elle se coucha tout habillée, et pria qu'on la laissât reposer seulement une heure, et dit qu'après cela elle croyait pouvoir monter à cheval. Les valets de Saldagne, francs ivrognes, laissèrent tout faire au valet de Verville, qui était chargé des ordres de leur maître, et s'attachèrent bientôt à quatre ou cinq paysans, aussi grands ivrognes qu'eux. Tous se mirent à boire sans songer au reste du monde. Le valet de Verville de temps en temps buvait un coup avec eux, pour mettre en train ; et, sous prétexte d'aller voir comment se portait la malade, pour partir le plus tôt qu'elle le pourrait, il l'alla faire monter à cheval, et Destin aussi, qu'il informa du chemin qu'il devait prendre. Il retourna à ses buveurs, leur dit qu'il avait trouvé leur demoiselle endormie, et que c'était signe qu'elle serait bientôt en état de monter à cheval. Il leur dit aussi que Destin s'était jeté sur un lit ; et puis il se mit à boire, et à porter des santés aux deux valets de Saldagne, qui avaient déjà la leur fort endommagée. Ils burent avec excès, s'enivrèrent de même, et ne purent jamais se lever de table. On les porta dans une grange, car ils eussent gâtés les lits où on les eût couchés.

Le valet de Verville contrefit l'ivrogne, et, ayant dormi jusqu'au jour, réveilla brusquement les valets de Saldagne, leur disant d'un visage fort affligé, que leur demoiselle s'était sauvée, qu'il avait fait partir après son camarade, et qu'il fallait monter à cheval et se séparer, pour ne la manquer pas.

Il fut plus d'une heure à leur faire comprendre ce qu'il leur disait, et je crois que leur ivresse dura plus de huit jours. Comme toute l'hôtellerie s'était enivrée cette nuit-là, jusqu'à l'hôtesse et aux servantes, on ne songea seulement pas à s'informer de ce qu'étaient devenus Destin et sa demoiselle, et je crois même que l'on ne se souvint non plus d'eux que si on ne les avait jamais vus. Pendant que tant de gens cuvent leur vin, que le valet de Verville fait l'inquiet et presse les valets de Saldagne de partir, et que ces deux ivrognes ne s'en hâtent pas davantage, Destin gagne pays avec sa chère mademoiselle de l'Étoile, ravi de joie de l'avoir retrouvée, et ne doutant point que le valet de Verville n'eût fait prendre à ceux de Saldagne un chemin contraire au sien. La lune était alors fort claire, et ils étaient dans un grand chemin aisé à suivre, et qui les conduisait à un village où nous les allons faire arriver dans le chapitre suivant.

CHAPITRE XIII.

Méchante action du sieur de la Rappinière.

Destin avait grande impatience de savoir de sa chère l'Étoile par quelle aventure elle s'était trouvée dans le bois où Saldagne l'avait prise; mais il avait encore plus grande peur d'être suivi. Il ne songea donc qu'à piquer sa bête, qui n'était pas fort bonne, et à presser de la voix et d'une houssine qu'il rompit à un arbre, le cheval de l'Étoile, lequel était une puissante haquenée. Enfin les deux jeunes amants se rassurèrent, et s'étant dit quelque douce tendresse (car il y avait lieu d'en dire après ce qui venait d'arriver, et pour moi, je n'en doute point, quoique je n'en sache rien de particulier); après donc s'être bien attendri le cœur l'un à l'autre, l'Étoile fit savoir à Destin tous les bons offices qu'elle avait rendus à la Caverne. Et je crains bien, lui dit-elle, que son affliction ne la rende malade; car je n'en vis jamais une pareille. Pour moi, mon cher frère, vous pouvez bien penser que j'eus autant besoin de consolation qu'elle, depuis que votre valet, m'ayant amené un cheval de votre part, m'apprit que vous aviez trouvé les ravisseurs d'Angélique, et que vous en aviez été fort blessé. Moi blessé! interrompit Destin, je ne l'ai point été, ni en danger de l'être, et je ne vous ai point envoyé de cheval; il y a quelque mystère ici que je ne comprends point. Je me suis aussi étonné tantôt de ce que vous m'avez si souvent demandé comment je me portais, et si je n'étais point incommodé d'aller si vite. Vous me réjouissez et m'affligez tout ensemble, lui dit l'Etoile : vos blessures m'avaient donné une terrible inquiétude, et ce que vous venez de me dire me fait croire que votre valet a été gagné par nos ennemis, pour quelque mauvais dessein qu'on a contre nous. Il a plutôt été gagné par quelqu'un qui est trop de nos amis, lui dit Destin. Je n'ai point d'ennemi que Saldagne; mais ce ne peut être lui qui ait fait agir mon traître de valet, puisque je sais qu'il l'a battu quand il vous a trouvée. Et comment le savez-vous, lui demanda l'Etoile? car je ne me souviens pas de vous en avoir rien dit. Vous le saurez aussitôt que vous m'aurez appris de quelle façon on vous a tirée du Mans. Je ne puis vous en apprendre autre chose que ce que je viens de vous dire, reprit l'Etoile. Le jour d'après que nous fûmes revenues au Mans, la Caverne et moi, votre valet m'amena un cheval de votre part, et me dit, faisant fort l'affligé, que vous aviez été blessé par les ravisseurs d'Angélique, et que vous me priiez de vous aller trouver. Je montai à cheval dès l'heure même, quoiqu'il fût bien tard; je couchai à cinq lieues du Mans, dans un lieu dont je ne sais pas le nom; et le lendemain, à l'entrée d'un bois, je me trouvai arrêtée par des personnes que je ne connaissais point. Je vis battre votre valet, et j'en fus fort touchée. Je vis jeter fort rudement une femme de dessus un cheval, et je reconnus que c'était ma compagne; mais le pitoyable état où je me trouvais, et l'inquiétude que j'avais pour vous, m'empêchèrent de songer davantage à elle. On me mit à sa place, et on marcha jusqu'au soir, après avoir fait beaucoup de chemin, le plus souvent au travers des champs. Nous arrivâmes bien avant dans la nuit auprès d'une gentilhommière, où je remarquai qu'on ne voulut pas nous recevoir. Ce fut là que je reconnus Saldagne, et sa vue acheva de me désespérer. Nous marchâmes encore longtemps, et enfin on me fit entrer comme en cachette dans la maison d'où vous m'avez heureusement tirée. L'Etoile achevait la relation de ses aventures, quand le jour commença de paraître. Ils se trouvèrent alors dans le grand chemin du Mans, et pressèrent leurs bêtes plus fort qu'ils n'avaient fait encore, pour gagner un bourg qu'ils voyaient devant eux. Destin souhaitait ardemment d'attraper son valet, pour découvrir de quel ennemi, outre le méchant Saldagne, ils avaient à regarder dans le pays; mais il n'y avait pas grande apparence qu'après le mauvais tour qu'il lui avait fait, il se remît en lieu où il le pût trouver. Il apprenait à sa chère l'Étoile tout ce qu'il savait de sa compagne Angélique, quand un homme étendu de son long auprès d'une haie fit si grand'peur à leurs chevaux, que celui de Destin se déroba presque de dessous lui, et celui de mademoiselle de l'Étoile la jeta par terre.

Destin, effrayé de sa chute, l'alla relever aussi vite que le lui put permettre son cheval, qui reculait toujours, ronflant, soufflant, et bronchant comme un cheval effarouché qu'il était. La demoiselle n'était pas blessée; les chevaux se rassurèrent, et Destin alla voir si l'homme gisant était mort ou endormi. On peut dire qu'il était l'un et l'autre, puisqu'il était si ivre, qu'encore qu'il ronflât bien fort (marque assurée qu'il était en vie), Destin eut bien de la peine à l'éveiller. Enfin, à force d'être tiraillé, il ouvrit les yeux, et se découvrit à Destin pour être son même valet qu'il avait si grande envie de trouver. Le coquin, tout ivre qu'il était, reconnut bientôt son maître, et se troubla si fort en le voyant, que Destin ne douta plus de la trahison qu'il lui avait faite, et dont il ne l'avait encore que soupçonné. Il lui demanda pourquoi il avait dit à mademoiselle de l'Étoile qu'il était blessé, pourquoi il l'avait fait sortir du Mans, où il l'avait voulu mener; qui lui avait donné un cheval; mais il n'en put tirer la moindre parole, soit qu'il était trop ivre ou qu'il le contrefît plus qu'il ne l'était. Destin se mit en colère, lui donna quelques coups de plat d'épée; et, lui ayant lié les mains du licou de son cheval, se servit de celui du cheval de mademoiselle de l'Étoile pour mener en laisse le criminel. Il coupa une branche d'arbre, dont il se fit un bâton de taille considérable, pour s'en servir en temps et lieu quand son valet refuserait de marcher de bonne grâce. Il aida sa demoiselle à remonter à cheval; il monta sur le sien, et continua son chemin, son prisonnier à son côté, en guise de limier. Le bourg qu'avait vu Destin était le même d'où il était parti deux jours avant, et où il avait laissé M. de la Garouffière et sa compagnie, qui y étaient encore, à cause que madame Bouvillon avait été malade d'un furieux *choléra-morbus*. Quand Destin y arriva, il n'y trouva plus la Rancune, l'Olive et

L'interrogatoire du valet.

Ragotin, qui étaient retournés au Mans. Pour Léandre, il ne quitta point sa chère Angélique. Je ne vous dirai point de quelle façon elle reçut mademoiselle de l'Étoile. On peut aisément se figurer les caresses que se devaient faire deux filles qui s'aimaient beaucoup, et même après les dangers où elles s'étaient trouvées. Destin informa M. de la Garouffière du succès de son voyage; et, après l'avoir entretenu quelque temps en particulier, on fit entrer dans une chambre de l'hôtellerie le valet de Destin. Là, il fut interrogé de nouveau; et, sur ce qu'il voulut encore faire le muet, on fit apporter un fusil pour lui serrer les pouces. A l'aspect de la machine, il se mit à genoux, pleura bien fort, demanda pardon à son maître, et lui avoua que la Rappinière lui avait fait faire tout ce qu'il avait fait, et lui avait promis en récompense de le prendre à son service. On sut aussi de lui que la Rappinière était dans une maison à deux lieues de là, qu'il avait usurpée sur une pauvre veuve. Destin parla encore en particulier à M. de la Garouffière, qui envoya en même temps un laquais dire à la Rappinière qu'il le vînt trouver pour une affaire de conséquence. Ce conseiller de Rennes avait grand pouvoir sur ce prévôt du Mans. Il l'avait empêché d'être roué en Bretagne, et l'avait toujours protégé dans toutes les affaires criminelles qu'il avait eues. Ce n'est pas qu'il ne le connût pour un grand scélérat, mais la femme de la Rappinière était un peu sa parente. Le laquais qu'on avait envoyé à la Rappinière le trouva prêt à monter à cheval pour aller au Mans. Aussitôt qu'il apprit que M. de la Garouffière le demandait, il partit pour le venir trouver. Cependant la Garouffière, qui prétendait fort au bel esprit, s'était fait apporter un portefeuille, d'où il tira des vers de toutes les façons, tant bons que mauvais. Il les lut à Destin, et ensuite une historiette qu'il avait traduite de l'espagnol, que vous allez lire dans le chapitre suivant.

CHAPITRE XIV.

Le juge de sa propre cause.

Ce fut en Afrique, entre des rochers voisins de la mer, et qui ne sont éloignés de la grande ville de Fez que d'une heure de chemin, que le prince Mulei, fils du roi de Maroc, se trouva seul et à la nuit, après s'être égaré à la chasse. Le ciel était sans le moindre nuage, la mer était calme; et la lune et les étoiles la rendaient toute brillante; enfin il faisait une de ces belles nuits des pays chauds, qui sont plus agréables que les plus beaux jours de nos régions froides. Le prince maure, galopant le long du rivage, se divertissait à regarder la lune et les étoiles, qui paraissaient sur la surface de la mer comme dans un miroir, quand des cris pitoyables percèrent ses oreilles, et lui donnèrent la curiosité d'aller jusqu'au lieu d'où il croyait qu'ils pouvaient partir. Il y poussa son cheval, qui sera, si l'on veut, un barbe, et trouva entre des rochers une femme qui se défendait autant que ses forces le pouvaient permettre, contre un homme qui s'efforçait de lui lier les mains, tandis qu'une autre femme tâchait de lui fermer la bouche d'un linge. L'arrivée du jeune prince empêcha ceux qui faisaient cette violence de la continuer, et donna quelque relâche à celle qu'ils traitaient si mal. Mulei lui demanda ce qu'elle avait à crier, et aux autres ce qu'ils lui voulaient faire; mais, au lieu de lui répondre, cet homme alla à lui le cimeterre à la main, et lui en porta un coup qui l'eût dangereusement blessé, s'il ne l'eût évité par la vitesse de son cheval. Méchant! lui cria Mulei, oses-tu t'attaquer au prince de Fez? Je t'ai bien reconnu pour tel, lui répondit le Maure; mais c'est à cause que tu es mon prince, et que tu peux me punir, qu'il faut que je t'ôte la vie ou que je perde la mienne.

En achevant ces paroles, il se lança contre Mulei avec tant de furie, que le prince, tout vaillant qu'il était, fut réduit à songer moins à attaquer qu'à se défendre d'un si dangereux ennemi. Les deux femmes cependant en étaient aux mains; et celle qui, un moment auparavant, se croyait perdue, empêchait l'autre de s'enfuir, comme si elle n'eût point douté que son défenseur n'emportât la victoire. Le désespoir augmente le courage, et en donne même quelquefois à ceux qui en ont le moins. Quoique la valeur du prince fût incomparablement plus grande que celle de son ennemi, et fût soutenue d'une vigueur et d'une adresse qui n'étaient pas communes, la punition que méritait le crime du Maure lui fit tout hasarder, et lui donna tant de courage et de force que la victoire demeura longtemps douteuse entre le prince et lui. Mais le ciel, qui protége d'ordinaire ceux qu'il élève au-dessus des autres, fit heureusement passer les gens du prince assez près de là pour entendre le bruit des combattants et les cris des deux femmes. Ils y coururent, et reconnurent leur maître, dans le temps qu'ayant choqué celui qu'ils virent les armes à la main contre lui, il l'avait porté par terre, où il ne le voulut pas tuer, le réservant à une punition exemplaire. Il défendit à ses gens de lui faire autre chose que de l'attacher à la queue d'un cheval, de façon qu'il ne pût rien entreprendre contre soi-même ni contre les autres. Deux cavaliers portèrent les deux femmes en croupe; et, dans cet équipage, Mulei et sa troupe arrivèrent à Fez, à l'heure que le jour commençait de paraître. Ce jeune prince commandait dans Fez aussi absolument que s'il en eût déjà été le roi. Il fit venir devant lui le Maure, qui s'appelait Amet, et qui était fils d'un des plus riches habitants de Fez. Les deux femmes ne furent connues de personne, à cause que les Maures (les plus jaloux de tous les hommes) ont un extrême soin de cacher aux yeux de tout le monde leurs femmes et leurs esclaves. La femme que le prince avait secourue le surprit, et toute sa cour aussi, par sa beauté qui était plus grande que quelqu'autre qui fût en Afrique, et par un air majestueux que ne put cacher aux yeux qui l'admirèrent un méchant habit d'esclave. L'autre femme était vêtue comme le sont les femmes du pays qui ont quelque qualité, et pouvait passer pour belle, quoiqu'elle le fût moins moins que l'autre : mais quand elle aurait pu entrer en concurrence de beauté avec elle, la pâleur que la crainte faisait paraître sur son visage diminuait autant ce qu'il y avait de beau, que celui de la première recevait d'avantage d'un beau rouge qu'une honnête pudeur y faisait éclater. Le Maure parut devant Mulei avec la contenance d'un criminel, et tint toujours les yeux attachés contre terre. Mulei lui commanda de confesser lui-même son crime, s'il ne voulait mourir dans les tourments. Je sais bien ceux qu'on me prépare, et que j'ai mérités, répondit-il fièrement; et s'il y avait quelque avantage pour moi à ne rien avouer, il n'y a point de tourments qui me le fissent faire; mais je ne puis éviter la mort, puisque j'ai voulu te la donner, et je veux bien que tu saches que la rage que j'ai de ne t'avoir pas tué, me tourmente plus que ne fera tout ce que tes bourreaux pourront inventer contre moi. Ces Espagnoles, ajouta-t-il, ont été mes esclaves : l'une a su prendre un bon parti et s'accommoder à la fortune, se mariant à mon frère Zaïde; l'autre n'a jamais voulu changer de religion, ni me savoir bon gré de l'amour que j'avais pour elle. Il ne voulut pas parler davantage, quelques menaces qu'on lui pût faire. Mulei le fit jeter dans un cachot, chargé de fers; la renégate, femme de Zaïde, fut mise dans une prison séparée; et la belle esclave fut conduite chez un Maure nommé Zuléma, homme de condition, Espagnol d'origine, et qui avait abandonné l'Espagne pour n'avoir pu se résoudre à se faire chrétien. Il était de l'illustre maison de Zégris, autrefois si renommée dans Grenade; et sa femme, Zoraïde, qui était de la même maison, avait la réputation d'être la plus belle femme de Fez, et aussi spirituelle que belle. Elle fut d'abord charmée de la beauté de l'esclave chrétienne, et le fut aussi de son esprit dès les premières conversations qu'elle eut avec elle. Si cette belle chrétienne eût été capable de consolation, elle en eût trouvé dans les caresses de Zoraïde : mais, comme si elle eût évité tout ce qui pouvait soulager sa douleur, elle ne se plaisait qu'à être seule pour pouvoir s'affliger davantage; et, quand elle était avec Zoraïde, elle se faisait une extrême violence pour retenir, devant elle, ses soupirs et ses larmes. Le prince Mulei avait une extrême envie d'apprendre ses aventures. Il l'avait fait connaître à Zuléma; et, comme il ne lui cachait rien, il lui avait aussi avoué qu'il se sentait porté à aimer la belle chrétienne, et qu'il le lui aurait déjà fait savoir, si la grande affliction qu'elle faisait paraître ne lui eût fait craindre d'avoir un rival inconnu en Espagne, qui, tout éloigné qu'il eût été, eût pu l'empêcher d'être heureux, même dans un pays où il était absolu. Zuléma donna donc ordre à sa femme d'apprendre de la chrétienne les particularités de sa vie, et par quel accident elle était devenue esclave d'Amet. Zoraïde en avait autant d'envie que le prince, et n'eut pas grande peine à y faire résoudre l'esclave espagnole, qui crut ne devoir rien refuser à une personne qui lui donnait tant de marques d'amitié et de tendresse. Elle dit à Zoraïde qu'elle contenterait sa curiosité quand elle voudrait; mais que, n'ayant que des malheurs à lui apprendre, elle craignait de lui faire un récit fort ennuyeux. Vous verrez bien qu'il ne le sera pas, lui répondit Zoraïde, par l'attention que j'aurai à l'écouter; et, par la part que j'y prendrai, vous connaîtrez que vous ne pouvez en confier le secret à personne qui vous aime plus que moi. Elle l'embrassa en achevant ces paroles, la conjurant de ne pas différer plus longtemps à lui donner la satisfaction qu'elle lui demandait.

Elles étaient seules ; et la belle esclave, après avoir essuyé les larmes que le souvenir de ses malheurs lui faisait répandre, en commença le récit comme vous l'allez lire :

Je m'appelle Sophie ; je suis Espagnole, née à Valence, et élevée avec tout le soin que les personnes riches et de qualité, comme étaient mon père et ma mère, devaient avoir d'une fille qui était le premier fruit de leur mariage, et qui, dès son bas âge, paraissait digne de leur plus tendre affection. J'eus un frère plus jeune que moi d'une année : il était aimable autant qu'on pouvait l'être ; il m'aima autant que je l'aimai, et notre amitié mutuelle alla jusqu'au point que, lorsque nous n'étions pas ensemble, on remarquait sur nos visages une tristesse et une inquiétude que les plus agréables divertissements des personnes de notre âge ne pouvaient dissiper. On n'osa donc plus nous séparer : nous apprîmes ensemble tout ce qu'on enseigne aux enfants de bonne maison de l'un et de l'autre sexe, et ainsi il arriva qu'au grand étonnement de tout le monde, je n'étais pas moins adroite que lui dans tous les exercices violents d'un cavalier, et qu'il réussissait également bien dans tout ce que les filles de condition savent le mieux. Une éducation si extraordinaire fit souhaiter à un gentilhomme des amis de mon père que ses enfants fussent élevés avec nous. Il en fit la proposition à mes parents, qui y consentirent, et le voisinage des maisons facilita le dessein des uns et des autres. Ce gentilhomme égalait mon père en biens et ne lui cédait pas en noblesse. Il n'avait qu'un fils et qu'une fille à peu près de l'âge de mon frère et de moi ; et l'on ne doutait point dans Valence que les deux maisons ne s'unissent un jour par un double mariage. Dom Carlos et Lucie (c'était le nom du frère et de la sœur) étaient également aimables : mon frère aimait Lucie et en était aimé ; dom Carlors m'aimait et je l'aimais aussi. Nos parents le savaient bien ; et loin d'y trouver à redire, ils n'eussent pas différé à nous marier ensemble si nous eussions été moins jeunes. Mais l'état heureux de nos innocentes amours fut troublé par la mort de mon aimable frère : une fièvre violente l'emporta en huit jours. Lucile en fut si touchée, qu'on ne put l'empêcher de se rendre religieuse. J'en fus malade à la mort ; et dom Carlos le fut assez pour faire craindre à son père de se voir sans enfants, tant la perte de mon frère qu'il aimait, le péril où j'étais et la résolution de sa sœur lui furent sensibles. Enfin la jeunesse nous guérit, et le temps modéra notre affliction. Le père de dom Carlos mourut à quelque temps de là, et laissa son fils fort riche et sans dettes. Sa richesse lui fournit de quoi satisfaire son humeur magnifique; les galanteries qu'il inventa pour me plaire flattèrent ma vanité, rendirent son amour public et augmentèrent le mien. Dom Carlos était souvent aux pieds de mes parents pour les conjurer de ne pas différer davantage de le rendre heureux en lui donnant leur fille. Il continuait cependant ses dépenses et ses galanteries : mon père eut peur que son bien n'en diminuât à la fin, et c'est ce qui le fit résoudre à me marier avec lui. Il fit donc espérer à dom Carlos qu'il serait bientôt son gendre; et dom Carlos m'en fit paraître une joie si extraordinaire, qu'elle eût pu me persuader qu'il m'aimait plus que sa vie, quand je n'en aurais pas été aussi assurée que je l'étais. Il me donna le bal, et toute la ville en fut priée. Pour son malheur et pour le mien, il s'y trouva un comte napolitain que des affaires d'importance avaient amené en Espagne. Il me trouva assez belle pour devenir amoureux de moi, et pour me demander en mariage à mon père, après avoir été informé du rang qu'il tenait dans le royaume de Valence. Mon père se laissa éblouir au bien et à la qualité cet étranger; il lui promit tout ce qu'il lui demanda, et dès le jour même il déclara à dom Carlos qu'il n'avait plus rien à prétendre à sa fille, me défendit de recevoir ses visites, et me recommanda en même temps de considérer le comte italien comme un homme qui devait m'épouser au retour d'un voyage qu'il allait faire à Madrid. Je dissimulai mon déplaisir devant mon père; mais quand je fus seule, dom Carlos se présenta à mon souvenir comme le plus aimable homme du monde. Je fis réflexion sur tout ce que le comte italien avait de désagréable; je conçus une furieuse aversion pour lui, et je sentis que j'aimais dom Carlos plus que je n'eusse jamais cru l'aimer, et qu'il m'était également impossible de vivre sans lui, et d'être heureuse avec son rival. J'eus recours à mes larmes; mais c'était un faible remède pour un mal comme le mien. Dom Carlos entra là-dessus dans ma chambre sans m'en demander la permission, comme il y était accoutumé. Il me trouva fondant en pleurs, et il ne put retenir les siens, quelque dessein qu'il eût de me cacher ce qu'il avait dans l'âme jusqu'à ce qu'il eût reconnu les véritables sentiments de la mienne.

Il se jeta à mes pieds; en me prenant les mains, qu'il mouilla de ses larmes : Sophie, je vous perds donc, et un étranger qui à peine vous est connu sera plus heureux que moi, parce qu'il est plus riche! Il vous possédera, Sophie, et vous y consentez, vous que j'ai tant aimée, qui m'avez voulu faire croire que vous m'aimiez, et qui m'étiez promise par un père! mais, hélas! un père injuste, un père intéressé, et qui m'a manqué de parole! Si vous étiez, continua-t-il, un bien qui se pût mettre à prix, ma seule fidélité pourrait vous acquérir, et c'est par elle que vous seriez encore à moi plutôt qu'à personne au monde, si vous vous souveniez de celle que vous m'avez promise. Mais, s'écria-t-il, croyez-vous qu'un homme qui a eu assez de courage pour élever ses désirs jusqu'à vous n'en ait pas assez pour se venger de celui que vous lui préférez? et trouverez-vous étrange qu'un malheureux qui a tout perdu entreprenne tout? Ah! si vous voulez que je périsse seul, il vivra, ce rival heureux, puisqu'il a pu vous plaire et que vous le protégez; mais dom Carlos, qui vous est odieux et que vous avez abandonné à son désespoir, mourra d'une mort cruelle pour assouvir la haine que vous avez pour lui. Dom Carlos, lui répondis-je, vous joignez-vous à un père injuste et à un homme que je ne puis aimer pour me persécuter, et m'imputez-vous comme un crime particulier un malheur qui nous est commun? Plaignez-moi au lieu de m'accuser, et songez aux moyens de me conserver pour vous, plutôt que de me faire des reproches. Je pourrais vous en faire de plus justes, et vous faire avouer que vous ne m'avez jamais assez aimée, puisque vous ne m'avez jamais assez connue. Mais nous n'avons point de temps à perdre en paroles inutiles; je vous suivrai partout où vous me mènerez; je vous promets de tout entreprendre et de tout oser pour ne me séparer jamais de vous. Dom Carlos fut si consolé de mes paroles, que sa joie le transporta aussi fort qu'avait fait sa douleur. Il me demanda pardon de m'avoir accusée de l'injustice qu'il croyait qu'on lui faisait; et, m'ayant fait comprendre qu'à moins de me laisser enlever il m'était impossible de n'obéir à mon père, je consentis à tout ce qu'il me proposa, et lui promis que la nuit du jour suivant je me tiendrais prête à le suivre partout où il voudrait me mener. Tout est facile à un amant. Dom Carlos en un jour donna ordre à ses affaires, fit provision d'argent, et d'une barque de Barcelone qui devait mettre à la voile à telle heure qu'il voudrait. Cependant j'avais pris sur moi toutes mes pierreries et tout ce que j'avais pu ramasser d'argent; et, pour une jeune personne, j'avais su si bien dissimuler le dessein que j'avais, que l'on ne s'en douta point. Je ne fus donc pas observée, et je sortis la nuit par la porte d'un jardin où je trouvai Claudio, page qui était cher à Carlos, parce qu'il chantait aussi bien qu'il avait la voix belle, et faisait paraître dans sa manière de parler et dans toutes ses actions plus d'esprit, de bon sens et de politesse que l'âge et la condition d'un page n'en doivent ordinairement avoir. Il me dit que son maître l'avait envoyé au devant de moi pour me conduire où l'attendait une barque, et qu'il n'avait pu me venir prendre lui-même, pour des raisons que je saurais de lui. Un esclave de dom Carlos, qui m'était fort connu, vint nous rejoindre. Nous sortîmes de la ville sans peine par le bon ordre qu'on y avait donné, nous ne marchâmes pas longtemps sans voir un vaisseau en rade, et une chaloupe qui nous attendait au bord de la mer. On me dit que mon cher dom Carlos viendrait bientôt, et que je n'avais cependant qu'à passer dans le vaisseau. L'esclave me porta dans la chaloupe, et plusieurs hommes que j'avais vus sur le rivage, et que j'avais pris pour des matelots, firent aussi entrer dans la chaloupe Claudio, qui me sembla comme s'en défendre, et faire quelques efforts pour n'y pas entrer. Cela augmenta la peine que me donnait déjà l'absence de dom Carlos. Je le demandai à l'esclave, qui me dit fièrement qu'il n'y avait plus de Carlos pour moi. Dans le même temps j'entendis Claudio jetant de hauts cris, et qui disait en pleurant à l'esclave : Traître Amet! est-ce là ce que tu m'avais promis, de m'ôter une rivale et de me laisser avec mon amant? Imprudente Claudia! lui répondit l'esclave, est-on obligé de tenir sa parole à un traître, et ai-je dû espérer qu'une personne qui manque de fidélité à son maître m'en gardât assez pour n'avertir pas les gardes de la côte de courir après moi, et de m'ôter Sophie que j'aime plus que moi-même? Ces paroles, dites à une femme que je croyais un homme, et dans lesquelles je ne pouvais rien comprendre, me causèrent un si furieux déplaisir, que je tombai comme morte entre les bras du perfide Maure qui ne m'avait point quittée.

Ma pâmoison fut longue, et, lorsque j'en fus revenue, je me trouvais dans une chambre du vaisseau, qui était déjà bien avant en mer. Figurez-vous quel dut être mon désespoir, me voyant sans dom Carlos et avec des ennemis de ma loi; car je reconnus que j'étais au pouvoir des Maures, que l'esclave Amet avait toute sorte d'autorité sur eux, et que son frère Zaïde était le maître du vaisseau. Cet insolent ne me vit pas plus tôt en état d'entendre ce qu'il me dirait, qu'il me déclara en peu de paroles qu'il y avait longtemps qu'il était amoureux de moi, et que sa passion l'avait forcé à m'enlever et à me mener à Fez, où il ne tiendrait qu'à moi que je ne fusse aussi heureuse que je l'aurais été en Espagne, comme il ne tiendrait pas à lui que je n'eusse point à y regretter dom Carlos. Je me jetai sur lui, malgré la faiblesse que m'avait laissée ma pâmoison; et, avec une adresse vigoureuse à quoi il ne s'attendait pas, et que j'avais acquise par mon éducation (comme je vous l'ai déjà dit), je lui tirai le cimeterre du fourreau, et j'allais me venger de sa perfidie, si son frère Zaïde ne m'eût saisi le bras assez à temps pour lui sauver la vie.

On me désarma facilement; car, ayant manqué mon coup, je ne fis point de vains efforts contre un si grand nombre d'ennemis. Amet, à qui ma résolution avait fait peur, fit sortir tout le monde de la chambre où l'on m'avait mise, et me laissa dans un désespoir tel que vous pouvez vous le figurer, après le cruel changement qui venait d'arriver en ma fortune. Je passai la nuit à m'affliger, et le jour qui la suivit ne donna pas le moindre relâche à mon affliction. Le temps qui adoucit souvent de pareils déplaisirs, ne fit aucun effet sur les miens; et le second jour de notre navigation, j'étais encore plus affligée que je ne le fus la sinistre nuit que je perdis avec ma liberté l'espérance de revoir dom Carlos, et d'avoir jamais un moment de repos le reste de ma vie. Amet m'avait trouvée si terrible toutes les fois qu'il avait osé paraître devant moi, qu'il ne s'y présentait plus. On m'apportait de temps en temps à manger, que je refusais avec une opiniâtreté qui fit craindre au Maure de m'avoir enlevée inutilement. Cependant le vaisseau avait passé le détroit, et n'était pas loin de la côte de Fez, quand Claudio entra dans ma chambre. Aussitôt que je le vis : Méchant qui m'a trahie, lui dis-je, que t'avais-je fait pour me rendre la plus malheureuse personne du monde, et pour m'ôter dom Carlos? Vous en étiez trop aimée, me répondit-il, et puisque je l'aimais aussi bien que vous, je n'ai pas fait un crime d'avoir voulu éloigner de lui une rivale. Mais si je vous ai trahie, Amet m'a trahie aussi, et j'en serais peut-être aussi affligée que vous, si je ne trouvais quelque consolation à n'être pas seule misérable. Explique-moi ces énigmes, lui dis-je, et m'apprends qui tu es afin que je sache si j'ai eu en toi un ennemi ou une ennemie. Sophie, me dit-il alors, je suis d'un même sexe que vous, et comme vous j'ai été amoureuse de dom Carlos. Mais si nous avons brûlé d'un même feu, ce n'a pas été avec un même succès. Dom Carlos vous a toujours aimée, et a toujours cru que vous l'aimiez; et il ne m'a jamais aimée, et n'a même jamais dû croire que je pusse l'aimer, ne m'ayant jamais connue pour ce que j'étais. Je suis de Valence comme vous, et je ne suis point née avec si peu de noblesse et de bien, que dom Carlos, m'ayant épousée, n'eût pu être à couvert des reproches que l'on fait à ceux qui se mésallient. Mais l'amour qu'il avait pour vous l'occupait tout entier, et il n'avait des yeux que pour vous seule. Ce n'est pas que les miens ne fissent ce qu'ils pouvaient pour exempter ma bouche de la confession honteuse de ma faiblesse. J'allais partout où je croyais le trouver, je me plaçais où il pouvait me voir, et je faisais pour lui toutes les diligences qu'il eût dû faire pour moi, s'il m'eût aimée comme je l'aimais. Je disposais de mon bien et de moi-même, étant demeurée sans parents dès mon bas âge; et l'on me proposait souvent des partis sortables. Mais l'espérance que j'avais toujours eue d'engager enfin dom Carlos à m'aimer, m'avait empêchée d'y entendre. Au lieu de me rebuter de la mauvaise destinée de mon amour, comme aurait fait toute autre personne qui eût eu, comme moi, assez de qualités aimables pour n'être pas méprisée, je m'excitais à l'amour de dom Carlos, par la difficulté que je trouvais à m'en faire aimer. Enfin, pour n'avoir pas à me reprocher d'avoir négligé la moindre chose qui pût servir à mon dessein, je me fis couper les cheveux, et, m'étant déguisée en homme, je me fis présenter à dom Carlos par un domestique qui avait vieilli dans ma maison, et qui se disait mon père, pauvre gentilhomme des montagnes de Tolède. Mon visage et ma mine, qui ne déplurent pas à votre amant, le disposèrent d'abord à me prendre. Il ne me reconnut point, quoiqu'il m'eût vue tant de fois; et il fut bientôt aussi persuadé de mon esprit que satisfait de la beauté de ma voix, de ma méthode de chanter, et de mon adresse à jouer de tous les instruments de musique, dont les personnes de condition peuvent se divertir sans honte. Il crut avoir trouvé en moi des qualités qui ne se trouvent pas d'ordinaire en des pages; et je lui donnai tant de preuves de fidélité et de discrétion, qu'il me traita bien plus en confident qu'en domestique. Vous savez mieux que personne au monde si je m'en fais accroire dans ce que je viens de vous dire à mon avantage. Vous-même m'avez cent fois louée à dom Carlos en ma présence, et m'avez rendu de bons offices auprès de lui; mais j'enrageais de les devoir à une rivale, et dans le temps qu'ils me rendaient plus agréable à dom Carlos, ils vous rendaient plus haïssable à la malheureuse Claudia (car c'est ainsi que l'on m'appelle). Votre mariage cependant avançait, et mes espérances reculaient : il fut conclu, et elles se perdirent. Le comte italien qui devint en ce temps-là amoureux de vous, et dont la qualité et le bien donnèrent autant dans les yeux de votre père, que sa mauvaise mine et ses défauts vous donnèrent d'aversion pour lui, me fit du moins avoir le plaisir de vous voir troublée dans les vôtres, et mon âme alors se flatta de ces espérances folles que les changements font toujours avoir aux malheureux. Enfin votre père préféra l'étranger que vous n'aimiez pas, à dom Carlos que vous aimiez. Je vis celui qui me rendait malheureuse, malheureux à son tour, et une rivale que je haïssais, encore plus malheureuse que moi; puisque je ne perdais rien en un homme qui n'avait jamais été à moi; que vous perdiez dom Carlos, qui était tout à vous; et que cette perte, quelque grande qu'elle fût, vous était peut-être encore un moindre malheur que d'avoir pour votre tyran éternel un homme que vous ne pouviez aimer. Mais ma prospérité, ou, pour mieux dire, mon espérance ne fut pas longue.

J'appris de dom Carlos que vous vous étiez résolue à le suivre, et je fus même employée à donner les ordres nécessaires au dessein qu'il avait de vous emmener à Barcelone, et de là de passer en France ou en Italie. Toute la force que j'avais eu jusqu'alors à souffrir ma mauvaise fortune m'abandonna après un coup si rude, et qui me surprit d'autant plus que je n'avais jamais craint un pareil malheur. J'en fus affligée jusqu'à en être malade, et malade jusqu'à en garder le lit. Un jour que je me plaignais à moi-même de ma triste destinée, et que la croyance de n'être entendue de personne me faisait parler aussi haut que si j'eusse parlé à quelque confident de mon amour, je vis paraître devant moi le Maure Amet qui m'avait écoutée, et qui, après que le trouble où il m'avait mise fut passé, me dit ces paroles : Je te connais, Claudia, et dès le temps que tu n'avais point déguisé ton sexe pour servir de page à dom Carlos; et si je ne t'ai jamais fait savoir que je te connusse, c'est que j'avais un dessein aussi bien que toi. Tu viens de prendre des résolutions désespérées ; tu veux te découvrir à ton maître pour une jeune fille qui meurt d'amour pour lui, et qui n'espère plus d'en être aimée; et puis tu veux te tuer à ses yeux, pour mériter au moins des regrets de celui de qui n'as pu gagner l'amour. Pauvre fille! que vas-tu faire en te tuant, que d'assurer davantage à Sophie la possession de dom Carlos? J'ai bien un meilleur conseil à te donner, si tu es capable de le prendre. Ote ton amant à ta rivale : le moyen en est aisé, si tu veux me croire; et, quoiqu'il demande beaucoup de résolution, il ne t'est pas besoin d'en avoir davantage que celle que tu as eue de t'habiller en homme, et de hasarder ton honneur pour contenter ton amour. Écoute-moi donc avec attention, continua le Maure; je vais te révéler un secret que je n'ai jamais découvert à personne; et, si le dessein que je vais te proposer ne te plaît pas, il dépendra de toi de ne le pas suivre. Je suis de Fez, homme de qualité de mon pays; mon malheur me fit esclave de dom Carlos, et la beauté de Sophie me fit le sien. Je t'ai dit bien des choses en peu de paroles. Tu crois ton mal sans remède, parce que ton amant enlève sa maîtresse et s'en va avec elle à Barcelone. C'est ton bonheur et le mien, si tu sais te servir de l'occasion. J'ai traité de ma rançon et l'ai payée. Une galiote d'Afrique m'attend à la rade, assez près du lieu où dom Carlos en fait tenir une toute prête pour l'exécution de son dessein. Il l'a différé d'un jour; prévenons-le avec autant de diligence que d'adresse. Va dire à Sophie, de la part de ton maître, qu'elle se tienne prête à partir cette nuit à l'heure que tu la viendras quérir; amène-la dans mon vaisseau; je l'emmènerai en Afrique, et tu demeureras à Valence seule à posséder ton amant, qui peut-être t'aurait aimée aussitôt que Sophie, s'il avait su que tu l'aimasses.

A ces dernières paroles de Claudia, je fus si pressée de ma juste douleur, qu'en faisant un grand soupir je m'évanouis encore, sans donner le moindre signe de vie. Les cris que fit Claudia, qui se repentait peut-être alors de m'avoir rendue malheureuse sans cesser de l'être, attirèrent Amet et son frère dans la chambre du vaisseau où j'étais. On me fit tous les remèdes qu'on put me faire : je revins à moi, et j'entendis Claudia qui reprochait encore au Maure la trahison qu'il nous avait faite. Chien d'infidèle! lui disait-elle, pourquoi m'as-tu conseillé de réduire cette belle fille au déplorable état où je la vois, si tu ne voulais pas me laisser auprès de mon amant ? Et pourquoi m'as-tu fait faire à un homme qui me fut si cher une trahison qui me nuit autant qu'à lui? Comment oses-tu dire que tu es de noble naissance dans ton pays, si tu es le plus traître et le plus lâche de tous les hommes? Tais-toi, folle! lui répondit Amet; ne me reproche point un crime dont tu es complice. Je t'ai déjà dit que qui a pu trahir un maître, comme toi, méritait bien d'être trahi, et que, t'emmenant avec moi, j'assurais ma vie et peut-être celle de Sophie, puisqu'elle pourrait mourir de douleur quand elle saurait que tu serais demeurée avec dom Carlos. Le bruit que firent en même temps les matelots qui étaient près d'entrer dans le port de la ville de Salé, et l'artillerie du vaisseau, à laquelle répondait celle du port, interrompirent les reproches que se faisaient Amet et Claudia, et me délivrèrent pour un temps de la vue de ces deux personnes odieuses. On se débarqua; on nous couvrit le visage d'un voile à Claudia et à moi, et nous fûmes logées, avec le perfide Amet, chez un Maure de ses parents. Dès le jour suivant on nous fit monter dans un chariot couvert, et prendre le chemin de Fez, où, si Amet y fut reçu avec beaucoup de joie, j'y entrai la plus affligée et la plus désespérée personne du monde. Pour Claudia, elle eut bientôt pris parti, renonçant au christianisme et épousant Zaïde, frère de l'infidèle Amet. Cette méchante personne n'oublia aucun artifice pour me persuader de changer aussi de religion, et d'épouser Amet comme elle avait épousé Zaïde; et elle devint le plus cruel de mes tyrans, lorsqu'après avoir en vain essayé de me gagner par toutes sortes de promesses, de bons traitements et de caresses, Amet et tous les siens exercèrent sur moi toute la barbarie dont ils étaient capables. J'avais tous les jours à exercer ma constance contre tant d'ennemis, et plus j'étais forte à souffrir mes peines que je ne le souhaitais, quand je commençai à croire que Claudia se repentait d'être méchante. En public, elle me persécutait apparemment avec plus d'animosité que les autres, et en particulier elle me rendait quelquefois de bons offices qui me la faisaient considérer comme une personne qui eût pu être vertueuse si elle eût été élevée à la vertu. Un jour que toutes les autres femmes de la maison étaient allées aux bains publics, comme c'est la coutume de vous autres mahométans, elle vint me trouver où j'étais, ayant le visage composé à la tristesse, et me parla en ces termes : Belle Sophie, quelque sujet que j'aie eu autrefois de vous haïr, ma haine a cessé en perdant l'espoir de posséder jamais celui qui ne m'aimait pas assez, à cause qu'il vous aimait trop. Je me reproche sans cesse de vous avoir rendue malheureuse et d'avoir abandonné mon Dieu par la crainte des hommes. Le moindre de ces remords serait capable de me faire entreprendre les choses du monde les plus difficiles à mon sexe. Je ne puis plus vivre loin de l'Espagne et de toute terre chrétienne, avec des infidèles, entre lesquels je sais bien qu'il est impossible que je trouve mon salut, ni pendant ma vie, ni après ma mort. Vous pouvez juger de mon véritable repentir par le secret que je vous confie, qui vous rend maîtresse de ma vie, et qui vous donne moyen de vous venger de tous les maux que j'ai été forcée de vous faire. J'ai gagné cinquante esclaves chrétiens, la plupart Espagnols, et tous gens capables d'une grande entreprise. Avec l'argent que je leur ai donné secrètement, ils se sont assurés d'une barque propre à nous porter en Espagne, si Dieu favorise un si bon dessein. Il ne tiendra qu'à vous de suivre ma fortune, de vous sauver si je me sauve, ou, périssant avec moi, de vous tirer d'entre les mains de vos cruels ennemis et de finir une vie aussi malheureuse que la vôtre. Déterminez-vous donc, Sophie; et, tandis que nous ne pouvons être soupçonnées d'aucun dessein, délibérons sans perdre de temps sur la plus importante action de notre vie et de la mienne. Je me jetai aux pieds de Claudia, et, jugeant d'elle par moi-même, je ne doutai point de la sincérité de ses paroles. Je la remerciai de toutes les forces de mon expression et de toutes celles de mon âme; je ressentis la grâce que je croyais qu'elle me voulait faire. Nous prîmes jour pour notre fuite vers un lieu du rivage de la mer, où elle me dit que des rochers tenaient notre petit vaisseau à couvert.

Ce jour, que je croyais si fortuné, arriva. Nous sortîmes heureusement et de la maison et de la ville. J'admirais la bonté du ciel dans la facilité que nous trouvions à faire réussir notre dessein, et j'en bénissais Dieu sans cesse; mais la fin de mes maux n'était pas aussi proche que je le pensais. Claudia n'agissait que par l'ordre du perfide Amet; et, encore plus perfide que lui, elle ne me conduisait dans un lieu écarté, et la nuit, que pour m'abandonner à la violence du Maure, qui n'eût rien osé entreprendre contre ma pudicité dans la maison de son père, quoique mahométan, moralement homme de bien. Je suivais innocemment celle qui me menait perdre, et je ne pensais pas pouvoir jamais être assez reconnaissante envers elle de la liberté que j'espérais bientôt avoir par son moyen. Je ne me lassais point de la remercier, ni de marcher bien vite dans des chemins rudes, environnés de rochers, où elle me disait que ses gens l'attendaient, quand j'ouïs du bruit derrière moi; et tournant la tête, j'aperçus Amet le cimeterre à la main. Infâmes esclaves, s'écria-t-il, c'est donc ainsi qu'on se dérobe à son maître! Je n'eus pas le temps de répondre : Claudia me saisit les bras par derrière, et Amet, laissant tomber son cimeterre, se joignit à la renégate, et tous deux ensemble firent ce qu'ils purent pour me lier les mains avec des cordes dont ils s'étaient pourvus pour cet effet. Ayant plus de vigueur et d'adresse que les femmes n'en ont d'ordinaire, je résistai longtemps aux efforts de ces deux méchantes personnes; mais à la longue je me sentis affaiblir, et, me défiant de mes forces, je n'avais presque plus recours qu'à mes cris, qui pouvaient attirer quelque passant en ce lieu solitaire, ou plutôt je n'espérais plus rien, quand le prince Mulei survint lorsque je l'espérais le moins. Vous avez su de quelle façon il me sauva l'honneur, et je puis dire la vie, puisque je serais assurément morte de douleur, si le détestable Amet eût contenté sa brutalité.

Sophie acheva ainsi le récit de ses aventures; et l'aimable Zoraïde l'exhorta à espérer de la générosité du prince les moyens de retourner en Espagne; et dès le jour même elle apprit à son mari tout ce qu'elle avait appris de Sophie, dont il alla informer Mulei. Quoique tout ce qu'on lui conta de la fortune de la belle chrétienne ne flattât point la passion qu'il avait pour elle, il fut pourtant bien aise, vertueux comme il était, d'en avoir connaissance et d'apprendre qu'elle était engagée d'affection à son pays, afin de n'avoir point à tenter une action blâmable par l'espérance d'y trouver de la facilité. Il estima la vertu de Sophie, et fut porté par la sienne à tâcher de la rendre moins malheureuse qu'elle n'était. Il lui fit dire par Zoraïde qu'il la renverrait en Espagne quand elle le voudrait; et, depuis qu'il en eut pris la résolution, il s'abstint de la voir, se défiant de sa propre vertu et de la vertu de cette aimable personne. Elle n'était pas peu empêchée à prendre ses sûretés pour son retour. Le trajet était long jusqu'en Espagne, dont les marchands ne trafiquaient point à Fez. Et quand elle eût pu trouver un vaisseau chrétien, belle et jeune comme elle était, elle pouvait trouver entre les hommes de sa foi ce qu'elle avait eu peur de trouver entre des Maures. La probité ne se rencontre guère sur un vaisseau; la bonne foi n'y est guère mieux gardée qu'à la guerre; et en quelque lieu que la beauté et l'innocence se trouvent les plus faibles, l'audace des méchants se sert de son avantage, et se porte facilement à tout entreprendre. Zoraïde conseilla à Sophie de s'habiller en homme, puisque sa taille, avantageuse plus que celle des autres femmes, facilitait ce déguisement. Elle lui dit que c'était l'avis de Mulei, qui ne trouvait personne dans Fez à qui il pût la confier sûrement; et elle lui dit aussi qu'il avait eu la bonté de pourvoir à la bienséance de son sexe, lui donnant une compagne de sa croyance et travestie comme elle, et qu'elle serait ainsi garantie de l'inquiétude qu'elle pourrait avoir de se voir seule dans un vaisseau entre des soldats et des matelots. Ce prince maure avait acheté d'un corsaire une prise qu'il avait faite sur mer : c'était un vaisseau du gouverneur d'Oran, qui portait la famille entière d'un gentilhomme espagnol, que par animosité ce gouverneur envoyait prisonnier en Espagne. Mulei avait su que ce chrétien était un des plus grands chasseurs du monde ; et, comme la chasse était la plus forte passion de ce jeune prince, il avait voulu l'avoir pour esclave; et, afin de le mieux conserver, il n'avait point voulu le séparer de sa femme, de son fils et de sa fille. En deux ans qu'il vécut dans Fez au service de Mulei, il apprit à ce prince à tirer parfaitement de l'arquebuse sur toute sorte de gibier qui court sur terre ou qui s'élève dans l'air, et plusieurs choses inconnues aux Maures.

Par là il avait si bien mérité les bonnes grâces du prince, et s'était rendu si nécessaire à son divertissement, qu'il n'avait jamais voulu consentir à sa rançon, et par toutes sortes de bienfaits avait tâché de lui faire oublier l'Espagne; mais le regret de n'être pas en sa patrie et de n'avoir plus d'espérance d'y retourner, lui avait causé une mélancolie qui finit bientôt par sa mort, et sa femme n'avait pas vécu longtemps après son mari. Mulei se sentait des remords de n'avoir pas remis en liberté, quand ils le lui avaient demandé, des personnes qui l'avaient mérité par leurs services, et il voulut, autant qu'il le pouvait, réparer envers leurs enfants le tort qu'il croyait leur avoir fait. La fille s'appelait Dorothée ; elle était de l'âge de Sophie, belle, et avait de l'esprit. Son frère n'avait pas plus de quinze ans, et s'appelait Sanche. Mulei les choisit l'un et l'autre pour tenir compagnie à Sophie, et se servit de cette occasion pour les envoyer ensemble en Espagne. On tint l'affaire secrète. On fit faire des habits d'homme à l'espagnole pour les deux demoiselles et pour le petit Sanche ; Mulei fit paraître sa magnificence dans la quantité de pierreries qu'il donna à Sophie. Il fit aussi à Dorothée de beaux présents, qui, joints à tous ceux que son père avait déjà reçus de la libéralité du prince, la rendirent riche pour le reste de sa vie.

Charles-Quint en ce temps-là faisait la guerre en Afrique, et avait assiégé la ville de Tunis. Il avait envoyé un ambassadeur à Mulei, pour traiter de la rançon de quelques Espagnols de qualité qui avaient fait naufrage à la côte de Maroc. Ce fut à cet ambassadeur que Mulei recommanda Sophie sous le nom de dom Fernand, gentilhomme de qualité, qui ne voulait pas être connu par son nom véritable; et Dorothée et son frère passaient pour être de son train, l'un en qualité de gentilhomme, et l'autre de page. Sophie et Zoraïde ne purent se quitter sans regret, et il y eut bien des larmes de versées de part et d'autre. Zoraïde donna à la belle chrétienne un rang de perles si riche, qu'elle ne l'eût point reçu si cette aimable Maure et son mari Zuléma, qui n'aimait pas moins Sophie que faisait sa femme, ne lui eussent fait connaître qu'elle ne pouvait les désobliger davantage qu'en refusant ce gage de leur amitié. Zoraïde fit promettre à Sophie de lui faire savoir de temps en temps de ses nouvelles par la voie de Tanger, d'Oran ou des autres places que l'empereur possédait en Afrique. L'ambassadeur chrétien s'embarqua à Salé, emmenant avec lui Sophie, qu'il faut désormais appeler dom Fernand. Il joignit l'armée de l'empereur, qui était encore devant Tunis. Notre Espagnole déguisée lui fut présentée comme un gentilhomme d'Andalousie qui avait été longtemps esclave du prince de Fez. Elle n'avait pas assez de sujet d'aimer la vie pour craindre de la hasarder à la guerre, et, voulant passer pour un cavalier, elle n'eût pu avec honneur n'aller pas souvent au combat, comme faisaient tant de vaillants hommes dont l'armée de l'empereur était pleine. Elle se mit donc entre les volontaires, ne perdit pas une occasion de se signaler, et le fit avec tant d'éclat, que l'empereur ouït parler du faux dom Fernand. Elle fut assez heureuse pour se trouver auprès de lui lorsque, dans l'ardeur d'un combat dont les chrétiens eurent tout le désavantage, il donna dans une embuscade de Maures, fut abandonné des siens et environné des infidèles : il y a apparence qu'il eût été tué, son cheval l'ayant déjà jeté sous lui, si notre amazone ne l'eût remonté sur le sien; et si, secondant sa vaillance par des efforts difficiles à croire, elle n'eût donné aux chrétiens le temps de se reconnaître, et de venir dégager ce vaillant empereur. Une si belle action ne fut pas sans récompense. L'empereur donna à l'inconnu dom Fernand une commanderie de grand revenu, et le régiment de cavalerie d'un seigneur espagnol qui avait été tué au dernier combat. Il lui fit donner aussi tout l'équipage d'un homme de qualité, et depuis ce temps-là il n'y eut personne dans l'armée qui fût plus estimé et plus considéré que cette vaillante fille. Toutes les actions d'un homme lui étaient si naturelles, son visage était si beau, et la faisait paraître si jeune, sa vaillance était si admirable dans une si grande jeunesse, et son esprit était si charmant, qu'il n'y avait pas une personne de qualité, ou de commandant dans les troupes de l'empereur, qui ne recherchât son amitié. Il ne faut donc pas s'étonner si, tout le monde parlant pour elle, et plus encore de ses belles actions, elle fut en peu de temps en faveur auprès de son maître. Dans ce temps-là de nouvelles troupes arrivèrent d'Espagne sur les vaisseaux qui apportaient de l'argent et des munitions pour l'armée. L'empereur les voulut voir sous les armes, accompagné de ses principaux chefs, desquels était notre guerrière. Entre ces soldats nouveau-venus, elle crut avoir vu dom Carlos, et elle ne s'était pas trompée. Elle en fut inquiète le reste du jour, le fit chercher dans le quartier de ces nouvelles troupes, et on ne le trouva pas, parce qu'il avait changé de nom. Elle n'en dormit point toute la nuit, se leva aussitôt que le soleil, et alla chercher elle-même ce cher amant qui lui avait tant fait verser de larmes. Elle le trouva, et n'en fut point reconnue, ayant changé de taille, parce qu'elle avait crû, et de visage, parce que le soleil d'Afrique avait changé la couleur du sien. Elle feignit de le prendre pour un autre de sa connaissance, et lui demanda des nouvelles de Séville, et d'une personne qu'elle lui nomma, du premier nom qui lui vint dans l'esprit. Dom Carlos lui dit qu'elle se méprenait, qu'il n'avait jamais été à Séville, et qu'il était de Valence. Vous ressemblez à une personne qui m'était fort chère, lui dit Sophie : et, à cause de cette ressemblance, je veux bien être de vos amis, si vous n'avez point de répugnance à devenir des miens. La même raison, lui répondit dom Carlos, qui vous oblige à m'offrir votre amitié, vous aurait déjà acquis la mienne si elle était du prix de la votre. Vous ressemblez à une personne que j'ai longtemps aimée, vous avez son visage et sa voix, mais vous n'êtes pas de son sexe ; et assurément, ajouta-t-il en faisant un grand soupir, vous n'êtes pas de son humeur. Sophie ne put s'empêcher de rougir à ces paroles de dom Carlos; à quoi il ne prit garde, à cause peut-être que ses yeux, qui commençaient à se mouiller de larmes, ne purent voir les changements du visage de Sophie. Elle en fut émue, et, ne pouvant plus cacher cette émotion, elle pria dom Carlos de la venir voir en sa tente, et le quitta après lui avoir appris son quartier, et qu'on l'appelait dans l'armée le *Mestre-de-camp dom Fernand*. A ce nom-là dom Carlos eut peur de ne lui avoir pas fait assez d'honneur. Il avait déjà su à quel point il était estimé de l'empereur, et que, tout inconnu qu'il était, il partageait la faveur de son maître avec les premiers de la cour. Il n'eut pas grand'peine à trouver son quartier et sa tente, qui n'étaient ignorés de personne, et il en fut reçu autant bien qu'un simple cavalier pouvait l'être d'un des principaux officiers du camp. Il reconnut encore le visage de Sophie dans celui de dom Fernand ; il en fut plus étonné qu'il ne l'avait été ; et il le fut encore davantage du son de sa voix qui lui entrait dans l'âme, et y renouvelait le souvenir de la personne du monde qu'il avait le plus aimée. Sophie, inconnue à son amant, le fit manger avec elle ; et, après le repas, ayant fait retirer les domestiques, et donné ordre de n'être visitée de personne, se fit redire encore une fois par ce cavalier qu'il était de Valence ; et ensuite se fit conter ce qu'elle savait aussi bien que lui de leurs aventures communes, jusqu'au jour qu'il avait fait dessein de l'enlever. Croiriez-vous, lui dit dom Carlos, qu'une fille de condition qui avait tant reçu de preuves de mon amour, et qui m'en avait tant donné du sien, fut sans fidélité et sans honneur, eut l'adresse de me cacher de si grands défauts, et fut si aveuglée dans son choix, qu'elle me préféra un jeune page que j'avais, un jour avant celui que j'avais choisi pour l'enlever? Mais en êtes-vous bien assuré? lui dit Sophie. Le hasard est maître de toutes choses, et prend souvent plaisir à confondre nos raisonnements par les succès les moins attendus. Votre maîtresse peut avoir été forcée à se séparer de vous, et est peut-être plus malheureuse que coupable. Plût à Dieu, lui répondit dom Carlos, que j'eusse pu douter de sa faute! toutes les pertes et les malheurs qu'elle m'a causés ne m'auraient pas été difficiles à souffrir, et même je ne me croirais pas malheureux si je pouvais croire qu'elle me fût encore fidèle ; mais elle ne l'est qu'au perfide Claudio, et n'a jamais feint d'aimer le malheureux dom Carlos que pour le perdre.

Il paraît par ce que vous dites, lui repartit Sophie, que vous ne l'avez guère aimée, de l'accuser ainsi sans l'entendre, et de la publier encore plus méchante que légère. Et peut-on l'être davantage, s'écria dom Carlos, que l'a été cette imprudente fille, lorsque, pour ne pas faire soupçonner mon page de son enlèvement, elle laissa dans sa chambre, la nuit même qu'elle disparut de chez son père, une lettre qui est de la dernière malice, et qui m'a rendu trop misérable pour n'être pas demeurée dans mon souvenir? mais je veux vous la montrer, et vous faire juger par-là de quelle dissimulation cette jeune fille était capable.

LETTRE.

« Vous n'avez pas dû me défendre d'aimer dom Carlos, après
« me l'avoir ordonné. Un mérite aussi grand que le sien ne pou-
« vait que me donner beaucoup d'amour; et quand l'esprit d'une
« jeune personne en est prévenu, l'intérêt n'y peut trouver de
« place. Je m'enfuis donc avec celui que vous avez trouvé bon
« que j'aimasse dès ma jeunesse, et sans qui il me serait aussi
« impossible de vivre, que de ne mourir pas mille fois le jour
« avec un étranger que je ne pourrais aimer, quand il serait en-
« core aussi riche qu'il l'est peu. Notre faute (si c'en est une)
« mérite votre pardon. Si vous nous l'accordez, nous revien-
« drons le recevoir plus vite que nous n'avons fui l'injuste vio-
« lence que vous vouliez nous faire.

« SOPHIE. »

Vous ne pouvez pas vous figurer, poursuivit dom Carlos, l'extrême douleur que sentirent les parents de Sophie, quand ils eurent lu cette lettre. Ils espérèrent que je serais encore avec leur fille, caché dans Valence, ou que je n'en serais pas loin. Ils tinrent leur perte secrète à tout le monde, hormis au vice-roi, qui était leur parent; et à peine le jour commençait-il de paraître, que la justice entra dans ma chambre et me trouva endormi. Je fus surpris d'une telle visite autant que j'avais sujet de l'être; et quand, après qu'on m'eut demandé où était Sophie, je demandai aussi où elle était, mes parties s'en irritèrent, et me firent conduire en prison avec une extrême violence. Je fus interrogé, et je ne pus rien dire pour ma défense contre la lettre de Sophie. Il paraissait par là que j'avais voulu l'enlever; mais il paraissait encore plus que mon page avait disparu en même temps qu'elle. Les parents de Sophie la faisaient chercher, et mes amis de leur côté faisaient toutes sortes de diligences pour découvrir où ce page l'avait emmenée; c'était le seul moyen de faire voir mon innocence : mais on ne put jamais apprendre des nouvelles de ces amants fugitifs, et mes ennemis m'accusèrent alors de la mort de l'un et de l'autre. Enfin l'injustice, appuyée sur la force, l'emporta sur l'innocence opprimée. Je fus averti que je serais bientôt jugé, et que je le serais à mort. Je n'espérai pas que le ciel fît un miracle en ma faveur, et je voulus hasarder ma délivrance par un coup de désespoir. Je me joignis à des bandouliers prisonniers comme moi, et tous gens de résolution; nous forçâmes les portes de notre prison; et favorisés de nos amis, nous eûmes plus tôt gagné les montagnes les plus proches de Valence, que le vice-roi n'en put être averti. Nous fûmes longtemps maîtres de la campagne. L'infidélité de Sophie, la persécution de ses parents, tout ce que le vice-roi avait fait d'injuste contre moi, et enfin la perte de mon bien, me mirent dans un tel désespoir, que je hasardai ma vie dans toutes les rencontres où mes camarades et moi trouvâmes de la résistance; et je m'acquis par là une telle réputation parmi eux, qu'ils voulurent que je fusse leur chef. Je le fus avec tant de succès, que notre troupe devint redoutable aux royaumes d'Arragon et de Valence, et que nous eûmes l'insolence de mettre ces pays à contribution. Je vous fais ici une confidence bien délicate, ajouta dom Carlos; mais l'honneur que vous me faites et mon inclination me donnent tellement à vous, que je veux bien vous faire maître de ma vie, en vous révélant des secrets si dangereux. Enfin, poursuivit-il, je me lassai d'être méchant; je me dérobai de mes camarades, qui ne s'y attendaient pas; et je pris le chemin de Barcelone, où je fus reçu simple cavalier dans les recrues qui s'embarquaient pour l'Afrique, et qui ont joint depuis peu l'armée. Je n'ai pas sujet d'aimer la vie; et après m'être mal servi de la mienne, je ne puis mieux l'employer que contre les ennemis de ma loi et pour votre service, puisque la bonté que vous avez pour moi m'a causé la seule joie dont mon âme ait été capable, depuis que la plus ingrate fille du monde m'a rendu le plus malheureux de tous les hommes. Sophie inconnue prit le parti de Sophie injustement accusée, et n'oublia rien pour persuader à son amant de ne point faire de mauvais jugements de sa maîtresse, avant que d'être mieux informé de sa faute.

Elle dit au malheureux cavalier qu'elle prenait grande part dans ses infortunes; qu'elle voudrait de bon cœur les adoucir;

et, pour lui en donner des marques plus effectives que des paroles, qu'elle le priait de vouloir être à elle, et que, lorsque l'occasion s'en présenterait, elle emploierait auprès de l'empereur son crédit et celui de tous ses amis, pour le délivrer des persécutions des parents de Sophie et du vice-roi de Valence. Dom Carlos ne se rendit jamais à tout ce que le faux dom Fernand lui put dire pour la justification de Sophie; mais il se rendit à la fin aux offres qu'il lui fit de sa table et de sa maison. Dès le jour même, cette fidèle amante parla au mestre-de-camp de dom Carlos, et lui fit trouver bon que ce cavalier, qu'elle lui dit être son parent, prît parti avec lui, je veux dire avec elle. Voilà notre amant infortuné au service de sa maîtresse, qu'il croyait morte ou infidèle. Il se voit dès le commencement de sa servitude tout-à-fait bien avec celui qu'il croyait son maître, et est en peine lui-même de savoir comment il a pu s'en faire tant aimer en si peu de temps. Il est à la fois son intendant, son secrétaire, son gentilhomme et son confident. Les autres domestiques n'ont guère moins de respect pour lui que pour dom Fernand; et il serait sans doute heureux, se connaissant aimé d'un maître qui lui paraît tout aimable, et qu'un secret instinct le force d'aimer, si Sophie perdue, si Sophie infidèle ne lui revenait sans cesse à la pensée, et ne lui causait une tristesse que les caresses d'un si cher maître et sa fortune rendue meilleure ne pouvaient vaincre. Quelque tendresse que Sophie eût pour lui, elle était bien aise de le voir affligé, ne doutant point qu'elle ne fût la cause de son affliction. Elle lui parlait si souvent de Sophie, et justifiait quelquefois avec tant d'emportement et même de colère et d'aigreur, celle que dom Carlos n'accusait pas moins que d'avoir manqué à sa fidélité et à son honneur, qu'enfin il vint à croire que ce dom Fernand, qui le mettait toujours sur le même sujet, avait peut-être été autrefois amoureux de Sophie, et peut-être l'était encore.

La guerre d'Afrique s'acheva de la façon qu'on le voit dans l'histoire. L'empereur la fit depuis en Allemagne, en Italie, en Flandre et en divers lieux. Notre guerrier, sous le nom de dom Fernand, augmenta sa réputation de vaillant et expérimenté capitaine par plusieurs actions de valeur et de conduite, quoique la dernière de ces qualités ne se rencontre que rarement dans une personne aussi jeune que le sexe de cette charmante fille le faisait paraître. L'empereur fut obligé d'aller en Flandre et de demander au roi de France passage par ses États. Le grand roi qui régnait alors voulut surpasser en générosité et en franchise un mortel ennemi qui l'avait toujours surmonté en bonne fortune, et n'en avait pas toujours bien usé. Charles-Quint fut reçu dans Paris comme s'il eût été roi de France. Le beau dom Fernand fut du petit nombre des personnes de qualité qui l'accompagnèrent; et, si son maître eût fait un plus grand séjour dans la cour du monde la plus galante, cette belle Espagnole, prise pour un homme, eût donné de l'amour à beaucoup de dames françaises, et de la jalousie aux plus accomplis des courtisans. Cependant le vice-roi de Valence mourut en Espagne. Dom Fernand espéra assez de son mérite et de l'affection que lui portait son maître, pour lui demander une aussi importante charge, et il l'obtint sans qu'elle lui fût enviée. Il fit savoir le plus tôt possible qu'il put le bon succès de sa prétention à dom Carlos, et lui fit espérer qu'aussitôt qu'il aurait pris possession de la vice-royauté de Valence, il ferait sa paix avec les parents de Sophie, obtiendrait sa grâce de l'empereur pour avoir été chef de bandouliers, et même essaierait de le remettre dans la possession de son bien, sans cesser de lui en faire dans toutes les occasions qui s'en présenteraient. Dom Carlos eût pu recevoir quelque consolation de toutes ces belles promesses, si le malheur de son amour lui eût permis d'être consolable. Dès le jour qui suivit celui de son entrée dans Valence, les parents de Sophie présentèrent requête contre dom Carlos qui faisait auprès du vice-roi la charge d'intendant de sa maison et de secrétaire de ses commandements. Le vice-roi promit de leur rendre justice, et à dom Carlos de protéger son innocence. On fit de nouvelles informations contre lui; on fit entendre des témoins une seconde fois; et enfin les parents de Sophie, animés par le regret qu'ils avaient de la perte de leur fille, et par un désir de vengeance qu'ils croyaient légitime, pressèrent si fort l'affaire, qu'en cinq ou six jours elle fut en état d'être jugée. Ils demandèrent au vice-roi que l'accusé entrât en prison. Il leur donna sa parole qu'il ne sortirait point de son hôtel, et leur marqua un jour pour le juger. La veille de ce jour fatal, qui tenait en suspens toute la ville de Valence, dom Carlos demanda une audience particulière au viceroi, qui la lui accorda. Il se jeta à ses pieds, et lui dit ces paroles : C'est demain, monseigneur, que vous devez faire connaître à tout le monde que je suis innocent. Quoique les témoins que j'ai fait entendre me déchargent entièrement du crime dont on m'accuse, je viens encore jurer à Votre Altesse, comme si j'étais devant Dieu, que non-seulement je n'ai pas enlevé Sophie, mais que, le jour avant qu'elle ne fût enlevée, je ne la vis point, je n'eus point de ses nouvelles, et n'en ai pas eu depuis. Il est bien vrai que je devais l'enlever ; mais un malheur qui jusqu'ici m'est inconnu la fit disparaître, ou pour ma perte ou pour la sienne.

C'est assez, dom Carlos, lui dit le vice-roi ; va dormir en repos. Je suis ton maître et ton ami, et mieux informé de ton innocence que tu ne penses : et, quand j'en pourrais douter, je serais obligé de n'être pas exact à m'en éclaircir, puisque tu es dans ma maison et de ma maison, et que tu n'es venu ici avec moi que sous la promesse que je t'ai faite de te protéger. Dom Carlos remercia un si obligeant maître de toute son éloquence : il s'alla coucher, et l'impatience qu'il eut de se voir bientôt absous ne lui permit pas de dormir.

Il se leva aussitôt que le jour parut, et, propre et paré plus qu'à l'ordinaire, se trouva au lever de son maître : mais je me trompe, il n'entra dans sa chambre qu'après qu'il fut habillé ; car, depuis que Sophie avait déguisé son sexe, la seule Dorothée, déguisée comme elle, et la confidente de son déguisement, couchait dans sa chambre et lui rendait tous les services qui, rendus par un autre, eussent pu donner connaissance de ce qu'elle voulait tenir si caché. Dom Carlos entra donc dans la chambre du vice-roi quand Dorothée l'eut ouverte à tout le monde ; et le vice-roi ne le vit pas plus tôt, qu'il lui reprocha qu'il s'était levé bien matin pour un homme accusé qui voulait se faire croire innocent, et lui dit qu'une personne qui ne dormait point devait sentir sa conscience chargée. Dom Carlos lui répondit, un peu troublé, que la crainte d'être convaincu ne l'avait pas tant empêché de dormir que l'espérance de se voir bientôt à couvert des poursuites de ses ennemis par la bonne justice que lui rendrait Son Altesse. Mais vous êtes bien paré et bien galant, lui dit encore le vice-roi, et je vous trouve bien tranquille le jour que l'on doit délibérer sur votre vie. Je ne sais plus ce que je dois croire du crime dont on vous accuse. Toutes les fois que nous nous entretenons de Sophie, vous en parlez avec moins de chaleur et plus d'indifférence que moi : on ne m'accuse pourtant pas, comme vous, d'en avoir été aimé et de l'avoir tuée, peut-être aussi le jeune Claudio, sur qui vous vouliez faire tomber l'accusation de son enlèvement. Vous me dites que vous l'avez aimée, continua le vice-roi, et vous vivez après l'avoir perdue, et vous n'oubliez rien pour vous voir absous et en repos, vous qui devriez haïr la vie et tout ce qui pourrait vous la faire aimer! Ah! inconstant dom Carlos, il faut bien qu'un autre amour vous ait fait oublier celui que vous deviez conserver à Sophie perdue, si vous l'aviez véritablement aimée quand elle était tout à vous et osait tout faire pour vous. Dom Carlos, demi-mort à ces paroles du vice-roi, voulut y répondre, mais il ne le lui permit pas. Taisez-vous, lui dit-il d'un visage sévère, et réservez votre éloquence pour vos juges; car, pour moi, je n'en serai pas surpris, et je n'irai pas, pour un de mes domestiques, donner à l'empereur mauvaise opinion de mon équité. Et cependant, ajouta le vice-roi en se tournant vers le capitaine de ses gardes, que l'on s'assure de lui : qui a rompu sa prison peut bien manquer à la parole qu'il m'a donnée, de ne point chercher son impunité dans la fuite. On ôta aussitôt l'épée à dom Carlos, qui fit grand'pitié à tous ceux qui le virent environné de gardes, pâle et défait et ayant bien de la peine à retenir ses larmes. Pendant que le pauvre gentilhomme se repent de ne s'être pas assez défié de l'esprit changeant des grands seigneurs, les juges qui devaient le juger entrèrent dans la chambre, et prirent leurs places, après que le vice-roi eut pris la sienne. Le comte italien, qui était encore à Valence, et le père et la mère de Sophie parurent, et produisirent leurs témoins contre l'accusé, qui était si désespéré de son procès qu'il n'avait presque pas le courage de répondre. On lui fit reconnaître les lettres qu'il avait autrefois écrites à Sophie; on lui confronta les voisins et les domestiques de Sophie, et enfin on produisit contre lui la lettre qu'elle avait laissée dans sa chambre le jour que l'on prétendait qu'il l'avait enlevée. L'accusé fit ouïr ses domestiques, qui témoignèrent d'avoir vu coucher leur maître; mais il pouvait s'être levé après avoir fait semblant de s'endormir. Il jurait bien qu'il n'avait pas enlevé Sophie, et représentait aux juges qu'il ne l'aurait pas enlevée pour se séparer d'elle; mais on ne l'accusait pas moins que de l'avoir tuée, et le page aussi, le confident de son amour. Il ne restait plus qu'à le juger, et il allait être condamné tout d'une voix, quand le vice-roi le fit approcher, et lui dit : Malheureux dom Carlos! tu peux bien croire, après toutes les marques d'affection que je t'ai données, que si je t'eusse soupçonné d'être coupable du crime dont on t'accuse, je ne t'aurais pas amené à Valence. Il m'est impossible de ne te pas condamner, si je ne veux commencer l'exercice de ma charge par une injustice; et tu peux juger du déplaisir que j'ai de ton malheur par les larmes qui m'en viennent aux yeux. On pourrait chercher d'accorder tes parties, si elles étaient de moindre qualité ou moins animées à ta perte. Enfin, si Sophie ne paraît elle-même pour te justifier, tu n'as qu'à te préparer à bien mourir. Carlos, désespéré de son salut, se jeta aux pieds du vice-roi, et lui dit : Vous vous souvenez bien, monseigneur, qu'en Afrique, et dès le temps que j'eus l'honneur d'entrer au service de Votre Altesse, et toutes les fois qu'elle m'a engagé au récit ennuyeux de mes infortunes, que je les lui ai toujours contées d'une même manière, et elle doit croire qu'en ce pays-là, et partout ailleurs, je n'aurais pas avoué à un maître qui me faisait l'honneur de m'aimer ce que j'aurais dû nier ici devant un juge. J'ai toujours dit la vérité à Votre Altesse comme à mon Dieu, et je lui dis encore que j'aimai, que j'adorai Sophie. Dis que tu l'abhorres, ingrat, interrompit le vice-roi, surprenant tout le monde. Je l'adore, reprit dom Carlos, fort étonné de ce que le vice-roi venait de dire. Je lui ai promis de l'épouser, continua-t-il, et je suis convenu avec elle de l'emmener à Barcelone; mais si je l'ai enlevée, si je sais où elle se cache, je veux qu'on me fasse mourir de la mort la plus cruelle. Je ne puis l'éviter; mais je mourrai innocent, si ce n'est mériter la mort que d'avoir aimé plus que ma vie une fille inconstante et perfide. Mais, s'écria le vice-roi, le visage furieux, que sont devenus cette fille et ton page? Ont-ils monté au ciel? Sont-ils cachés sous terre? Le page était galant, lui répondit dom Carlos, elle était belle : il était homme, elle était femme. Ah! traître, lui dit le vice-roi, que tu découvres bien ici tes lâches soupçons et le peu d'estime que tu eus pour la malheureuse Sophie! Maudite soit la femme qui se laisse aller aux promesses des hommes et s'en fait mépriser par sa trop facile croyance! Ni Sophie n'était point une femme de vertu commune, méchant! ni ton page Claudio un homme. Sophie était une fille constante, et ton page une fille perdue, amoureuse de toi, et qui t'a volé Sophie, qu'elle trahissait comme une rivale. Je suis Sophie, injuste amant! amant ingrat, je suis Sophie, qui ai souffert des maux incroyables pour un homme qui ne méritait pas d'être aimé et qui m'a crue capable de la dernière infamie. Sophie n'en put pas dire davantage : son père, qui la reconnut, la prit entre ses bras; sa mère se pâma d'un côté, et dom Carlos de l'autre. Sophie se débarrassa des bras de son père pour courir aux deux personnes évanouies, qui reprirent leurs esprits tandis qu'elle était en suspens auquel des deux elle courrait. Sa mère lui mouilla le visage de larmes; elle en mouilla celui de sa mère. Elle embrassa avec toute la tendresse imaginable son cher dom Carlos, qui pensa s'en évanouir encore. Il tint pourtant bon pour ce coup ; et, n'osant pas encore baiser Sophie de toute sa force, il s'en dédommagea sur ses mains, qu'il baisa mille fois l'une après l'autre. Sophie pouvait à peine suffire à toutes les embrassades et à tous les compliments qu'on lui fit. Le comte italien, en faisant le sien comme les autres, voulut lui parler des prétentions qu'il avait sur elle, comme lui ayant été promise par son père et par sa mère. Dom Carlos, qui l'entendit, en quitta une des mains de Sophie, qu'il baisait alors avidement, et, portant la main à son épée, qu'on venait de lui rendre, se mit dans une posture qui fit peur à tout le monde; et, jurant à faire abîmer la ville de Valence, fit bien connaître que toutes les puissances humaines ne lui ôteraient pas Sophie, si elle-même ne lui défendait de songer davantage à elle. Mais elle déclara qu'elle n'aurait jamais d'autre mari que son cher dom Carlos, et conjura son père et sa mère de le trouver bon, ou de se résoudre à la voir enfermer dans un couvent pour toute sa vie. Ses parents lui laissèrent la liberté de choisir tel mari qu'elle voudrait; et le comte italien, dès le jour même, prit la poste pour l'Italie ou pour tout autre pays où il voulut aller. Sophie conta toutes ses aventures, qui furent admirées de tout le monde. Un courrier alla porter la nouvelle de cette grande merveille à l'empereur, qui conserva à dom Carlos, après qu'il aurait épousé Sophie, la vice-royauté de Valence et tous les bienfaits que cette vaillante fille avait mérités sous le nom de dom Fernand, et donna à ce bienheureux amant une principauté dont ses descendants jouissent encore. La ville de Valence fit la dépense des noces avec toute sorte de magnificence; et Dorothée, qui reprit ses habits de femme en même temps que Sophie, fut mariée en même temps qu'elle avec un cavalier proche parent de dom Carlos.

CHAPITRE XV.

Effronterie du sieur de la Rappinière.

Le conseiller de Rennes achevait de lire sa nouvelle quand la Rappinière arriva dans l'hôtellerie. Il entra en étourdi dans la chambre où on lui avait dit qu'était monsieur de la Garouffière; mais son visage épanoui se changea visiblement, quand il vit Destin dans un coin de la chambre, et son valet, qui était aussi défait et effrayé qu'un criminel que l'on juge. La Garouffière ferma la porte de la chambre par dedans; et ensuite demanda au brave la Rappinière s'il ne devinait pas bien pourquoi il l'avait envoyé quérir? N'est-ce pas à cause d'une comédienne dont j'ai voulu avoir ma part, répondit en riant le scélérat? Comment votre part, lui dit la Garouffière, prenant un visage sérieux? Sont-ce là les discours d'un juge comme vous êtes, et avez-vous jamais fait pendre un si méchant homme que vous? La Rappinière continua de tourner la chose en raillerie, et de la vouloir faire passer pour un tour de bon compagnon; mais le sénateur le prit toujours d'un ton si sévère, qu'enfin il avoua son mauvais dessein, et en fit de mauvaises excuses à Destin, qui avait eu besoin de toute sa sagesse pour ne pas faire raison d'un homme qui avait voulu l'offenser si cruellement, après lui être obligé de la vie, comme on l'a pu voir au commencement de ces aventures comiques.

Mais il avait encore à démêler avec cet inique prévôt une autre affaire qui lui était de grande importance, et qu'il avait communiquée à monsieur de la Garouffière, qui lui avait promis de lui faire rendre raison de ce méchant homme. Quelque peine que j'aie prise à bien étudier la Rappinière, je n'ai jamais pu découvrir s'il était moins méchant envers Dieu qu'envers les hommes, et moins injuste envers son prochain que vicieux en sa personne. Je sais seulement avec certitude que jamais homme n'a eu tant de vices ensemble et dans un degré plus éminent. Il avoua qu'il avait eu envie d'enlever mademoiselle de l'Étoile, aussi hardiment que s'il se fût vanté d'une bonne action, et il dit effrontément au conseiller et au comédien que jamais il n'avait moins douté du succès d'une pareille entreprise ; car, continuat-il en se tournant vers Destin, j'avais gagné votre valet ; votre sœur avait donné dans le panneau, et, pensant vous venir trouver où je lui avais fait dire que vous étiez blessé, elle n'était pas à deux lieues de la maison où je l'attendais, quand je ne sais quel diable l'a ôtée à ce grand sot qui me l'amenait, et qui m'a perdu un bon cheval après s'être fait battre. Destin pâlissait de colère, et quelquefois rougissait de honte de voir de quel front ce scélérat osait lui parler à lui-même de l'offense qu'il lui avait voulu faire, comme s'il lui eût conté une chose indifférente. La Garouffière s'en scandalisait aussi, et n'avait pas une moindre indignation contre un si dangereux homme. Je ne sais pas, lui dit-il, comment vous osez nous apprendre si franchement les circonstances d'une mauvaise action, pour laquelle monsieur Destin vous aurait donné cent coups, si je ne l'en eusse empêché ; mais je vous avertis qu'il pourra bien le faire encore, si vous ne lui restituez une boîte de diamants que lui avez autrefois volée dans Paris, dans le temps que vous y tireriez autrefois la laine. Doguin, votre complice alors, et depuis votre valet, lui a avoué en mourant que vous l'aviez encore ; et moi je vous déclare que, si vous faites la moindre difficulté de la rendre, vous m'avez pour aussi dangereux ennemi que je vous ai été utile protecteur.

La Rappinière fut foudroyé de ce discours, à quoi il ne s'attendait pas. Son audace à nier absolument une méchanceté qu'il avait faite lui manqua au besoin. Il avoua en bégayant comme un homme qui se trouble, qu'il avait cette boîte au Mans, et promit de la rendre avec des serments exécrables qu'on ne lui demandait pas, tant on faisait peu de cas de tous ceux qu'il eût pu faire. Ce fut peut-être là une des plus ingénues actions qu'il fit de sa vie, et encore n'était-elle pas nette; car il est bien vrai qu'il rendit la boîte, comme il l'avait promis; mais il n'était pas vrai qu'elle fût au Mans, puisqu'il l'avait sur lui actuellement, à dessein d'en faire présent à mademoiselle de l'Étoile, en cas qu'elle n'eût pas voulu se donner à lui pour peu de chose. C'est ce qu'il confessa en particulier à monsieur de la Garouffière, dont il voulut par là regagner les bonnes grâces, lui mettant entre les mains cette boîte de portrait, pour en disposer comme il lui plairait. Elle était composée de cinq diamants d'un prix considérable. Le père de mademoiselle de l'Étoile y était peint en émail; et le visage de cette belle fille avait tant de rapport à ce portrait, que cela seul pouvait suffire pour la faire reconnaître à son père. Destin ne savait comment remercier assez monsieur de la Garouffière, quand il lui donna la boîte de diamants. Il se voyait exempté par là d'avoir à se la faire rendre par force de la Rappinière, qui ne savait rien moins que restituer, et qui eût pu se prévaloir contre un pauvre comédien de sa charge de prévôt, qui est un dangereux bâton entre les mains d'un méchant homme. Quand cette boîte fut ôtée à Destin, il en avait eu un déplaisir très grand, qui s'augmenta encore par celui qu'en eut la mère de l'Étoile qui gardait chèrement ce bijou, comme un gage de l'amitié de son mari. On peut donc aisément se figurer qu'il eut une extrême joie de l'avoir recouvrée. Il alla en faire part à l'Étoile qu'il trouva chez la sœur du curé du bourg, en la compagnie d'Angélique et de Léandre. Ils délibérèrent ensemble de leur retour au Mans, qui fut résolu pour le lendemain. M. de la Garouffière leur offrit un carrosse qu'ils ne voulurent pas prendre. Les comédiens et les comédiennes soupèrent avec monsieur de la Garouffière et sa compagnie. On se coucha de bonne heure dans l'hôtellerie, et dès la pointe du jour Destin et Léandre, chacun sa maîtresse en croupe, prirent le chemin du Mans, où Ragotin, la Rancune et l'Olive étaient déjà retournés. Monsieur de la Garouffière fit cent offres de service à Destin. Pour la Bouvillon, elle fit la malade plus qu'elle ne l'était, afin de ne pas recevoir l'adieu du comédien, dont elle n'était pas satisfaite.

CHAPITRE XVI.

Disgrâce de Ragotin.

Les deux comédiens qui retournèrent au Mans avec Ragotin, furent détournés du droit chemin par le petit homme, qui voulut les traiter dans une petite maison de campagne, qui était propor-

Le sieur de la Rappinière.

tionnée à sa petitesse. Quoiqu'un fidèle et exact historien soit obligé à particulariser les accidents importants de son histoire, et les lieux où ils se sont passés, je ne vous dirai pas au juste en quel endroit de notre hémisphère était la maisonnette où Ragotin mena ses confrères futurs, que j'appelle ainsi, parce qu'il n'était pas encore reçu dans l'ordre vagabond des comédiens de campagne. Je vous dirai donc seulement que la maison était au-delà du Gange, et n'était pas loin de Sillé-le-Guillaume. Quand il y arriva, il la trouva occupée par une compagnie de bohémiens, qui, au grand déplaisir de son fermier, s'y étaient arrêtés sous

Les Bohémiens.

prétexte que la femme du capitaine avait été pressée d'accoucher, ou plutôt par la facilité que ces voleurs espérèrent de trouver à manger impunément des volailles d'une métairie écartée du grand chemin. D'abord Ragotin se fâcha en petit homme fort colère, menaça les bohémiens du prévôt du Mans dont il se dit allié, à cause qu'il avait épousé une Portail; et là-dessus il fit un long discours, pour apprendre aux auditeurs de quelle façon les

Portails étaient parents des Ragotins, sans que son long discours apportât aucun tempérament à sa colère immodérée, et l'empêchât de jurer scandaleusement. Il les menaça aussi du lieutenant de prévôt la Rappinière, au nom duquel tout genou fléchissait; mais le capitaine bohême le fit enrager à force de lui parler civilement, et fut assez effronté pour le louer de sa bonne mine qui sentait son homme de qualité, et qui ne le faisait pas peu repentir d'être entré par ignorance dans son château (c'est ainsi que le scélérat appelait sa maisonnette, qui n'était fermée que de haies). Il ajouta encore que la dame en mal d'enfant serait bientôt délivrée du sien, et que la petite troupe délogerait, après avoir payé à son fermier ce qu'il leur avait fourni pour eux et pour leurs bêtes. Ragotin se mourait de dépit de ne pouvoir trouver à quereller avec un homme qui lui riait au nez et lui faisait mille révérences; mais ce flegme du bohémien allait enfin échauffer la bile de Ragotin, quand la Rancune et le frère du capitaine se reconnurent pour avoir été autrefois grands camarades; et cette reconnaissance fit grand bien à Ragotin, qui allait sans doute s'engager dans une mauvaise affaire, pour l'avoir prise d'un ton trop haut. La Rancune le pria donc de s'apaiser, ce qu'il avait grande envie de faire, et qu'il eût fait de lui-même, si son orgueil naturel eût pu y consentir. Dans ce même temps la dame bohémienne accoucha d'un garçon. La joie en fut grande dans la petite troupe, et le capitaine pria à souper les comédiens, et Ragotin qui avait déjà fait tuer des poulets pour en faire une fricassée. On se mit à table. Les bohémiens avaient des perdrix et des lièvres qu'ils avaient pris à la chasse, et deux poulets d'Inde et autant de cochons de lait qu'ils avaient volés. Ils avaient aussi un jambon et des langues de bœuf, et on entama un pâté de lièvre, dont la croûte même fut mangée par quatre ou cinq bohémiens qui servirent à table. Ajoutez à cela la fricassée de six poulets de Ragotin, et vous avouerez que l'on n'y fit pas mauvaise chère. Les convives, outre les comédiens, étaient au nombre de neuf, tous bons danseurs et encore meilleurs larrons. On commença les santés par celles du roi et de messieurs les princes, et on but en général à celles de tous les bons seigneurs qui recevaient dans leurs villages les petites troupes. Le capitaine pria les comédiens de boire à la mémoire de défunt Charles Dodo, oncle de la dame accouchée, qui fut pendu pendant le siége de la Rochelle, par la trahison du capitaine la Grave. On fit de grandes imprécations contre ce capitaine faux frère, et contre tous les prévôts, et on fit une grande dissipation du vin de Ragotin, dont la vertu fut telle, que la débauche fut sans noise, et que chacun des conviés, sans même en excepter le misanthrope la Rancune, fit des protestations d'amitié à son voisin, le baisa avec tendresse, et lui mouilla le visage de larmes. Ragotin fit tout-à-fait bien les honneurs de sa maison, et but comme une éponge. Après avoir bu toute la nuit, ils devaient vraisemblablement se coucher quand le soleil se leva; mais ce même vin qui les avait rendus si tranquilles buveurs, leur inspira à tous en même temps un esprit de séparation, si j'ose ainsi dire. La caravane fit ses paquets, non sans y comprendre quelques guenilles du fermier de Ragotin; et le joli seigneur monta sur son mulet, et, aussi sérieux qu'il avait été emporté pendant le repas, prit le chemin du Mans, sans se mettre en peine si la Rancune et l'Olive le suivaient, et n'ayant d'attention qu'à sucer une pipe à tabac, qui était vide il y avait plus d'une heure. Il n'eut pas fait demi-lieue, toujours suçant sa pipe vide qui ne lui rendait aucune fumée, que celles du vin l'étourdirent tout-à-coup. Il tomba de son mulet, qui retourna avec beaucoup de prudence à la métairie d'où il était parti; et pour Ragotin, après quelques soulagements de son estomac trop chargé, qui fit ensuite parfaitement son devoir, il s'endormit au milieu du chemin.

FIN DU PREMIER VOLUME.

www.ingramcontent.com/pod-product-compliance
Lightning Source LLC
Chambersburg PA
CBHW070634170426
43200CB00010B/2026